Anti-fautes d'Espagnol

LAROUSSE

21, rue du Montparnasse 75283 Paris Cedex 06

21, rue du Montparnasse
75283 Paris Cedex 06
France
www.larousse.fr

ISBN 978-2-03-584727-0

Direction de la publication : Carine Girac-Marinier

Direction éditoriale : Claude Nimmo

Édition : Giovanni Picci

Rédaction de la grammaire : Mercedes Armendares, Mathilde Pyskir

Direction artistique : Uli Meindl

Conception graphique et composition : Alexandra Delhommeau – FACOMPO

Informatique éditoriale : Dalila Abdelkader, Monika Al Mourabit, Anna Bardon, Philippe Cazabet, Marion Pépin

Remerciements : Dominique Chevalier, Nathalie Da Silva, Ignacio Muñoz, David Tarradas, Isabelle Trévinal

INTRODUCTION

L'anti-fautes pour qui... ?

- Vous voulez vous remémorer rapidement les difficultés incontournables de l'espagnol *juste* avant un contrôle ?
- Vous partez en voyage et une petite révision des règles de grammaire de l'espagnol s'impose pour communiquer correctement ?
- Vous ne vous souvenez plus des conjugaisons ?
- Vous savez comment employer *ser* et *estar* ?

L'anti-fautes c'est quoi ?

Une réponse claire et immédiate pour toutes vos questions, tous vos doutes dans un ouvrage au format pratique, qui contient :

- **l'essentiel de la grammaire espagnole**
- **la conjugaison de 3 000 verbes**

L'anti-fautes pourquoi... ?

Car grâce à *l'Anti-fautes espagnol*, vous pourrez :

- réviser les règles fondamentales de la grammaire espagnole
- éviter les erreurs les plus fréquentes et les pièges les plus insidieux
- conjuguer sans aucune hésitation
- vous exprimer aussi bien à l'écrit qu'à l'oral

Table des matières

GRAMMAIRE 9

I. LE GROUPE NOMINAL 10

L'article 10
Le nom 16
L'adjectif qualificatif 22
Les pronoms 32
Les possessifs 37
Les démonstratifs 43
Les indéfinis 46
Les numéraux 50

II. LE GROUPE VERBAL 55

Les temps de l'indicatif 55
Les temps du subjonctif 60
L'impératif 65
Le gérondif et le participe passé 66
Les constructions verbales 67

III. LA PHRASE 81

La phrase affirmative 81
La phrase négative 81
La phrase interrogative 82
La phrase exclamative 84
La phrase impérative 86
Les conjonctions 87
Les adverbes 88

Les prépositions 96
Le régime de certains verbes 102

IV. LA PRONONCIATION 103

L'alphabet 103
L'accentuation 104

CONJUGAISON 107

1 amar 108
2 temer 110
3 partir 112
4 aislar 114
5 aullar 116
6 ahincar 118
7 guiar 120
8 cambiar 122
9 actuar 124
10 adecuar 126
11 averiguar 128
12 leer 130
13 sacar 132
14 vencer 134
15 zurcir 136
16 cazar 138
17 proteger 140
18 dirigir 142
19 llegar 144
20 distinguir 146
21 delinquir 148

TABLE DES MATIÈRES

22 acertar 150
23 comenzar 152
24 negar 154
25 errar 156
26 tender 158
27 discernir 160
28 sonar 162
29 trocar 164
30 colgar 166
31 agorar 168
32 avergonzar 170
33 forzar 172
34 jugar 174
35 mover 176
36 cocer 178
37 oler 180
38 adquirir 182
39 pedir 184
40 regir 186
41 seguir 188
42 reír 190
43 podrir/pudrir 192
44 nacer 194
45 parecer 196
46 conocer 198
47 lucir 200

48 yacer 202
49 raer 204
50 roer 206
51 asir 208
52 huir 210
53 argüir 212
54 andar 214
55 sentir 216
56 erguir 218
57 dormir 220
58 oír 222
59 conducir 224
60 traer 226
61 placer 228
62 valer 230
63 dar 232
64 estar 234
65 salir 236
66 caber 238
67 saber 240
68 hacer 242
69 poner 244
70 querer 246
71 poder 248
72 tener 250
73 venir 252

TABLE DES MATIÈRES

74 decir 254
75 ver 256
76 haber 258
77 ir 260
78 ser 262
79 abolir 264
80 balbucir 266
81 desolar 268
82 soler 270

INDEX DES VERBES 271

INDEX 309

GRAMMAIRE

I. LE GROUPE NOMINAL

L'ARTICLE

Les articles définis et indéfinis

L'article précède le nom et s'accorde avec lui en genre et en nombre.

	articles définis	
	masculin	féminin
singulier	**el** *(le)* **el libro** *le livre*	**la** *(la)* **la fiesta** *la fête*
pluriel	**los** *(les)* **los libros** *les livres*	**las** *(les)* **las fiestas** *les fêtes*

articles indéfinis		article neutre
masculin	féminin	
un *(un)* **un libro** *un livre*	**una** *(une)* **una fiesta** *une fête*	**lo** **lo importante** *l'important*

- L'article indéfini pluriel **des** n'a pas d'équivalent en espagnol :

Lee libros interesantes. *Il lit* **des** *livres intéressants.*

- Par contre dans certains cas particuliers on utilise la forme de l'article indéfini pluriel, **unos**, **unas** :

– pour parler d'une quantité réduite :

Te puedo mostrar unos libros.
Je peux te montrer **quelques** *livres.*

– pour exprimer l'idée de paire :

Me compré unas botas preciosas.
Je me suis acheté **(une paire)** *de très belles bottes.*

– pour parler d'une quantité approximative :

Necesito unos 15 euros.
J'ai besoin **d'environ** *15 euros.*

- L'article partitif **du, de la** n'existe pas en espagnol :

Quiero pan. *Je veux du pain.*
Dame agua. *Donne-moi de l'eau.*

L'emploi d'un article masculin avec un nom féminin

On utilise **el** au lieu de **la** et **un** au lieu de **una** devant un nom commençant par **a** ou **ha** accentué.

el álgebra *l'algèbre*
el alma *l'âme*
el ama de casa *la maîtresse de maison*
un águila *un aigle*
un arma *une arme*
un hada *une fée*

Par contre, on dira :

la abuela (l'accent tonique n'étant pas situé sur le **a**) *la grand-mère*

Ce phénomène ne se produit pas devant un adjectif ni devant un nom de lettre :

la alta montaña *la haute montagne*
una amplia cocina *une grande cuisine*
la a *le a* (= la lettre a)

I. LE GROUPE NOMINAL

Accord des adjectifs

Les adjectifs s'accordent avec le nom. Ici, l'article prend la forme du masculin mais le nom est féminin. On mettra donc les adjectifs au féminin.

el agua fresca — *l'eau fraîche*

un hacha ligera — *une hache légère*

Les articles contractés

a + el ⇨ al

de + el ⇨ del

Voy al colegio.
Je vais **au** *collège.*

Vuelven del restaurante.
Ils reviennent **du** *restaurant.*

Attention ! Il n'y a pas de contraction au féminin singulier, ni au pluriel :

Voy a la escuela.
Je vais **à l'***école.*

Te hablo de las vacaciones.
Je te parle **des** *vacances.*

L'article neutre : lo

Il n'est jamais employé devant un nom car les noms neutres n'existent pas en espagnol.

- Expression de « *ce qui est...* », « *ce qu'il y a de...* » : lo + adjectif ou participe passé.

Ici, l'adjectif ou le participe passé est invariable :

lo interesante **ce qui est** *intéressant*

Lo penoso es subir la cuesta.
Ce qu'il y a de *pénible, c'est de monter la côte.*

- Expression de « *ce qui...* », « *ce que...* » : lo + que.

lo que me gusta **ce qui** *me plaît*

- Expression de « *combien...* », « *comme...* » : lo + adjectif, participe passé ou adverbe + que.

L'adjectif et le participe passé s'accordent avec le nom qu'ils qualifient :

¡No te das cuenta de lo guapo que es!
Tu ne te rends pas compte **comme il** *est beau !*

¡No sabes lo cansada que estoy !
Tu ne sais pas **combien** *je suis fatiguée !*

¡No te imaginas lo mucho que trabajo!
Tu n'imagines pas **combien** *je travaille (je travaille beaucoup) !*

> **!** Attention à ne pas confondre :
> lo bueno *ce qui est bon*
> ≠
> el bueno *le bon* (en parlant par exemple d'un homme, d'un personnage)

Cas particuliers

- Dans l'expression de l'**âge** : l'article défini doit être utilisé après une préposition.

Murió a los 93 años.
Il mourut à 93 ans.

Mais il faut dire :
Tengo 14 años. *J'ai 14 ans.*

- Devant señor, señora, señorita, on utilise l'article défini, sauf lorsqu'on s'adresse directement à la personne :

I. LE GROUPE NOMINAL

Quisiera hablar con el señor Ramírez.
Je voudrais parler à monsieur Ramirez.

Mais il faut dire :

Buenos días, señor Ramírez.
Bonjour, monsieur Ramirez.

- Dans l'expression de l'**heure** :

Es la una.
Il est une heure.

Es la una y media.
Il est une heure et demie.

Son las dos.
Il est deux heures.

- Avec les **jours de la semaine** :

El domingo pasado fuimos al cine.
Dimanche dernier, nous sommes allés au cinéma.

Los lunes salgo a las tres.
Le lundi (tous les lundis), *je sors à trois heures.*

Par contre pour dire la **date** on ne met pas d'article :

Estamos a lunes 3 de marzo.
Nous sommes (le) lundi 3 mars.

- Avec un **infinitif**, le verbe est substantivé, c'est-à-dire qu'il fonctionne comme un nom :

el andar lento *la démarche lente*

- Avec un **pourcentage**, il faut toujours utiliser un **article masculin singulier** :

– **défini** pour un pourcentage précis :

El 50% de los alumnos del instituto viven en otra ciudad.
50 % des élèves du lycée vivent dans une autre ville.

– **indéfini** pour un pourcentage approximatif :

Proponemos un tipo de interés de un cinco a un ocho por ciento.
Nous proposons un taux d'intérêt de cinq à huit pour cent.

Attention ! Le pourcentage n'est pas précédé d'un article dans les phrases où il n'y a pas de verbe (phrases publicitaires, titres de journaux, etc.) :

¡Aproveche: 50% de descuento!
Profitez-en : 50 % de remise !

● Dans l'expression « **le fait que...** » : el que + verbe conjugué au subjonctif.

El que bailes no me molesta.
Le fait que *tu danses ne me dérange pas.*

● Avec les **noms de pays** : en espagnol, il n'y a pas d'article devant les noms de pays s'ils ne sont pas accompagnés d'un adjectif ou d'un complément (à quelques exceptions près).

España *l'Espagne*
Francia *la France*

Quelques exceptions :

el Brasil *le Brésil*
el Canadá *le Canada*
el Ecuador *l'Équateur*
el Japón *le Japon*
el Perú *le Pérou*
el Salvador *le Salvador*
la Argentina *l'Argentine*
la China *la Chine*
la India *l'Inde*
la Unión Soviética *l'Union soviétique*
los Estados Unidos *les États-Unis*

Par contre on dira :

la España contemporánea *l'Espagne contemporaine*

- Devant certains noms (**casa**, **misa**, **clase**), on ne met pas d'article s'ils ne sont pas déterminés :

Vamos a misa. *Nous allons à* **la** *messe.*

En revanche, on dira : **la misa de gallo** **la** *messe de minuit.*

LE NOM

Le genre

Comme en français, il existe deux genres en espagnol (masculin et féminin), mais le genre des mots n'est pas toujours le même d'une langue à l'autre :

masculin en espagnol	féminin en français
el aula	**la** *salle de classe*
el coche	**la** *voiture*
un diente	**une** *dent*
el labio	**la** *lèvre*
un tomate	**une** *tomate*

féminin en espagnol	masculin en français
la leche	**le** *lait*
la nariz	**le** *nez*
una nube	**un** *nuage*
la sal	**le** *sel*
la sangre	**le** *sang*

Les noms masculins

Généralement, les noms masculins se terminent par :

-o : un libro *un livre*

-or : un tenedor *une fourchette*

-il : el perfil *le profil*

-án : un huracán *un ouragan*

-én : el desdén *le dédain*

-ón : el jabón *le savon*

Mais il y a des exceptions :

la mano *la main*, **la flor** *la fleur.*

Les noms féminins

Généralement, les noms féminins se terminent par :

-a : la mesa *la table*, **la cama** *le lit*

-d : la ciudad *la ville*

-z : la sencillez *la simplicité*

-ción : la canción *la chanson*

-sión : la pasión *la passion*

Mais il y a des exceptions : **el arroz** *le riz*, **un día** *un jour*, **un diploma** *un diplôme*, **un mapa** *une carte (géographique)*, **un pez** *un poisson*, **un problema** *un problème.*

Certains noms peuvent avoir les deux genres sans changer de forme :

el, la cantante le *chanteur*, **la** *chanteuse*

el, la deportista le *sportif*, **la** *sportive*

el, la periodista le, la *journaliste*

Certains noms peuvent changer de sens selon leur genre :

el frente le *front (lors d'une bataille)*

la **frente** **le** *front (sur le visage)*

el **orden** **l'***ordre (le rangement)*

la **orden** **l'***ordre (donner un ordre)*

Le nombre

terminaison au singulier	formation du pluriel	exemples
voyelle (sauf -í accentué et -y)	+ -s	**la silla ⇨ las sillas** *la chaise ⇨ les chaises* **el libro ⇨ los libros** *le livre ⇨ les livres* **el menú ⇨ los menús** *le menu ⇨ les menus*
consonne (sauf -s), -í accentué et -y	+ -es	**la flor ⇨ las flores** *la fleur ⇨ les fleurs* **la ley ⇨ las leyes** *la loi ⇨ les lois* **un marroquí ⇨ marroquíes** *un Marocain ⇨ des Marocains*
-s dernière syllabe accentuée	+ -es	**el francés ⇨ los franceses** *le Français ⇨ les Français*
-s dernière syllabe non accentuée	invariable	**la crisis ⇨ las crisis** *la crise ⇨ les crises*
-z	-z devient -ces	**el pez ⇨ los peces** *le poisson ⇨ les poissons*

Attention !

- Certains mots se terminant par une voyelle accentuée peuvent avoir deux pluriels :

el tabú ⇨ los tabús ou los tabúes
le tabou ⇨ les tabous

- Certains mots changent de sens selon leur nombre :

la esposa *l'épouse*

las esposas *les menottes*

el celo *le zèle*

los celos *la jalousie*

Les suffixes

Très usités en espagnol, les suffixes expriment des nuances particulières :

- **Les diminutifs :** ce sont les suffixes les plus courants. Ils expriment :

– une **idée de petitesse** :

una mesa *une table*

una mesita *une* **petite** *table*

los zapatos *les chaussures*

los zapatitos *les* **petites** *chaussures*

– une **valeur affective** ou parfois **péjorative** :

Te hice un dibujito.
Je t'ai fait un dessin (avec amour, pour te faire plaisir).

¡Oye, niñita!
Écoute, sale gamine !

terminaison	formation du diminutif
a, o ou **consonne** (**sauf** n ou r)	On remplace la voyelle par : **-ito**, **-ita** **-illo**, **-illa** **-uelo**, **-uela**
e, n, r	On ajoute : **-cito**, **-cita** **-cillo**, **-cilla** **-zuelo**, **-zuela** (a souvent un sens péjoratif)
monosyllabes et **mots à diphtongue**	On ajoute ou on remplace la voyelle par : **-ecito**, **-ecita** **-ecillo**, **-ecilla**

exemples

una casa ⇨ una casita
une maison ⇨ *une* **petite** *maison*

una cuchara ⇨ una cucharilla
une cuillère ⇨ *une* **petite** *cuillère*

una plaza ⇨ una plazuela
une place ⇨ *une* **petite** *place*

---

un joven ⇨ un jovencito
un jeune ⇨ *un* **petit** *jeune*

un hombre ⇨ un hombrecillo
un homme ⇨ *un* **petit** *homme*

una mujer ⇨ una mujerzuela
une femme ⇨ *une femme* **de mauvaise vie**

---

una flor ⇨ una florecita
une fleur ⇨ *une* **petite** *fleur*

una piedra ⇨ una piedrecilla
une pierre ⇨ *une* **petite** *pierre*

I. LE GROUPE NOMINAL

- **Les augmentatifs** désignent quelque chose **de grande taille**. Ils peuvent aussi indiquer le **mépris**, l'**admiration**, ou donner au mot un sens particulier. Ces suffixes sont : -ón, -ona, -azo, -aza, -ote, -achón, -erón, -arrón.

un problema ⇨ un problemón
*un problème ⇨ un **gros** problème*

una soltera ⇨ una solterona
*une célibataire ⇨ une **vieille** fille*

un animal ⇨ un animalazo
*un animal ⇨ un **énorme** animal*

una palabra ⇨ una palabrota
*un mot ⇨ un **gros** mot*

- **Les suffixes péjoratifs** : -ajo, -ejo, -ijo, -ucho, -uco, -isco, -orrio, -ualla.

un animal ⇨ un animalejo *un animal ⇨ une **bestiole***

la gente ⇨ la gentualla *les gens ⇨ la **canaille***

L'ADJECTIF QUALIFICATIF

L'adjectif qualificatif s'accorde en genre et en nombre avec le nom qu'il qualifie.

Le genre : la formation du féminin

- Lorsqu'un adjectif qualificatif est terminé en -o au masculin, on remplace le -o par un -a :

El profesor está enfadado. ⇨ La profesora está enfadada.
Le professeur est fâché. ⇨ La professeure est fâchée.

Remarque : dans le cas des adjectifs qui ont un suffixe augmentatif -ete ou -ote, on remplace le -e par un -a :

regordete ⇨ regordeta
rondouillard ⇨ rondouillarde

● Lorsqu'un adjectif est terminé en -án, -ín, -ón, -on ou lorsqu'il s'agit d'un adjectif de nationalité terminé par une consonne, on ajoute un -a :

No seas haragán. ⇨ No seas haragana.
Ne sois pas fainéant. ⇨ Ne sois pas fainéante.

El profesor es francés. ⇨ La profesora es francesa.
Le professeur est français. ⇨ La professeure est française.

● Pour les adjectifs se terminant par -or, il y a trois cas différents :

1) Le féminin se forme en ajoutant un -a :

Mi amigo es muy trabajador.
⇨ Mi amiga es muy trabajadora.
Mon ami est très travailleur.
⇨ Mon amie est très travailleuse.

2) Le féminin a la **même forme que le masculin.**

Certains adjectifs se terminant par -or, comme par exemple les comparatifs, ont la même forme au masculin et au féminin :

mayor *plus grand(e)*

menor *plus petit(e)*

mejor *meilleur(e)*

peor *pire*

anterior *antérieur(e)*

inferior *inférieur(e)*

exterior *extérieur(e)*

interior *intérieur(e)*

posterior *postérieur(e)*

ulterior *ultérieur(e)*

superior *supérieur(e)*

I. LE GROUPE NOMINAL

Es mi hermano mayor. ⇨ Es mi hermana mayor.
C'est mon grand frère. ⇨ C'est ma grande sœur.

3) Le féminin se forme en remplaçant la syllabe finale -or par la syllabe -riz (ce cas est peu courant) :

el elemento motor ⇨ la fuerza motriz
l'élément moteur ⇨ la force motrice

- Les autres adjectifs sont **invariables** :

un hombre feliz ⇨ una mujer feliz
un homme heureux ⇨ une femme heureuse

un amigo fiel ⇨ una amiga fiel
un ami fidèle ⇨ une amie fidèle

un vendedor amable ⇨ una vendedora amable
un vendeur aimable ⇨ une vendeuse aimable

un bolso azul ⇨ una falda azul
un sac à main bleu ⇨ une jupe bleue

Remarques :

- Certains adjectifs de **nationalité** sont invariables au féminin :

belga *belge*
canadiense *canadien(enne)*
estadounidense *américain(e)* [des États-Unis]
etíope *éthiopien(enne)*
hindú *indien(enne)*
marroquí *marocain(e)*

- Certains adjectifs de **couleur** le sont aussi :

azul *bleu(e)*
beige *beige*
lila *lilas*
marrón *marron*

naranja *orange*
rosa *rose*
verde *vert(e)*

Récapitulatif :

terminaison au masculin	formation du féminin
-o	-o devient -a
-ete et -ote	-e devient -a
-án, -ín, -ón et -on	on ajoute -a
-or	on ajoute -a
-or	**invariable**
-or	on remplace -or par -riz
autres terminaisons	**invariable**

Le nombre : la formation du pluriel

Les adjectifs suivent les mêmes règles de formation du pluriel que les noms.

Exceptions : certains adjectifs de couleur sont **invariables**.

- Noms de fleurs ou de fruits utilisés comme adjectifs de couleur :

mis zapatillas rosa *mes chaussons roses*

- Couleurs composées :

mis pantalones azul claro *mon pantalon bleu clair*

La place de l'adjectif

L'adjectif est **généralement placé après le nom** mais il peut être placé avant. Dans ce cas, le sens peut parfois en être modifié :

una pobre mujer
une **pauvre** *femme* (à plaindre)

una mujer pobre
une femme **pauvre** (≠ riche)

L'apocope

On appelle apocope la **perte de la voyelle finale ou de la dernière syllabe** de certains adjectifs lorsqu'ils sont devant un nom :

- bueno et malo perdent le -o devant un nom masculin singulier :

un trabajo bueno ⇨ un buen trabajo
un bon travail

- grande perd la syllabe -de devant un nom singulier (masculin ou féminin) :

una casa grande ⇨ una gran casa
une grande maison

- santo perd la syllabe -to devant un nom de saint masculin, sauf Domingo, Tomás, Tomé et Toribio

San Sebastián
saint Sébastien

Santo Tomás
saint Thomas

Certains adjectifs numéraux et indéfinis subissent aussi l'apocope.

Les comparatifs

Les formes des comparatifs sont les suivantes :

comparatif	formation			
de supériorité	más	+ adj.	+ que + de lo que	+ nom, pronom ou adjectif + verbe
d'infériorité	menos	+ adj.	+ que + de lo que	+ nom, pronom ou adjectif + verbe
d'égalité	tan	+ adj.	+ como	+ nom, pronom, adjectif ou verbe

Tengo una casa más grande que la tuya.
J'ai une maison plus grande que la tienne.

Es más orgullosa que tímida.
Elle est plus fière que timide.

Juan es menos alto que Pedro.
Juan est moins grand que Pedro.

Juan es menos alto de lo que creía.
Juan est moins grand que je ne le croyais.

Pedro es tan alto como tú.
Pedro est plus grand que toi.

Pedro es tan alto como creía.
Pedro est aussi grand que je le pensais.

Comparatifs irréguliers :

adjectif	comparatif
bueno *bon*	**mejor** *meilleur*
grande *grand*	**mayor** *plus grand* ou *plus âgé*
malo *mauvais*	**peor** *pire*
pequeño *petit*	**menor** *plus petit* ou *plus jeune*

Mis notas son peores que las tuyas.
Mes notes sont moins bonnes que les tiennes.

Remarque : ces comparatifs irréguliers ne sont pas systématiquement utilisés.

Mi mochila es más pequeña que la de Juan.
Mon sac à dos est plus petit que celui de Juan.

Les superlatifs

- **Le superlatif relatif** se forme en mettant un article devant un comparatif de supériorité ou d'infériorité :

Es el más gordo de la familia.
Il est le plus gros de la famille.

Es la menos simpática del grupo.
Elle est la moins sympathique du groupe.

En résumé :
superlatif relatif = article + adjectif comparatif

Remarques :

1) Quand le superlatif suit un nom on ne met pas d'article :

Es el alumno más listo de la clase.
C'est l'élève **le plus** *intelligent de la classe.*

2) Lorsque le superlatif est suivi d'un verbe, celui-ci est à l'indicatif s'il s'agit d'un fait réel, mais il est au subjonctif si le fait est éventuel :

Es el mejor libro que he leído. (fait réel ⇨ indicatif)
C'est le meilleur livre que **j'aie** *lu.* (subjonctif)

Compraré el libro más interesante que encuentre.
(fait éventuel ⇨ subjonctif)

J'achèterai le livre le plus intéressant que je **trouverai**. (indicatif futur)

- On exprime **le superlatif absolu** de deux façons : en utilisant un adverbe placé devant l'adjectif ou en utilisant un suffixe.

1) L'utilisation d'un adverbe : le plus courant est l'adverbe **muy** (*très*), mais on peut aussi utiliser les adverbes **sumamente** (*extrêmement*), **extremadamente** (*extrêmement*) ou **extraordinariamente** (*extraordinairement*) :

Este problema es muy difícil.
sumamente difícil.
extremadamente difícil.
extraordinariamente difícil.

Ce problème est **très** *difficile.*
extrêmement *difficile.*
extrêmement *difficile.*
extraordinairement *difficile.*

2) L'utilisation du suffixe **-ísimo(s), -ísima(s)** : celui-ci s'ajoute directement aux adjectifs terminés par une consonne autre que **-n** et **-r**.

un ejercicio difícil ⇨ un ejercicio dificilísimo
un exercice difficile ⇨ un exercice **très** *difficile*

On ajoute **-císimo, a, os, as** si l'adjectif se termine par **-n** ou **-r** :

Es joven. ⇨ Es jovencísimo.
Il est jeune. ⇨ Il est **très** *jeune.*

On enlève la voyelle finale si l'adjectif se termine par une voyelle :

Es un libro interesante. ⇨ Es un libro interesantísimo.
C'est un livre intéressant. ⇨ C'est un livre **très** *intéressant.*

En résumé :
superlatif absolu = adverbe + adjectif
ou
adjectif + suffixe -ísimo

Remarques :

- Certaines **modifications orthographiques** sont parfois nécessaires pour conserver le son de la dernière consonne de l'adjectif. Ainsi, les adjectifs se terminant par -co ou -go forment leur superlatif en -quísimo et -guísimo et le -z final d'un adjectif se transforme en -c :

rico ⇨ riquísimo *riche ⇨ richissime*

largo ⇨ larguísimo *long ⇨ très long*

feliz ⇨ felicísimo *heureux ⇨ très heureux*

- Certains adjectifs contenant une **diphtongue** -ie ou -ue voient parfois cette diphtongue se transformer en -e ou -o :

valiente ⇨ valentísimo
courageux ⇨ très courageux

fuerte ⇨ fortísimo ou fuertísimo
fort ⇨ très fort

Mais ce n'est pas toujours le cas :

bueno ⇨ buenísimo
bon ⇨ très bon

- Lorsqu'un adjectif se termine par **-io** non accentué, le **o** de cette dernière syllabe disparaît :

limpio ⇨ limpísimo
propre ⇨ très propre

- Il existe des **superlatifs irréguliers** :

agradable ⇨ agradabílisimo
agréable ⇨ très agréable

amable ⇨ amabílisimo
aimable ⇨ très aimable

antiguo ⇨ antiquísimo
ancien ⇨ très ancien

célebre ⇨ celebérrimo
célèbre ⇨ très célèbre

cruel ⇨ crudelísimo
cruel(le) ⇨ très cruel(le)

fiel ⇨ fidelísimo
fidèle ⇨ très fidèle

libre ⇨ libérrimo
libre ⇨ très libre

noble ⇨ nobilísimo
noble ⇨ très noble.

Il existe des **préfixes superlatifs** utilisés dans la langue familière : **re-**, **requete-**, **super-**, **extra-**, **archi-** :

Es corta. ⇨ Es requetecorta.
Elle est courte ⇨ Elle est ***super****courte.*

I. LE GROUPE NOMINAL

LES PRONOMS

Les pronoms personnels sujets

français	espagnol
je	**yo**
tu	**tú**
il, lui/elle	**él, ella**
vous (de politesse singulier)	**usted**
nous	**nosotros, nosotras**
vous	**vosotros, vosotras**
ils, eux/elles	**ellos, ellas**
vous (de politesse pluriel)	**ustedes**

Le pronom personnel sujet n'est généralement pas utilisé en espagnol, les terminaisons suffisant à indiquer la personne. On ne l'emploie que pour insister ou lever une ambiguïté :

Soy francés.
Je suis français.

Quédate, yo me voy.
Reste, moi je m'en vais.

Les pronoms personnels compléments introduits par une préposition

français	espagnol	avec la préposition con
moi	mí	conmigo
toi	ti	contigo
lui, elle	él, ella	con él, con ella
vous (de politesse singulier)	usted	con usted
(soi)	(sí)	(consigo)
nous	nostros, as	con nosotros, as
vous	vosotros, as	con vosotros, as
eux, elles	ellos, ellas	con ellos, ellas
vous (de politesse pluriel)	ustedes	con ustedes
(soi)	(sí)	(consigo)

Podéis empezar sin mí.
Vous pouvez commencer sans moi.

Esto es para usted.
Cela est pour vous.

Se dirigió hacia ellos.
Il s'est dirigé vers eux.

Lo hice por ti.
Je l'ai fait pour toi.

I. LE GROUPE NOMINAL

Les pronoms personnels compléments sans préposition

directs		indirects		réfléchis	
français	espagnol	français	espagnol	français	espagnol
me	me	*me*	me	*me*	me
te	te	*te*	te	*te*	te
le, la	lo (le), la	*lui*	le	*se*	se
nous	nos	*nous*	nos	*nous*	nos
vous	os	*vous*	os	*vous*	os
les	los (les), las	*leur*	les	*se*	se

La place des pronoms

Le pronom personnel complément sans préposition se place avant le verbe, sauf à l'infinitif, à l'impératif et au gérondif :

No la veo. *Je ne la vois pas.*

Le pronom complément d'objet indirect est toujours placé avant le pronom complément d'objet direct :

No me lo digas. *Ne me le dis pas.*

Lorsque deux pronoms de la 3e personne se suivent, le premier prend la forme du réfléchi :

Se lo dije ayer. *Je le lui ai dit hier.*

L'enclise

Le pronom personnel complément ou réfléchi se soude au verbe :

- à l'impératif : **Dilo.** *Dis-le.*
- à l'infinitif : **Tengo que irme.** *Je dois m'en aller.*
- au gérondif : **Está lavándose.** *Il est en train de se laver.*

Quand il y a plusieurs pronoms compléments, le pronom complément d'objet indirect (COI) est toujours placé avant le pronom complément d'objet direct (COD) :

Explícamelo. *Explique-***le-moi**.

!

L'enclise est obligatoire à l'impératif, à l'infinitif et au gérondif. Il faut souvent rajouter un accent écrit :

levántate *lève-toi*
diciéndolo *en le disant*

Les pronoms relatifs

que	*qui, que, dont, où, lequel*
quien, quienes	*dont, qui, lequel, celui qui, lesquels*
el cual, la cual, los cuales, las cuales, lo cual	*lequel, laquelle, lesquels, lesquelles, ce qui, ce que*
cuyo, cuya, cuyos, cuyas	*dont le, dont la, dont les*
donde	*où*
adonde	*où* (avec déplacement)

- **que**

C'est **le relatif le plus employé**. Il s'utilise en espagnol avec un antécédent de personne ou de chose, qu'il soit sujet ou COD :

la persona que habla
la personne **qui** *parle*

una canción que conozco
une chanson **que** *je connais*

Remarques :

Lorsque **que** est précédé d'une préposition, si son antécédent est une personne, il est précédé d'un article défini :

la mujer de la que te hablo (**mujer** est une personne, on met donc l'article **la** entre **de** et **que**)
la femme **dont** *je te parle*

el libro de que te hablo (**libro** n'est pas une personne, donc pas d'article)
le livre **dont** *je te parle*

un cuadro en que hay muchos personajes femeninos (**cuadro** n'est pas une personne, donc pas d'article)
un tableau **dans lequel** *il y a beaucoup de personnages féminins*

En que peut aussi se traduire par *où* (temporel) :

Un día en que fui a la biblioteca, me encontré con Juan.
Un jour **où** *je suis allé à la bibliothèque, j'ai rencontré Juan.*

- **quien, quienes**

la chica de quien te hablo *la fille* **dont** *je te parle*

los chicos con quienes trabajo
les garçons avec **lesquels** *je travaille*

la chica a quien recitaste el poema
la fille à **qui** *tu as récité le poème*

quien ha venido **celui qui** *est venu*

- **el cual, la cual, los cuales, las cuales, lo cual**

Ces relatifs sont moins utilisés qu'en français car on utilise plus fréquemment **que**.

Remarques : el cual a parfois une valeur explicative.

Me mostró su cuarto, el cual había sido el cuarto de su hermana.
Il me montra sa chambre, **laquelle** *avait été la chambre de sa sœur.*

Lo cual est un pronom relatif **neutre** qui a pour antécédent la proposition principale :

Me invitó a bailar, lo cual me sorprendió.
Il m'invita à danser, **ce qui** *me surprit.*

- **cuyo, cuya, cuyos, cuyas**

Ces relatifs ne s'utilisent que quand **dont** est complément du nom. Ils sont directement suivis d'un nom avec lequel ils s'accordent :

Compré el libro cuyo título te gustaba.
J'ai acheté le livre **dont le** *titre te plaisait.*

Me gustó un piso cuya cocina era muy grande.
J'ai aimé un appartement **dont la** *cuisine était très grande.*

- **donde, adonde**

Donde, qui traduit une idée de lieu, peut être remplacé par en que, en el cual :

el barrio donde vivimos = el barrio en el que vivimos
le quartier **où** *nous vivons = le quartier* **dans lequel** *nous vivons*

el lugar adonde vamos *le lieu* **où** *nous allons*

LES POSSESSIFS

Les adjectifs possessifs

Il existe deux formes de l'adjectif possessif :

- devant le nom, la **forme atone** ⇨ mi hermano
- après le nom, la **forme tonique** ⇨ hermano mío

I. LE GROUPE NOMINAL

1. Devant le nom (forme atone)

un seul possesseur	
un seul objet	**plusieurs objets**
mi (*mon, ma*)	mis (*mes*)
mi hermano **mon** *frère* mi hermana **ma** *sœur*	mis hermanos **mes** *frères*
tu (*ton, ta*)	tus (*tes*)
tu primo **ton** *cousin* tu prima **ta** *cousine*	tus primos **tes** *cousins*
su (*son, sa, votre*)	sus (*ses, vos*)
su sobrino **son/votre** *neveu* su sobrina **sa/votre** *nièce*	sus sobrinos **ses/vos** *neveux*

plusieurs possesseurs	
un seul objet	**plusieurs objets**
nuestro, nuestra (*notre*)	nuestros, nuestras (*nos*)
nuestro tío **notre** *oncle* nuestra tía **notre** *tante*	nuestros tíos **nos** *oncles* nuestras tías **nos** *tantes*
vuestro, vuestra (*votre*)	vuestros, vuestras (*vos*)
vuestro primo **votre** *cousin* vuestra prima **votre** *cousine*	vuestros primos **vos** *cousins* vuestras primas **vos** *cousines*
su (*leur, votre*)	sus (*leurs, vos*)
su sobrino **leur/votre** *neveu*	sus sobrinos **leurs/vos** *neveux*

Observez :

- mi, tu, su sont des deux genres :

mi sombrero negro
mon chapeau noir

mi falda roja
ma jupe rouge

- su peut signifier **son, sa, leur** mais aussi **votre**, et sus peut signifier **ses, leurs** mais également **vos** (lorsque l'on emploie le vouvoiement avec usted et ustedes).

- Le possessif est parfois supprimé en espagnol. Il peut être remplacé par l'utilisation :

– d'un pronom réfléchi. Au lieu de dire *je mets* **mon** *manteau*, on dira me pongo el abrigo *(je me mets le manteau)* :

Hace frío: ponte la bufanda.
Il fait froid : mets **ton** *écharpe.*

– d'un article lorsqu'il n'y a pas de doute sur l'identité du possesseur :

Si quieres te llevo: el coche está aparcado allá afuera.
Si tu veux je te ramène : **ma** *voiture est garée là-bas dehors.*

2. Après le nom (forme tonique)

Ces adjectifs sont placés après le nom avec lequel ils s'accordent (los amigos míos son amables). On les utilise parfois **dans un but d'insistance**. Ils peuvent être aussi placés **après un verbe** (este libro es tuyo). Dans ce cas on les traduit par *à moi, à toi...*

un seul possesseur	
un seul objet	**plusieurs objets**
mío, mía *à moi, mon, ma*	**míos, mías** *à moi, mes*
hermano mío *mon frère* **hermana mía** *ma sœur*	**hermanos míos** *mes frères* **hermanas mías** *mes sœurs*
tuyo, tuya *à moi, ton, ta*	**tuyos, tuyas** *à toi, tes*
un primo tuyo *un de tes cousins* **una prima tuya** *une de tes cousines*	**unos primos tuyos** *certains de tes cousins* **unas primas tuyas** *certaines de tes cousines*
suyo, suya *à lui, à elle, son, sa, votre*	**suyos, suyas** *à lui, à elle, ses, vos*
un amigo suyo *un ami à lui/vous* **una amiga suya** *une amie à elle/vous*	**unos nietos suyos** *certains de ses/vos petits-fils* **unas nietas suyas** *certaines de ses/ vos petites-filles*

plusieurs possesseurs	
un seul objet	plusieurs objets
nuestro, nuestra *à nous, notre*	**nuestros, nuestras** *à nous, nos*
hijo nuestro *notre fils* **hija nuestra** *notre fille*	**hijos nuestros** *nos fils* **hijas nuestras** *nos filles*
vuestro, vuestra *à vous, votre*	**vuestros, vuestras** *à vous, vos*
un tío vuestro *un de vos oncles* **una tía vuestra** *une de vos tantes*	**unos tíos vuestros** *certains de vos oncles* **unas tías vuestras** *certaines de vos tantes*
suyo, suya *à eux, à elles, leur, votre*	**suyos, suyas** *à eux, à elles, leurs, vos*
un amigo suyo *un ami à eux/vous* **una amiga suya** *une amie à elles/vous*	**unos nietos suyos** *certains de leurs/vos petits-fils* **unas nietas suyas** *certaines de leurs/ vos petites-filles*

Observez :

- Le nom peut être précédé **d'un autre déterminant**. Dans le cas d'un article indéfini le sens est : *un de mes, un de tes...*

un amigo mío *un de mes amis*

Il peut être précédé d'un **démonstratif** :

esta amiga vuestra *cette amie à vous*

- La forme tonique est très utilisée dans les **phrases exclamatives** :

¡Dios mío! *Mon Dieu !*

On l'utilise aussi dans **certaines expressions** :

alrededor tuyo *autour de toi*

a pesar tuyo *malgré toi*

a favor vuestro *en votre faveur*

Les pronoms possessifs

Les pronoms possessifs n'ont pas de forme propre. Ils s'obtiennent en mettant **l'article défini devant la forme tonique de l'adjectif possessif**.

> !
> pronom possessif = article défini
> + forme tonique de l'adjectif possessif
> Son los míos. *Ce sont les miens.*

Remarques :

- Les pronoms possessifs peuvent aussi être précédés de l'article neutre lo. On les traduit alors en français par **ce qui est à moi/toi/…, ce qui me/te/… concerne, mon/ton/… domaine**.

Todo lo mío es tuyo.
Tout **ce qui est à moi** *est à toi.*

Lo mío es la danza.
Ce qui me plaît *c'est la danse.*

- Attention : au masculin pluriel, les pronoms possessifs peuvent aussi désigner la famille.

Extraño a los míos.
Ma famille *me manque.*

LES DÉMONSTRATIFS

Comme en français, les pronoms et adjectifs démonstratifs s'accordent en genre et en nombre avec le nom qu'ils déterminent. Ils permettent d'indiquer un **éloignement progressif dans l'espace ou dans le temps** par rapport au locuteur :

Este año vamos de vacaciones a España.
Cette *année, nous partons en vacances en Espagne.*

Aquel año fuimos de vacaciones a España.
Cette année-là (= il y a un an, deux ans...), *nous sommes allés en vacances en Espagne.*

Le choix du démonstratif

Le choix du démonstratif dépend de la distance dans l'espace ou dans le temps entre le locuteur et ce qui est désigné. Il y a trois distances :

1) ce qui est désigné **est près** ou s'est produit **récemment** ;

2) ce qui est désigné **est un peu plus loin** ou s'est produit **il y a un certain temps** ;

3) ce qui est désigné **est loin** ou s'est produit **il y a longtemps**.

I. LE GROUPE NOMINAL

Les adjectifs et pronoms démonstratifs

		ce qui est désigné est près du locuteur dans l'espace ou dans le temps	
		adjectif	pronom
masculin	singulier	**este** *(ce, cet... ci)*	**éste** *(celui-ci)*
	pluriel	**estos** *(ces... ci)*	**éstos** *(ceux-ci)*
féminin	singulier	**esta** *(cette... ci)*	**ésta** *(celle-ci)*
	pluriel	**estas** *(ces... ci)*	**éstas** *(celles-ci)*
neutre			**esto** *(ceci)*

ce qui est désigné est plus loin du locuteur ou s'est passé il y a un certain temps		ce qui est désigné est loin du locuteur ou s'est passé il y a longtemps	
adjectif	pronom	adjectif	pronom
ese *(ce, cet... ci)*	**ése** *(celui-là)*	**aquel** *(ce, cet... là-bas)*	**aquél** *(celui-là là-bas)*
esos *(ces... là)*	**ésos** *(ceux-là)*	**aquellos** *(ces... là-bas)*	**aquéllos** *(ceux-là là-bas)*
esa *(cette... là)*	**ésa** *(celle-là)*	**aquella** *(cette... là-bas)*	**aquélla** *(celle-là là-bas)*
esas *(ces... là)*	**ésas** *(celles-là)*	**aquellas** *(ces... là-bas)*	**aquéllas** *(celles-là là-bas)*
	eso *(cela)*		**aquello** *(cela là-bas)*

- Les pronoms féminins et masculins se différencient des adjectifs par un **accent écrit sur la syllabe accentuée** :

Prefiero este libro. *Je préfère ce livre.*

Prefiero éste. *Je préfère celui-ci.*

I. LE GROUPE NOMINAL

Me gusta esa mesa.
J'aime cette table.

Me gusta ésa.
J'aime celle-là.

Aquel libro es el que leímos.
Ce livre-là (là-bas) est celui que nous avons lu.

Leímos aquél.
Nous avons lu celui-là (là-bas).

- Il n'y a **pas d'adjectif neutre** car en espagnol les noms neutres n'existent pas. Les pronoms neutres n'ont donc pas d'accent. Cette forme neutre représente un objet dont on ne précise ni la nature ni le genre ; elle peut aussi représenter une phrase entière :

No me digas eso.
Ne me dis pas ça.

- Les pronoms ou adjectifs **ese**, **esa**, **esos**, **esas**, **ése**, **ésa**, **ésos**, **ésas** peuvent avoir une **valeur péjorative** :

¿Qué te ha dicho ésa?
Que t'a dit celle-ci ?

LES INDÉFINIS

Les indéfinis peuvent être :

- **adjectifs**, s'ils accompagnent un nom ;
- **pronoms**, s'ils remplacent un nom ;
- **adverbes**, s'ils se rapportent à un verbe, un adjectif ou un autre adverbe.

Ils donnent **une indication de quantité** souvent imprécise mais ils peuvent aussi donner **d'autres indications sur le nom ou le verbe** auquel ils se rapportent.

Les indéfinis qui s'opposent

- **alguien ≠ nadie** *(quelqu'un ≠ personne)* [pronoms invariables]

¿Hay alguien?
Est-ce qu'il y a quelqu'un ?

No hay nadie.
Il n'y a personne.

- **algo ≠ nada** *(quelque chose ≠ rien)* [pronoms invariables]

¿Quieres algo?
Veux-tu quelque chose ?

No quiero nada.
Je ne veux rien.

- **alguno, alguna, algunos, algunas ≠ ninguno, ninguna, ningunos, ningunas**
(un, une, quelque, quelqu'un, quelques, quelques-uns ≠ aucun, aucune, aucuns, aucunes) [adjectif ou pronom]

Tengo algunos libros sobre Dalí.
J'ai quelques livres sur Dalí.

Te puedo prestar algunos.
Je peux t'en prêter quelques-uns.

¿Alguna amiga mía ha llamado?
Est-ce qu'une de mes amies a appelé ?

No he comprado ninguno.
Je n'en ai acheté aucun.

Remarques :

Nada et nadie se placent souvent **après un verbe précédé de la négation** no, mais ils peuvent aussi se placer avant le verbe et remplacent alors la négation :

No canta nadie. = Nadie canta.
Personne ne chante.

Algo et **nada** peuvent aussi être employés dans le sens de **un peu** et **pas du tout** : ils sont alors **adverbes**.

No estoy nada contenta.
Je ne suis pas contente du tout.

Estoy algo cansada.
Je suis un peu fatiguée.

Alguno et **ninguno** perdent le **-o** final devant un nom masculin singulier (voir l'**apocope**) :

¿Tienes algún libro sobre Picasso?
Tu as un livre [quelques livres] *sur Picasso ?*

No he comprado ningún libro.
Je n'ai acheté aucun livre.

Les autres indéfinis

- **bastante / bastantes** *assez (de)*

No tengo bastantes libros. [adjectif, s'accorde avec le nom] *Je n'ai pas assez de livres.*

No sois bastante fuertes. [adverbe, invariable]
Vous n'êtes pas assez forts.

- **cada** *chaque* [adjectif ou pronom]

cada alumno *chaque élève*

Cada uno tiene un libro. *Chacun a un livre.*

cada semana *toutes les semaines*

- **cualquiera** ou **cualquier** + nom *(quiconque, quelconque, n'importe quel, n'importe qui)* [adjectif ou pronom]

Cualquiera puede lograrlo.
N'importe qui peut y arriver.

Remarques :

cualquiera est **invariable** mais perd le **-a** final **lorsqu'il est placé avant un nom** (voir **apocope**) :

cualquier día / un día cualquiera *n'importe quel jour*

Le pluriel **cualesquiera** est très peu usité.

- **demasiado / demasiada / demasiados / demasiadas** *trop (de)*

Tengo demasiados discos. [adjectif, s'accorde avec le nom] *J'ai trop de disques.*

He estudiado demasiado poco. [adverbe, invariable] *J'ai trop peu étudié.*

- **mucho / mucha / muchos / muchas** *beaucoup (de)*

Leo mucho. [adverbe, invariable] *Je lis beaucoup.*

Tengo muchas amigas. [adjectif, s'accorde avec le nom] *J'ai beaucoup d'amies.*

Remarque : **mucho** peut parfois se traduire par **très** :

Tengo mucho frío. *J'ai très froid.*

Mais pour traduire **très** devant un adjectif on utilise **muy** (voir **le superlatif**).

Estoy muy cansada *Je suis très fatiguée.*

- **otro / otra / otros / otras** *un autre, une autre, d'autres* [adjectif ou pronom]

Quiero otro libro.
Je veux un autre livre.

No quiero otro. *Je n'en veux pas d'autre.*

Remarques :

Contrairement au français, ces indéfinis s'emploient **sans article** en espagnol.

Pour traduire **les autres** dans le sens de **tous les autres**, on utilise l'expression **los demás, las demás** :

¿Dónde están los demás?
Où sont les autres ?

I. LE GROUPE NOMINAL

Las demás chicas se han ido.
Les autres filles sont parties.

- **poco / poca / pocos / pocas** *peu (de)*

He comido poco. *J'ai peu mangé.*

Tengo pocos amigos. *J'ai peu d'amis.*

- **todo / toda / todos / todas** *tout, toute, tous, toutes* [adjectif ou pronom]

Todas las ventanas están abiertas.
Toutes les fenêtres sont ouvertes.

Remarque : lorsque **todo** est COD, en général la phrase se construit avec un pronom COD devant, soit : **lo**, **la**, **los**, **las** + verbe + **todo**.

Lo entiendo todo.
Je comprends tout.

- **varios / varias** *plusieurs* [adjectif ou pronom, s'accorde avec le nom]

Varias amigas han venido.
Plusieurs amies sont venues.

Tengo varias. *J'en ai plusieurs.*

LES NUMÉRAUX

Les numéraux cardinaux

0 **cero**
1 **uno, una**
2 **dos**
3 **tres**
4 **cuatro**
5 **cinco**

6 seis
7 siete
8 ocho
9 nueve
10 diez
11 once
12 doce
13 trece
14 catorce
15 quince
16 dieciséis
17 diecisiete
18 dieciocho
19 diecinueve
20 veinte
21 veintiuno, veintiuna
22 veintidós
23 veintitrés
24 veinticuatro
25 veinticinco
26 veintiséis
27 veintisiete
28 veintiocho
29 veintinueve
30 treinta
31 treinta y uno
40 cuarenta

50 cincuenta
60 sesenta
70 setenta
80 ochenta
90 noventa
100 cien, ciento
200 doscientos, -as
300 trescientos, -as
400 cuatrocientos, -as
500 quinientos, -as
600 seiscientos, -as
700 setecientos, -as
800 ochocientos, -as
900 novecientos, -as
1000 mil

● On utilise la conjonction y entre les dizaines et les unités **à partir de 30** :

153 000
ciento cincuenta y tres mil

● Les **centaines** s'écrivent **en un seul mot,** et à partir de 200 elles **s'accordent** avec le nom auquel elles se rapportent :

12 octobre 1492
doce de octubre de mil cuatrocientos noventa y dos

● uno et veintiuno perdent le -o final devant un nom masculin (voir l'**apocope**), même s'il y a un adjectif entre le numéral et le nom :

veintiún largos días de trabajo
vingt et un longs jours de travail

Mais devant un nom féminin, ils se mettent normalement au **féminin singulier** :

una corbata ⇨ veintiuna corbatas
une cravate ⇨ vingt et une cravates

Les numéraux ordinaux

1° primero, primera
2° segundo, segunda
3° tercero, tercera
4° cuarto, cuarta
5° quinto, quinta
6° sexto, sexta
7° séptimo, séptima
8° octavo, octava
9° noveno, novena
10° décimo, décima
11° undécimo, undécima
12° duodécimo, duodécima
20° vigésimo, vigésima
21° vigésimo primero
22° vigésimo segundo
100° centésimo, centésima
1000° milésimo, milésima

- Seuls les dix premiers ordinaux s'emploient dans la langue courante.
- Du 11ᵉ au 19ᵉ on peut aussi dire décimo primero, décimo segundo, décimo tercero, etc.
- Mais généralement, à partir du 11ᵉ, on utilise le cardinal correspondant :

el 34 (treinta y cuatro) aniversario *le 34ᵉ anniversaire*

I. LE GROUPE NOMINAL

- primero et tercero perdent le -o final devant un nom masculin (voir l'**apocope**) :

el primer alumno *le premier élève*

Eres el primero. *Tu es le premier.*

el tercer piso *le troisième étage*

Vivo en el tercero. *J'habite au troisième.*

Mais on dira :

la tercera página *la troisième page*

II. LE GROUPE VERBAL

LES TEMPS DE L'INDICATIF

Le présent

Le présent de l'indicatif en espagnol a les mêmes fonctions qu'en français. On l'utilise :

- quand l'action se passe **au moment où l'on parle**, ou quand elle a lieu un peu après :

Leo el artículo y vengo.
Je lis l'article et je viens.

- quand l'action est **répétée, habituelle** ou **durable** :

Los lunes termino mis clases a las cinco.
Le lundi je termine mes cours à cinq heures.

Vivimos en Madrid.
Nous habitons à Madrid.

- quand l'action ou le fait est **toujours valable** :

Madrid es la capital de España.
Madrid est la capitale de l'Espagne.

- dans un **récit au passé**, lorsque l'on raconte l'action ou le fait comme s'il était en train de se produire :

Cristóbal Colón llega a América en 1492 y desembarca en una pequeña isla de las Antillas.
Christophe Colomb arrive en Amérique en 1492 et il débarque sur une petite île des Antilles.

L'imparfait

L'imparfait de l'indicatif en espagnol a en général les mêmes fonctions qu'en français. On l'utilise :

- dans un récit au passé pour **décrire** le décor, les personnages, **donner des explications** :

II. LE GROUPE VERBAL

Silvana era alta y delgada. Vivía en un piso pequeño.
Silvana était grande et mince. Elle vivait dans un petit appartement.

- pour exprimer des **actions qui durent** ou **qui se répètent** :

Cuando no llovía íbamos a pasear.
Quand il ne pleuvait pas nous allions nous promener.

- pour exprimer une **action non achevée** lorsqu'une autre a eu lieu :

Vivía en Barcelona cuando conocí a Juan.
J'habitais à Barcelone quand j'ai connu Juan.

Attention : il y a des cas où l'on utilise l'imparfait de l'indicatif en français et l'imparfait du subjonctif en espagnol :

Si conocieras la dirección podríamos pedir nuestro camino. *Si tu connaissais l'adresse nous pourrions demander notre chemin.*

Le passé simple

Le passé simple est beaucoup plus utilisé en espagnol qu'en français, et est souvent traduit par le **passé composé français**. Il exprime une **action passée achevée**, sans rapport avec le présent, et située dans une période de temps révolue pour celui qui parle (hier, l'année dernière,...) :

Ayer llovió. *Hier il a plu.*

Le futur simple

Le futur est utilisé pour :

- parler d'une **action qui va avoir lieu** :

Mañana iré a la playa. *Demain j'irai à la plage.*

- donner un **ordre** :

Darás de comer al perro.
Tu donneras à manger au chien.

- exprimer une **hypothèse** :

Dolerá mucho.
Cela doit faire très mal.

¿Quién será?
Qui cela peut-il bien être ?

Ce même futur d'hypothèse peut être utilisé pour **demander poliment** quelque chose :

¿No tendrá cambio?
Vous n'auriez pas de la monnaie ?

Il est, dans ce cas, synonyme du conditionnel :

¿No tendría cambio?

Attention : il y a des cas où on utilise le futur en français et le subjonctif en espagnol (voir le **subjonctif**) :

cuando haya terminado *quand j'aurai fini*

Le futur proche

Il s'utilise et se construit comme en français mais **en ajoutant la préposition** a :

ir + a + infinitif

Vamos a comer. *Nous allons manger.*

Le conditionnel

Le conditionnel en espagnol n'est pas un mode mais un temps de l'indicatif. Il est utilisé comme en français pour marquer :

- le **résultat d'une condition** :

Si te entrenaras más seguramente lo lograrías.
Si tu t'entraînais davantage tu réussirais certainement.

- un **événement imaginaire** ou un **désir** :

Me gustaría tomar una cerveza.
J'aimerais boire une bière.

- le **futur du passé** :

Te dije que cantaríamos.
Je t'ai dit que nous chanterions.

- Comme pour le futur d'hypothèse, dans une phrase au présent il peut aussi servir pour formuler une hypothèse ou une probabilité dans une phrase au passé :

Serían unos quince chicos y diez chicas.
Ils devaient être environ quinze garçons et dix filles.

Attention : les conditionnels de **querer** et de **haber** sont couramment remplacés par l'imparfait du subjonctif.

Quisiera tomar una cerveza.
Je voudrais boire une bière.

Hubiera preferido una gaseosa.
J'aurais préféré une limonade.

Les temps composés

Les temps composés marquent comme en français une **antériorité par rapport aux temps simples**.

- **le passé composé**

C'est le principal temps composé, mais il est beaucoup moins utilisé qu'en français. On ne l'utilise que lorsque l'action, commencée dans le passé, se prolonge dans le présent ou a une incidence sur celui-ci :

Va a aprobar el examen porque ha estudiado mucho.
Il va réussir son examen parce qu'il a beaucoup étudié.

On peut d'ailleurs utiliser dans la même phrase un passé composé et un passé simple pour marquer la différence entre une action révolue et une action dont les conséquences son présentes :

No he olvidado lo que un día me dijiste.
Je n'ai pas oublié ce que tu m'as dit un jour.

- **le plus-que-parfait**

Il s'utilise comme en français pour parler d'une action antérieure à d'autres dans le passé. On peut l'utiliser :

– avec un passé simple :

Le conté lo que me habías dicho.
Je lui ai raconté ce que tu m'avais dit.

– avec un passé composé :

Lo he hecho como me lo habías explicado.
Je l'ai fait comme tu me l'avais expliqué.

- **le futur antérieur**

Il s'utilise aussi comme en français pour parler d'une action future immédiatement antérieure à une autre action future :

A las cuatro habré terminado de estudiar y podremos ir al cine.
À quatre heures j'aurai fini d'étudier et nous pourrons aller au cinéma.

Attention : avec les adverbes ou les locutions adverbiales **cuando** *(quand)*, **en cuanto** *(dès que)* on utilise le subjonctif.

Cuando haya terminado iremos al cine.
Quand j'aurai terminé nous irons au cinéma.

En cuanto termine iremos al cine.
Dès que j'aurai terminé nous irons au cinéma.

- **le conditionnel passé**

Il s'utilise dans les même cas que le conditionnel simple, mais lorsque l'action est antérieure par rapport à un autre fait considéré :

Creí que se os habría olvidado.
J'ai cru que vous auriez oublié.

On l'utilise dans la phrase conditionnelle, accompagné généralement d'un plus-que-parfait du subjonctif :

Si hubiera sabido no habría venido.
Si j'avais su je ne serais pas venu.

Mais on peut l'utiliser aussi accompagné d'un imparfait du subjonctif :

Si hablara bien el español habría podido acompañarte a América Latina.
Si je parlais bien espagnol, j'aurais pu t'accompagner en Amérique latine.

Remarque : le conditionnel des verbes **deber**, **haber**, **poder** et **querer** est parfois remplacé par l'imparfait du subjonctif (forme en **-ra**) :

Quisiera venir. *Je voudrais venir.*

Debieras hacerlo. *Tu devrais le faire.*

De haber sabido, se lo hubiera dicho.
Si j'avais su, je le lui aurais dit.

LES TEMPS DU SUBJONCTIF

Le mode subjonctif comprend en théorie six temps mais dans la pratique seulement quatre sont utilisés (les autres ne sont utilisés que dans des textes anciens ou des textes juridiques). Les temps utilisés sont :

- deux temps simples : le **présent**, l'**imparfait** ;

- deux temps composés : le **passé**, le **plus-que-parfait**.

Le subjonctif est plus souvent utilisé en espagnol qu'en français. C'est le mode de la subjectivité, de l'irréalité, de l'éventualité.

Le présent du subjonctif

On l'utilise dans les mêmes cas qu'en français dans l'expression :

- du **souhait** ou de la **volonté** :

Quiero que se callen.
Je veux qu'ils se taisent.

- de la **crainte** :

Me temo que ya lo sepa.
Je crains qu'il le sache déjà.

- de la **nécessité** :

Es preciso que repases la lección.
Il faut que tu révises la leçon.

On l'emploie également :

- après ojalá *(pourvu que)* :

Ojalá venga Juan.
Pourvu que Juan vienne.

- dans les **subordonnées de but** :

Te lo digo para que lo sepas.
Je te le dis pour que tu le saches.

- après les verbes pour exprimer la **demande**, la **prière**, le **conseil**, l'**ordre** et la **défense** :

Nos pide que le expliquemos.
Il nous demande de lui expliquer.

Te ruego que me lo devuelvas.
Je te prie de me le rendre.

Te recomiendo que lo hagas.
Je te recommande de le faire.

Te ordeno que estudies.
Je t'ordonne d'étudier.

Me impides que vaya.
Tu m'empêches d'y aller.

- Il sert aussi à exprimer un **besoin**, une **possibilité**, une **réaction** ou une **opinion à la forme négative** :

Es preciso que lo terminemos hoy.
Il faut que nous le terminions aujourd'hui.

Me gusta que lo hagas solo.
J'aime que tu le fasses seul.

No creo que lo puedas hacer.
Je ne crois pas que tu puisses le faire.

- On l'utilise aussi après el hecho de que (*le fait que*) :

El hecho de que lo digas me convence.
Le fait que tu le dises me convainc.

- On l'utilise aussi lorsqu'on utilise le futur en français :

– après como (*comme*) :

como quieras *comme tu voudras*

– après esperar que (*espérer que*) :

Espero que te guste.
J'espère que tu aimeras.

– après el que, la que, lo que (*celui qui / que, celle qui / que, ce que*) :

Compraré el que me falte.
J'achèterai celui qui me manquera.

Harás lo que yo te diga.
Tu feras ce que je te dirai.

– dans les subordonnées de temps, de manière et de comparaison :

Iremos cuando quieras.
Nous irons quand tu voudras.

Hazlo como quieras.
Fais-le comme tu voudras.

Cuanto más hables menos te escucharán.
Plus tu parleras, moins on t'écoutera.

• On peut utiliser l'indicatif ou le subjonctif après **acaso, tal vez, quizás** *(peut-être)*, ainsi qu'après **aunque** *(même si, bien que)*. En utilisant le subjonctif on renforce leur valeur hypothétique :

Si se lo preguntas tal vez te lo diga.
Si tu le lui demandes peut-être te le dira-t-il.

Aunque prend alors le sens de *même si* et sert à exprimer une supposition (alors qu'il signifie *bien que* suivi de l'indicatif) :

aunque vaya contigo
même si je vais avec toi

L'imparfait du subjonctif

On utilise l'imparfait du subjonctif dans l'expression de la **condition**, après **como si** ou après **si** lorsqu'on utilise l'imparfait de l'indicatif en français :

Te comportas como si no supieras lo que hay que hacer.
Tu te comportes comme si tu ne savais pas ce qu'il faut faire.

Si no fueras mi amigo dejaría de ayudarte.
Si tu n'étais pas mon ami j'arrêterais de t'aider.

Les temps composés

Le **passé du subjonctif** sert à exprimer :

- une possibilité dans le passé :

Es posible que te haya engañado.
Il se peut qu'il t'ait trompé.

- le regret :

Qué lastima que hayas venido.
Quel dommage que tu ne sois pas venu.

Le **plus-que-parfait du subjonctif** sert à exprimer :

- une action antérieure à une autre action passée :

Es una lástima que no hubieras llegado a tiempo.
Il est dommage que tu ne sois pas arrivé à temps.

- une hypothèse irréelle dans une subordonnée de condition :

Si hubieras estudiado, no estarías tan nervioso.
Si tu avais étudié, tu ne serais pas aussi nerveux.

La concordance des temps

La concordance des temps est toujours appliquée en espagnol. Lorsqu'une phrase comporte une subordonnée ou une complétive au subjonctif, le choix du temps (présent ou imparfait du subjonctif) dépend donc du temps de la proposition principale :

- si la principale est au **présent** ou au **futur de l'indicatif**, à **l'impératif**, au **passé composé**, le verbe de la subordonnée ou de la complétive est au **présent du subjonctif** ou au **subjonctif passé** :

Le diré que venga a casa.
Je lui dirai de venir à la maison.

Es posible que venga. / Es posible que haya venido.
Il est possible qu'il vienne. / Il est possible qu'il soit venu.

- si le verbe de la principale est à **l'imparfait**, au **passé simple**, au **plus-que-parfait** ou au **conditionnel**, le verbe de la subordonnée est à **l'imparfait du subjonctif** ou au **plus-que parfait du subjonctif** :

Le dije que viniera a casa.
Je lui ai dit de venir à la maison.

Era posible que viniera. / Era posible que hubiera venido.
Il était possible qu'il vienne ou vînt. / Il était possible qu'il soit venu ou qu'il fût venu.

L'IMPÉRATIF

L'impératif est un mode qui ne comporte qu'**un seul temps**.

L'impératif possède **cinq formes** en espagnol. Le pronom **vous** français correspondant à trois formes différentes en espagnol (voir les **pronoms personnels**), on ajoute aux trois formes du français la 3e personne du singulier et la 3e personne du pluriel qui servent au vouvoiement. Il y a donc :

- tutoiement singulier (2e personne du singulier)
- tutoiement pluriel (2e personne du pluriel)
- vouvoiement singulier (3e personne du singulier)
- vouvoiement pluriel (3e personne du pluriel)
- la 1re personne du pluriel

Il s'utilise comme en français. On fait néanmoins la différence entre :

- l'expression de **l'ordre** (forme affirmative de l'impératif) :

Ven. *Viens.*

- l'expression de **la défense** (forme négative de l'impératif qui n'existe pas en tant que telle et pour laquelle on utilise la forme du subjonctif) :

No vengas. *Ne viens pas.*

LE GÉRONDIF ET LE PARTICIPE PASSÉ

Le gérondif

Il correspond au **participe présent** français.

- Employé seul :

– c'est un complément de manière (il permet de répondre à la question **¿cómo?**) :

Marta le contestó burlándose de él...
Marta lui a répondu en se moquant de lui...

– il exprime la simultanéité d'une action avec celle du verbe principal *(en même temps que)* :

Come mirando la tele. *Il mange tout en regardant la télé.*

- Employé avec un auxiliaire : il permet d'exprimer les différents moments de l'action (voir les **modalités de l'action**).

Le participe passé

- Le participe passé sert essentiellement à la **formation des temps composés** de l'indicatif et du subjonctif. Il est alors **invariable** (voir les **temps composés**).
- Comme en français, il peut également être **utilisé comme adjectif.** Il s'accorde alors avec le nom auquel il se rapporte :

Los alumnos interesados podrán venir.
Les élèves intéressés pourront venir.

Gustar et les tournures affectives

1. Gustar

Ce verbe est l'une des traductions du verbe **aimer** (lorsqu'il ne s'agit pas d'un sentiment pour une personne).

Il se construit comme le verbe **plaire** en français : le complément du verbe *aimer* devient sujet du verbe **gustar**, et détermine l'accord.

Me gustan los caramelos. *J'aime les bonbons.*

[**caramelos** est le sujet du verbe **gustar** : « les bonbons me plaisent »]

Nos gusta la música. *Nous aimons la musique.*

[**la música** est le sujet du verbe **gustar** : « la musique me plaît »]

A ustedes les gusta viajar. *Vous aimez voyager.*

[**viajar** est le sujet du verbe **gustar** : « à vous, voyager vous plaît »]

complément		sujet singulier	
		verbe	exemple de sujet
(a mí)	me	gusta	leer *lire* bailar *danser* la ópera *l'opéra*
(a ti)	te		
(a él/ella/usted)	le		
(a nosotros, -as)	nos		
(a vosotros, -as)	os		
(a ellos, -as/ustedes)	les		

complément		sujet pluriel	
		verbe	exemple de sujet
(a mí)	me	gustan	las flores *les fleurs*
(a ti)	te		
(a él/ella/usted)	le		los animales *les animaux*
(a nosotros, -as)	nos		
(a vosotros, -as)	os		estas pinturas *ces peintures*
(a ellos, -as/ustedes)	les		

2. Les tournures affectives

Ce sont d'autres verbes, qui expriment des sentiments ou des sensations, et se construisent comme **gustar** :

- **apetecer** *(avoir envie de)*

Me apetece comer paella.
J'ai envie de manger de la paella.

- **dar gusto** *(faire plaisir)*

Me da gusto conocerte.
Ça me fait plaisir de te connaître.

- **dar miedo** *(faire peur)*

Me da miedo la oscuridad.
J'ai peur du noir.

- **dar pena** *(faire de la peine)*

Me dan pena estos niños.
Ces enfants me font de la peine.

- **doler** *(faire mal)*

Me duele la cabeza.
J'ai mal à la tête.

Me duelen los pies.
J'ai mal aux pieds.

- **encantar** *(adorer)*

Me encanta este disco.
J'adore ce disque.

Me encantan estos poemas.
J'adore ces poèmes.

- **ilusionar** *(remplir de joie)*

Me ilusiona el viaje a España.
Le voyage en Espagne me remplit de joie.

Les modalités de l'action

Pour exprimer la façon dont se déroule l'action, on peut utiliser :

- des **périphrases verbales**, c'est-à-dire deux verbes dont l'un est conjugué et l'autre est à l'infinitif, au gérondif ou au participe passé ;
- d'autres types de **locutions**.

1. La durée

- **estar** + gérondif ou **andar** + gérondif

Pour parler d'une **action en cours** on utilise la périphrase verbale « estar + gérondif » ou « andar + gérondif » lorsque l'action est prolongée (ce que l'on traduit généralement par *être en train de*) :

Estoy leyendo.
Je suis en train de lire.

A las seis estaremos estudiando.
À six heures nous serons en train d'étudier.

Siempre andas dibujando.
Tu es toujours en train de dessiner.

Cette forme progressive apporte une nuance qui ne se traduit pas toujours en français :

Hemos estado estudiando durante cuatro horas.
Nous avons étudié pendant quatre heures.

On peut utiliser d'autres périphrases verbales proches de « estar + gérondif » :

- llevar + complément de temps + gérondif :

Cette périphrase indique la **durée de l'action** et signifie : « *cela fait...* », « *il y a...* » :

Llevo tres horas esperándote.
Cela fait trois heures que je t'attends.

- pasar ou pasarse + indication temporelle + gérondif ou participe passé :

Cette expression très courante sert à insister sur la **durée prolongée d'une action** et signifie « passer un certain temps à faire quelque chose » :

Me pasé un mes preparando este viaje.
J'ai passé un mois à préparer ce voyage.

Se ha pasado la tarde sentado.
Il a passé son après-midi assis.

On utilise aussi la forme pasársela *(passer son temps à)* :

Se la pasa cantando. *Il passe son temps à chanter.*

- venir + gérondif :

On utilise cette forme lorsqu'on veut insister sur la **répétition de l'action** depuis son origine.

Te lo vengo diciendo desde hace meses.
Je te le dis depuis des mois.

2. La progression

On utilise les périphrases verbales « ir + gérondif » ou « venir + gérondif » pour insister sur le **déroulement**

graduel de l'action. Elles peuvent se traduire par *peu à peu, au fur et à mesure.*

Iba avanzando. Venía avanzando.
Il avançait peu à peu. Il avançait peu à peu vers moi.

Los alumnos van entrando en clase.
Les élèves rentrent au fur et à mesure en salle de cours.

3. La continuité

On utilise les périphrases verbales « **seguir** + gérondif » ou « **continuar** + gérondif » qui se traduisent par *continuer à* :

Sigo cantando.
Je continue à chanter.

Hemos seguido preparando el trabajo.
Nous avons continué à préparer le travail.

Continúas haciendo lo mismo.
Tu continues à faire la même chose.

4. La simultanéité

Pour signifier la simultanéité entre deux actions, on peut utiliser :

- directement le **gérondif** qui se traduit par *en* + participe présent

Llegando a casa me encontré con él.
En arrivant chez moi, je l'ai rencontré.

- **al** + infinitif

Al llegar a casa me encontré con él.
En arrivant chez moi, je l'ai rencontré.

5. La fréquence ou l'habitude

Pour parler d'une action que l'on réalise de façon habituelle, on utilise la périphrase « **soler** + infinitif » :

En verano solemos ir a la playa.
En été, nous avons l'habitude d'aller à la plage.

Suele tomar el autobús para ir al cole.
Généralement, il prend le bus pour aller à l'école.

Remarque : soler ne s'utilise généralement qu'au présent et à l'imparfait de l'indicatif.

6. La répétition ou la réitération

Pour parler d'une action qui se répète on peut utiliser :

- volver a + infinitif :

Volví a llamarla anoche.
Je l'ai rappelée hier soir.

- verbe + **de nuevo** ou **otra vez** :

La llamé otra vez anoche.
Je l'ai rappelée hier soir.

Remarque : le verbe précédé du préfixe re- rend également l'idée de répétition, mais cette possibilité est beaucoup moins fréquente qu'en français :

renacer *renaître*

revivir *revivre*

rehacer *refaire*

L'expression de l'obligation

1. Obligation personnelle

Elle s'adresse à quelqu'un ou à quelque chose en particulier.

- **Tener (conjugué) que + infinitif**
(c'est la tournure la plus employée) :
Mañana tengo que madrugar.
Demain il faut que je me lève tôt.

- **Deber (conjugué) + infinitif**
(pour exprimer une obligation plus morale) :

Debemos ayudar a nuestros padres.
Nous devons aider nos parents.

2. Obligation impersonnelle

Elle est générale et ne s'adresse à personne en particulier.

- **Hay que + infinitif**
(c'est la structure la plus employée) :

Hay que comer para vivir.
Il faut manger pour vivre.

- **Se debe + infinitif** (pour une obligation plus morale) :

Se debe socorrer a los heridos.
On doit secourir les personnes blessées.

- L'obligation impersonnelle peut être introduite par un verbe unipersonnel : es preciso / es necesario / es menester / hace falta + **infinitif**. Toutes ces formes peuvent se traduire par *il est nécessaire de*. On peut aussi les utiliser avec un subjonctif après la conjonction que. (voir le **subjonctif**)

Es necesario presentar el pasaporte para pasar la frontera.
Il est nécessaire de présenter son passeport pour passer la frontière.

L'expression de l'hypothèse

L'hypothèse peut s'exprimer en espagnol grâce à :

- **A lo mejor + indicatif**
(comme en français « *peut-être* » + indicatif) :

A lo mejor nos vemos el martes.
Nous nous voyons peut-être mardi.

II. LE GROUPE VERBAL

- Es posible que + **subjonctif** (comme en français) :

Es posible que trabaje.
Il est possible qu'il travaille.

- Quizá, quizás, puede ser que + **subjonctif** :

Quizá pueda salir mañana.
Je pourrai peut-être sortir demain.

Puede ser que salga mañana.
Je sortirai peut-être demain.

- l'emploi du **futur simple** :

¿Cuántos años tendrá este niño?
Quel âge peut bien avoir cet enfant ?

- l'emploi de la **subordonnée en** si :

condition réalisable	
subordonnée	principale
si + **présent de l'indicatif** **Si tengo bastante dinero,** *Si j'ai assez d'argent (un jour ! et c'est possible !),*	**futur de l'indicatif** **compraré una casa.** *j'achèterai une maison.*

condition non réalisée (irréalisable dans le présent)	
subordonnée	principale
si + **subjonctif imparfait** **Si tuviera bastante dinero,** *Si j'avais assez d'argent (mais ce n'est pas le cas),*	**conditionnel** **compraría una casa.** *j'achèterais une maison.*

condition irréalisée dans le passé	
subordonnée	principale
si + **subjonctif plus-que-parfait**	**conditionnel passé**
Si hubiera tenido bastante dinero,	habría ou hubiera comprado una casa.
Si j'avais eu assez d'argent (mais je n'en avais pas assez),	*j'aurais acheté une maison.*

La traduction de « on »

Il y a plusieurs façons de traduire le pronom personnel indéfini *on*.

● Se **+ 3e personne du singulier ou du pluriel** : « *on* » a le sens de « *normalement* », « *généralement* » (la personne qui parle peut faire partie de ce « *on* »). Cette tournure exprime un fait général, une interdiction.

¿Cómo se dice en español?
Comment dit-on cela en espagnol ?

Aquí no se puede aparcar.
Ici on ne peut pas se garer.

Il faut faire l'accord au pluriel :

Se ve un barco en el horizonte.
On voit un bateau à l'horizon.

Se ven bonitas ciudades en Castilla.
[ciudades est le sujet du verbe]
On voit de jolies villes en Castille.

● **La troisième personne du pluriel** :

– quand « *on* » représente « *les gens* », « *quelqu'un* » (la personne qui parle ne fait pas partie de ce « *on* ») :

Dicen que es un libro muy divertido.
On dit que c'est un livre très drôle.

– avec les verbes pronominaux :

Te han llamado.
On t'a appelé.

- **uno, una + 3e personne du singulier** : quand le locuteur parle de lui-même, « *on* » est un équivalent de « *je* » :

Cuando uno lee el texto.
Quand on lit le texte. / Quand je lis le texte.

« Ser » ou « estar » ?

Être peut se traduire par **ser**, **estar** ou par des semi-auxiliaires qui les remplacent.

1. On emploie toujours ser :

- devant un nom ou un pronom attribut :

Eres mi mejor amigo.
Tu es mon meilleur ami.

Nuestro coche es ése.
Notre voiture est celle-ci.

- suivi de la préposition **de**, il indique l'appartenance :

El coche es de mi padre.
La voiture est à mon père.

- devant un nombre ou un indéfini :

Somos tres.
Nous sommes trois.

Son muchos.
Ils sont nombreux.

- pour dire l'heure :

Es la una. *Il est une heure.*

Son las dos. *Il est deux heures.*

- devant un adjectif, pour définir ou exprimer une caractéristique essentielle (identité, genre, nationalité, origine, profession...) :

Elena es española, es de Madrid, es profesora, es guapa.
Elena est espagnole, elle est de Madrid, elle est professeur, elle est belle.

- pour indiquer la couleur, la matière :

El cielo es azul.
Le ciel est bleu.

La mesa es de madera.
La table est en bois.

- devant un participe passé, pour former la voix passive :

La pared fue pintada por Miguel.
Le mur a été peint par Miguel.

2. On emploie toujours estar :

- pour situer dans l'espace ou dans le temps :

Estoy en casa.
Je suis chez moi.

Estamos en invierno.
Nous sommes en hiver.

- avec le gérondif, pour indiquer que l'action est en train de se faire (présent progressif) :

¿Qué estás haciendo?
Qu'es-tu en train de faire ?

- devant un adjectif, pour traduire un état dépendant des circonstances (une transformation, un résultat, une situation accidentelle...) :

¡Tú aquí! ¡Qué contento estoy!
Toi ici ! Comme je suis content !

Esta anciana está muy sola.
Cette vieille dame est très seule.

¡Qué guapa estás con este peinado!
Comme tu es belle avec ta nouvelle coiffure !

- devant un participe passé, pour exprimer le résultat d'une action :

La pared está pintada de blanco.
Le mur est peint en blanc.

Cuando llegué, la puerta estaba cerrada.
Quand je suis arrivé, la porte était fermée.

> Certains adjectifs changent de sens selon qu'ils sont employés avec ser ou estar.

> **Ser bueno/malo.**
> *Être bon* (bonté) / *mauvais* (méchant).
> **Ser listo.** *Être intelligent.*
> **Ser orgulloso.** *Être orgueilleux.*
> **Ser vivo.** *Être malin, futé.*
>
> **Estar bueno/malo.** *Être en bonne/mauvaise santé ; avoir bon/mauvais goût.*
> **Estar listo.** *Être prêt.*
> **Estar orgulloso.** *Être fier.*
> **Estar vivo.** *Être vivant.*

3. Les semi-auxiliaires qui remplacent ser ou estar :

Ils les remplacent en ajoutant une nuance particulière :

- **resultar** (idée de conséquence, d'aboutissement)
- **andar**, **ir**, **venir** (idée de progression)
- **hallarse**, **quedar**, **permanecer** (idée de permanence)

Siempre anda metido en líos.
Il est toujours impliqué dans des histoires compliquées.

L'emphase : « C'est... qui » / « C'est... que »

La forme emphatique s'utilise davantage en français qu'en espagnol. Néanmoins elle permet d'insister sur :

- **l'objet : « quoi ? »**

Je préfère ce livre. = Je préfère quoi ? Ce livre.

Forme emphatique : *C'est ce livre que je préfère.*

« *Qui* » et « *que* » se traduisent par **el que**, **la que**, **lo que**, **los que**, **las que**, éventuellement précédés d'une préposition :

Este es el libro que prefiero.
C'est ce livre que je préfère.

- **la circonstance : « quand ? », « où ? », « comment ? »**

« *Qui* » et « *que* » se traduisent par **cuando**, **donde** ou **como**, éventuellement précédés de la préposition qui convient.

– **cuando** (insistance sur le temps) :

Entonces fue cuando descubrí las playas más hermosas de América.
C'est alors que j'ai découvert les plus belles plages d'Amérique.

– **donde** (insistance sur le lieu) :

En México será donde veranearemos.
C'est au Mexique que nous irons passer l'été.

Por aquí fue por donde pasó el ladrón.
C'est par ici que le voleur est passé.

- **como** (insistance sur la manière) :

Así es como se me debe hablar.
C'est ainsi qu'il faut s'adresser à moi.

- **la personne : « qui ? »**

Tu me l'as dit. = Qui me l'a dit ? Toi.

Forme emphatique : *C'est toi qui me l'as dit.*

« *Qui* » et « *que* » se traduisent par **quien**, **quienes** ou **el que**, **la que**, **los que**, **las que** éventuellement précédés de la préposition qui convient :

Fuiste tú quien me lo dijo. ou **Fuiste tú el que me lo dijo.**
C'est toi qui me l'as dit.

Fue de ella de quien te hablé. ou **Fue de ella de la que te hablé.**
C'est d'elle dont je t'ai parlé.

Dans ces formes d'insistance, *être* se traduit toujours par **ser**, conjugué au même temps que le verbe de la subordonnée et à la même personne que celle sur laquelle porte l'insistance.

III. LA PHRASE

LA PHRASE AFFIRMATIVE

La phrase affirmative permet de soutenir la réalité, la vérité ou la possibilité d'un fait ou d'une action.

Me llamo Juan. *Je m'appelle Juan.*

L'affirmation peut être renforcée en espagnol grâce à **ya** ou **sí (que)** :

Ya lo sé.
Je le sais bien.

Sí que has tardado.
Tu as mis bien longtemps.

LA PHRASE NÉGATIVE

La phrase négative permet de contester la réalité, la vérité ou la possibilité d'un fait ou d'une action.

Formation :

- **no** + groupe verbal *(ne... pas)* :

¿No entiendes?
Tu ne comprends pas ?

No me gusta el campo.
Je n'aime pas la campagne.

- **Ya no...** *(ne... plus)* :

Ya no hay nadie. *Il n'y a plus personne.*

- **No... sino...** ou **No... más que...** *(ne... que...)* :

No bebo sino agua. ou **No bebo más que agua.**
Je ne bois que de l'eau.

Remarque : quand la négation porte sur deux verbes juxtaposés ou coordonnés, on remplace **no** par **ni** :

Ni bebía ni comía. *Il ne mangeait ni ne buvait.*

III. LA PHRASE

- **No + verbe + mot négatif** ou **mot négatif + verbe**

Mots négatifs possibles :

nada (≠ algo) *rien*

nadie (≠ alguién) *personne*

ninguno (≠ alguno) *personne*

nunca, jamás (≠ siempre) *jamais*

tampoco (≠ también) *non plus*

Exemples :

Nadie fue a la reunión.
Personne n'est allé à la réunion.

No fue nadie a la reunión.
Personne n'est allé à la réunion.

LA PHRASE INTERROGATIVE

La phrase interrogative permet de poser une question, et peut se construire :

- en inversant le sujet et le verbe :

¿Viene Juan?
Juan vient-il ?

- comme une phrase affirmative mais avec la ponctuation interrogative :

Eres tú. *C'est toi.*

¿Eres tú? *C'est toi ?*

- grâce aux mots interrogatifs :

Les mots interrogatifs portent un **accent écrit sur la voyelle accentuée**, même lors d'une interrogation indirecte : cet accent sert à les différencier des pronoms relatifs ou des conjonctions.

mots interrogatifs	exemples
qué *(que, quoi)*	¿Qué haces? **Que** *fais-tu ?* ¿De qué hablas? *De* **quoi** *parles-tu ?* Dime qué quieres. *Dis-moi ce* **que** *tu veux.*
quién / quiénes *(qui)*	¿Quién es? **Qui** *est-ce ?* ¿Quiénes son? **Qui** *sont-ils ?* Le preguntaré quién ha venido. *Je lui demanderai* **qui** *est venu.*
cuál / cuáles *(quel, quelle, lequel, laquelle, quels, quelles, lesquelles)*	¿Cuál es tu nombre? **Quel** *est ton prénom ?* ¿Cuáles quieres? **Lesquels** *veux-tu ?* No sé cuál darte. *Je ne sais pas* **lequel** *te donner.*
cuándo *(quand)*	¿Desde cuándo nos conocemos? *Depuis* **quand** *nous connaissons-nous ?* Dime cuándo vendrás. *Dis-moi* **quand** *est-ce que tu viendras.*
dónde *(où)*, adónde *(où* avec déplacement)	¿Dónde estás? **Où** *es-tu ?* ¿Adónde vas? **Où** *vas-tu ?*
cómo *(comment)*	¿Cómo te llamas? **Comment** *t'appelles-tu ?* No sé cómo ir. *Je ne sais pas* **comment** *y aller.*
cuánto, cuánta, cuántos, cuántas *(combien)*	¿Cuánto dinero te queda? **Combien** *d'argent te reste-t-il ?* ¿Cuánta agua tienes? **Combien** *d'eau as-tu ?* ¿Cuántos años tienes? **Quel âge** *as-tu ?* No sé cuántas páginas hemos leído. *Je ne sais pas* **combien** *de pages nous avons lues.*

III. LA PHRASE

Attention !
Ne pas oublier le **point d'interrogation inversé** en début de phrase interrogative directe !

LA PHRASE EXCLAMATIVE

La phrase exclamative permet d'exprimer :

- un ressenti ;
- un souhait.

principaux mots exclamatifs	
¡Qué...!	*Quel / Quelle / Comme... !*
¡Quién...!	*Qui / Si seulement... !*
¡Cuánto, -a, -os, -as...!	*Combien / Comme / Que de... !*

1. L'expression d'un ressenti

- L'exclamation porte sur un nom ou un adjectif :

¡Qué **+ nom ou adj**!

¡Qué elegancia!
Quelle élégance !

¡Qué guapa estás!
Comme tu es belle !

- L'exclamation porte sur un nom accompagné d'un adjectif : ¡Qué **+ nom +** más **ou** tan **+ adj**!

¡Qué chica más ou **tan linda!** *Quelle belle fille !*

- L'exclamation porte sur un verbe :

¡Cuánto / Cómo **+ verbe**!

¡Cuánto / Cómo me gusta esta novela!
Comme ce roman me plaît !

- L'exclamation porte sur une quantité, un nombre : ¡Cuánto, -a, -os, -as...!

¡Cuántos coches en la autopista!
Que de voitures sur l'autoroute !

2. L'expression d'un souhait

L'exclamation exprimant un souhait se construit avec ¡Que **(non accentué) + présent du subjonctif**!

¡Que descanses!
Repose-toi bien !

3. Quelques exclamations

¡Adelante! *Entrez !*

¡Anda! *Allez !*

¡Basta! *Ça suffit !*

¡Cómo habla! *Comme il parle !*

¡Cuidado! *Attention !*

¡Dichosa excursión! *Maudite excursion !*

¡Fuera! *Dehors !*

¡Hola! *Salut !*

¡Hombre! *Tiens !*

¡Ojo! *Attention !*

¡Qué tal! *Ça va ?*

¡Vale! *D'accord !*

¡Vaya piscina! *En voilà une piscine !*

Attention !
Ne pas oublier le **point d'exclamation inversé** en début de phrase exclamative !

III. LA PHRASE

LA PHRASE IMPÉRATIVE

La phrase impérative permet d'exprimer :

- l'ordre (à la forme affirmative) ;
- la défense (à la forme négative).

1. L'expression de l'ordre

- Le mode utilisé pour exprimer un ordre est l'impératif :

Recoged los libros.
Ramassez les livres.

- L'infinitif peut également avoir une valeur injonctive :

¡Cruzar la calle despacio!
Traversez la rue doucement !
¡Callaros! *Taisez-vous !*

2. L'expression de la défense

- C'est un ordre négatif, une interdiction. On l'exprime avec **no** + le subjonctif présent à toutes les personnes :

¡No me llames esta noche!
Ne m'appelle pas ce soir !

¡No salgáis solos!
Ne sortez pas tout seuls !

- Attention, on ne fait pas l'enclise :

¡No te pierdas! *Ne te perds pas !*

Remarque : le pronom complément se déplace, comme en français.

¡Cógelo! ⇨ ¡No lo cojas!
*Prends-***le** *! ⇨ Ne* **le** *prends pas !*

LES CONJONCTIONS

ni *(ni, et ne)*
o/u *(ou)*
pero (sí) *(mais)*
sino (que) *(mais)*
y/e *(et)*

- **ni peut correspondre en français à** *ni* **ou** *et ne* **:**

No tengo ni libro ni cuaderno.
Je n'ai ni livre ni cahier.

No dormía ni comía.
Il ne dormait pas et ne mangeait pas.

- **o** *(ou)*

¿Te quedas o te vas?
Tu restes ou tu pars ?

O devient u si le mot suivant commence par -o ou -ho :

No sé si es resentimiento u odio.
Je ne sais pas si c'est du ressentiment **ou** *de la haine.*

Puedes leerlo u hojearlo.
Tu peux le lire ou le feuilleter.

- **pero** *(mais)*

Es inteligente pero no estudia.
Il est intelligent mais il n'étudie pas.

S'il n'y a pas d'opposition on peut utiliser pero sí pour marquer un contraste :

No habla árabe pero sí lo entiende.
Il ne parle pas arabe mais il le comprend.

- **sino (que)** *(mais)*

Pour marquer l'opposition totale après une phrase négative, on utilise sino ou sino que devant un verbe :

III. LA PHRASE

No es alto sino bajo.
Il n'est pas grand mais petit.

No es Juan sino Manuel.
Ce n'est pas Juan mais Manuel.

No se lo pedí sino que lo cogí.
Je ne le lui ai pas demandé mais je l'ai pris.

La formulation sino que **est courante dans la structure** *non seulement... mais...* **:**

No sólo puede escribir los poemas sino que también es capaz de ilustrarlos.
Non seulement il peut écrire les poèmes, mais il est aussi capable de les illustrer.

- y *(et)*

Juan y Pedro vienen.
Juan et Pedro viennent.

Y **devient** e **si le mot qui suit commence par** -i **ou** -hi **:**

Juana e Isabel son mis amigas.
Juana et Isabel sont mes amies.

Esta receta me gusta con perejil e hinojo.
J'aime cette recette avec du persil et du fenouil.

LES ADVERBES

L'adverbe est un mot **invariable** qui apporte des **précisions sur le sens** :

- d'un **verbe** (estudia mucho ⇨ *elle étudie beaucoup*)
- d'un **adjectif** (está muy cansada ⇨ *elle est très fatiguée*)
- d'un autre **adverbe** (aprende muy fácilmente ⇨ *elle apprend très facilement*).

Les adverbes de manière

- **Les plus courants sont :**

- bien *(bien)*
Escribes bien. *Tu écris bien.*

- mal *(mal)*
Escribo mal. *J'écris mal.*

- mejor *(mieux)*
Tengo que escribir mejor. *Je dois mieux écrire.*

- peor *(pire)*
Ahora escribes peor que antes.
Maintenant tu écris plus mal qu'avant.

- así *(ainsi)*
Escríbelo así.
Écris-le ainsi.

- despacio *(lentement)*
Hazlo despacio.
Fais-le lentement.

- **Les adverbes en -mente :**

Ils se forment à partir du féminin de l'adjectif et gardent l'accentuation de l'adjectif (à l'oral on entend donc une double accentuation : celle de l'adjectif et celle du suffixe -mente) :

fácil ⇨ fácilmente *(facile ⇨ facilement)*

lenta ⇨ lentamente *(lente ⇨ lentement)*

Remarque :

Lorsque plusieurs adverbes en -mente se suivent, seul le dernier adverbe prend la forme en -mente. Les autres se présentent comme des adjectifs au féminin singulier :

Lee lenta y distintamente.
Il lit lentement et distinctement.

Adjectifs à valeur d'adverbe

Certains adjectifs s'utilisant comme des adverbes s'emploient au masculin singulier :

Hazlo rápido.
Fais-le vite.

Certains adjectifs accordés accompagnant le verbe ont un sens adverbial :

Vivimos tranquilos.
Nous vivons tranquillement.

Les adverbes de lieu

- Les plus courants dépendent de la distance par rapport au locuteur. Comme pour les démonstratifs, on considère trois distances (près, un peu plus loin, loin) (voir les **démonstratifs**) :

distance	adverbe	exemple
ce dont on parle est **près du locuteur**	**aquí** ou **acá** *(ici)*	**Vivimos aquí.** *Nous vivons ici.*
ce dont on parle est **un peu plus loin**	**ahí** *(là)*	**Ahí está la escuela.** *L'école est là.*
ce dont on parle est **loin du locuteur**	**allí** ou **allá** *(là-bas)*	**Estudiaremos allá.** *Nous étudierons là-bas.*

- Ces adverbes peuvent se placer avant ou après le verbe.
- Autres adverbes de lieu courants :

– **cerca** ≠ **lejos** *(près ≠ loin)*

La escuela está cerca. ≠ La escuela está lejos.
L'école est près. ≠ L'école est loin.

- arriba ≠ abajo *(en haut ≠ en bas)*

El cuarto está **arriba**. ≠ La cocina está **abajo**.
La chambre est en haut. ≠ La cuisine est en bas.

- delante ≠ detrás *(devant ≠ derrière)*

Colócalo **delante**. ≠ Colócalo **detrás**.
Mets-le devant. ≠ Mets-le derrière.

- encima ≠ debajo *(au-dessus ≠ au-dessous)*

Búscalo **encima**. ≠ Búscalo **debajo**.
Cherche-le au-dessus. ≠ Cherche-le au-dessous.

- adelante ≠ atrás *(devant ≠ derrière)*

Ve **adelante**. ≠ Ve **atrás**.
Va devant. ≠ Va derrière.

- adentro ≠ afuera *(dedans ≠ dehors)*

Espéralo **adentro**. ≠ Espéralo **afuera**.
Attends-le dedans. ≠ Attends-le dehors.

- enfrente *(en face)*

El café está **enfrente**.
Le café est en face.

Les adverbes de temps

- nunca, jamás *(jamais)* :

Nunca te olvidaré. = **Jamás** te olvidaré.
Je ne t'oublierai jamais.

Ces deux adverbes peuvent se construire de deux façons différentes :

nunca + verbe = no + verbe + nunca

Nunca viene. = No viene **nunca**. *Il ne vient jamais.*

jamás + verbe = no + verbe + jamás

Jamás había visto algo tan raro. = No había visto **jamás** algo tan raro.
Jamais je n'avais vu quelque chose d'aussi bizarre.

Remarques : nunca est plus utilisé que jamás qui est plus littéraire et qui indique une négation plus forte. Cette double construction existe aussi pour les indéfinis nadie et nada (voir les **indéfinis**).

Pour insister sur **l'inexistence absolue** de quelque chose on peut utiliser aussi l'expression nunca jamás (*jamais de la vie, au grand jamais, vraiment jamais*) :

Nunca jamás había visto eso.
Je n'avais vraiment jamais vu cela.

- **todavía, aún** (*encore*)

Ces deux mots sont synonymes.

¿Todavía estás aquí? = ¿Aún estás aquí?
Tu es encore là ?

> Attention !
> Aún (avec l'accent tonique) veut dire **encore**,
> mais aun (sans l'accent tonique)
> est une conjonction et veut dire **même**.
>
> **Aun contigo no me atrevo a ir.**
> *Même avec toi je n'ose pas y aller.*

- **siempre** (*toujours* : dans le sens de *constamment*)

Siempre estás enojada.
Tu es toujours fâchée.

- **ya** (*déjà, bien, maintenant, plus tard* selon le contexte)

Ya hemos cenado.
Nous avons **déjà** *dîné.*

Ya lo sabéis.
Vous le savez **bien**.

Ya estoy bien.
Je vais bien **maintenant**.

Ya iremos.
Nous irons **plus tard**.

- Autres adverbes de temps courants :

– **hoy** *(aujourd'hui)*

Hoy tenemos que estudiar.
Aujourd'hui nous devons étudier.

– **ayer** *(hier)*

Ayer tuve un control de inglés.
Hier j'ai eu un contrôle d'anglais.

– **mañana** *(demain)*

Mañana estudiaremos para el control.
Demain nous étudierons pour le contrôle.

Remarque : ne pas confondre **mañana** *(demain)* et l'expression **por la mañana** *(le matin)*. On peut d'ailleurs utiliser les deux dans la même phrase : **mañana por la mañana** *(demain matin)*.

– **anteayer** *(avant-hier)*

Anteayer fuimos al cine.
Avant-hier nous sommes allés au cinéma.

– **anoche** *(hier soir)*

Anoche me acosté tarde.
Hier soir je me suis couché tard.

– **antes** *(avant)*

Antes no repasaba mis lecciones.
Avant je ne révisais pas mes leçons.

Les adverbes de quantité

- **poco** (*peu*), **mucho** (*beaucoup*), **bastante** (*assez*), **demasiado** (*trop*)

Ces quatre adverbes s'emploient après un verbe et sont **invariables**, alors que leurs équivalents adjectifs s'accordent avec le nom (voir les **indéfinis**).

Estudio poco.
J'étudie peu.

Trabajo mucho.
Je travaille beaucoup.

Como bastante.
Je mange assez.

Me enojo demasiado.
Je me fâche trop.

- **muy** (*très*)

Il s'utilise devant un adjectif, un participe passé ou un autre adverbe. Attention à ne pas le confondre avec **mucho**.

Estoy muy cansada.
Je suis très fatiguée.

Hace mucho calor.
Il fait très chaud.

- **más** (*plus*), **menos** (*moins*), **tan** (*si* ou *aussi*), **tanto** (*tant* ou *autant*)

Ils s'emploient après un verbe et marquent **l'inégalité et l'égalité dans les comparatifs.**

Estudias tanto que aprobarás seguramente el examen.
Tu étudies **tant** *que tu seras certainement reçu à l'examen.*

Estudias tanto como mi hijo.
Tu étudies **autant** *que mon fils.*

Attention : tan qui est l'**apocope** de tanto s'utilise devant un adjectif ou un adverbe.

Eres tan inteligente que no necesitas calculadora.
Tu es si intelligent que tu n'as pas besoin de calculatrice.

Eres tan delgado como mi hijo.
Tu es aussi mince que mon fils.

Remarque : l'adverbe admet **les mêmes comparatifs et superlatifs que l'adjectif**.

Estudia mucho. ⇨ Estudia muchísimo.
Elle étudie beaucoup. ⇨ Elle étudie énormément.

- Autres adverbes de quantité courants :

- algo *(un peu, quelque peu)*

Il s'utilise souvent avec un participe passé. C'est l'équivalent de un poco *(un peu)* mais correspond à un registre plus soutenu.

Estoy algo decepcionada.
Je suis un peu déçue.

- apenas *(à peine)*

Apenas comes.
Tu manges à peine.

- casi *(presque)*

Casi he terminado.
J'ai presque terminé.

- sólo *(seulement, ne... que)*

Sólo he leído el principio.
Je n'ai lu que le début.

III. LA PHRASE

LES PRÉPOSITIONS

a *(à, en)*

La préposition **a** peut correspondre au **à** français mais parfois au **en** et parfois ne se traduit pas. Elle s'emploie principalement :

1. devant un complément de lieu après un verbe de mouvement :

Voy a la universidad. *Je vais à l'université.*

Iré a España. *J'irai en Espagne.*

2. comme en français devant un COI :

Recito el poema a mi madre.
Je récite le poème à ma mère.

3. mais aussi devant un COD de personne déterminée ou d'animal familier :

Escucho a la directora. *J'écoute la directrice.*

Conozco a varios alumnos.
Je connais plusieurs élèves.

Adoro a mi perro. *J'adore mon chien.*

Attention ! Lorsqu'il peut y avoir une confusion de sens entre un COD et un COI, on peut omettre la préposition **a** devant le COD :

Te presento a mis amigos. peut correspondre à :
Je te présente mes amis. [ici *mes amis* est COD]
ou *Je te présente à mes amis.*

Si le contexte n'empêche pas la confusion on dira :

Te presento mis amigos. *Je te présente mes amis.*

De la même façon, lorsqu'il y a un COD de personne déterminée et un COI, on n'utilise en général la préposition **a** que devant le COI dans un souci de clarté :

Presento mis amigos a mi profesor.
Je présente mes amis à mon professeur.

Autres emplois de a :

a la derecha *à droite*

a la izquierda *à gauche*

Llegué a Bilbao a las cuatro.
Je suis arrivé à Bilbao à quatre heures.

ir a pie *aller à pied*

montar a caballo *monter à cheval*

Attention à la contraction avec l'article défini masculin singulier al (voir les **articles**) :

Voy al colegio.
Je vais au collège.

- **en** *(à, en, sur, dans)*

La préposition en peut correspondre aux prépositions françaises *à*, *en*, *sur* ou *dans* selon le contexte. Elle s'emploie :

1. pour parler du **lieu** où se trouve quelqu'un ou quelque chose, lorsqu'il n'y a pas de déplacement (sauf pour le verbe entrar *entrer* et ses synonymes) :

Estoy en Venecia.
Je suis à Venise.

Estoy en Italia.
Je suis en Italie.

Ponlo en la mesa.
Mets-le sur la table.

Mi libro está en mi mochila.
Mon livre est dans mon sac à dos.

2. après les verbes synonymes d'*entrer* : entrar *(entrer)*, penetrar *(pénétrer)*, meter *(enfouir)* :

Entrad en el aula.
Entrez dans la salle de classe.

3. pour parler du **moyen de transport** utilisé :

en tren *en train*
en avión *en avion*
en moto *à moto*
en bicicleta *à bicyclette*

sauf :

a pie *à pied*
a caballo *à cheval*

4. pour **situer dans le temps** :

La función empieza a las cuatro.
La séance commence à quatre heures.

● **de** *(de, en, à)*

La préposition **de** marque :

1. l'origine, la provenance :

Vengo de la panadería.
Je viens de la boulangerie.

2. la possession :

Este libro es de mi hermano.
Ce livre est à mon frère.

3. la matière :

un mueble de madera
un meuble en bois

4. la caractéristique principale d'une personne ou d'un objet :

el niño de pelo negro
le petit garçon aux cheveux noirs
la máquina de escribir *la machine à écrire*

Généralement, elle ne se traduit pas devant un infinitif :

Es fácil preparar esta receta.
Il est facile de préparer cette recette.

Mais on l'utilise dans certaines tournures :

Trato de prepararla.
J'essaye de la préparer.

On l'utilise également pour traduire la préposition **à** devant un infinitif :

Es difícil de preparar.
Elle est difficile à préparer.

- **para** *(pour, à)*

La préposition **para** correspond généralement à la préposition *pour* du français. Elle peut indiquer :

1. le but, l'usage :

Este dibujo es para ti.
Ce dessin est pour toi.

Te lo presto para que lo leas.
Je te le prête pour que tu le lises.

Viene para las vacaciones.
Il vient pour les vacances.

2. l'opinion :

Para mí es una buena película.
D'après moi c'est un bon film.

3. la destination :

Vamos para Barcelona.
Nous allons à Barcelone.

- **por** *(par, pour)*

La préposition **por** correspond généralement à la préposition française *par*. Elle sert à :

III. LA PHRASE

1. indiquer le lieu par où l'on passe :

Siempre paso por aquí.
Je passe toujours par là.

Baja por la escalera.
Descends par l'escalier.

2. introduire un complément d'agent :

un poema escrito por Neruda
un poème écrit par Neruda

Mais elle peut correspondre à la préposition française *pour* lorsque celle-ci exprime :

1. la cause ou le motif :

Lo hice por ti.
Je l'ai fait pour toi.

2. la prise de position :

Vota por él.
Vote pour lui.

Quelques autres prépositions

- con *(avec)*

Ha ido al cine con su novia.
Il est allé au cinéma avec sa fiancée.

Trátalo con respeto.
Traite-le avec respect.

Remarque : pour traduire **avec moi**, **avec toi** et **avec soi**, on dit conmigo, contigo, consigo :

Ven conmigo. *Viens avec moi.*

- **desde** *(depuis, de)*

Estoy aquí desde las cuatro.
Je suis ici depuis quatre heures.

Llamo desde una cabina telefónica.
J'appelle d'une cabine téléphonique.

Attention ! Pour traduire *depuis* lorsqu'on parle **d'un laps de temps** on dit desde hace :

Vivo aquí desde hace cuatro años.
J'habite ici depuis quatre ans.

Mais on dira :

Vivo aquí desde septiembre.
J'habite ici depuis septembre.

- **hacia** *(vers)*

Vamos hacia la universidad.
Nous allons vers l'université.

- **hasta** *(jusqu'à)*

Trabajaré hasta las ocho.
Je travaillerai jusqu'à huit heures.

- **según** *(selon)*

según su profesor *selon son professeur*

Remarque : après según, on emploie le pronom personnel sujet.

según yo *selon moi*

- **sin** *(sans)*

Tomo el café sin azúcar.
Je prends le café sans sucre.

III. LA PHRASE

LE RÉGIME DE CERTAINS VERBES

acercarse **a** ⇨ *s'approcher* **de**

amenazar **con** ⇨ *menacer* **de**

atreverse **a** ⇨ *oser*

comparar **con** ⇨ *comparer* **à**

consistir **en** ⇨ *consister* **à**

contar **con** ⇨ *compter* **sur**

contentarse **con** ⇨ *se contenter* **de**

creer **en** ⇨ *croire* **à**

dar la vuelta **a** ⇨ *faire le tour* **de**

darse cuenta **de que** ⇨ *se rendre compte* **que**

decidir ⇨ *décider* **de**

disfrazarse **de** ⇨ *se déguiser* **en**

dudar **en** ⇨ *hésiter* **à**

encontrarse **con** ⇨ *rencontrer*

esforzarse **por** ⇨ *s'efforcer* **de**

fiarse **de** ⇨ *se fier* **à**

fijarse **en** ⇨ *faire attention* **à**

interesarse **por** ⇨ *s'intéresser* **à**

necesitar ⇨ *avoir besoin* **de**

negarse **a** ⇨ *refuser* **de**

pensar **en** ⇨ *penser* **à**

soñar **con** ⇨ *rêver*

tardar **en** ⇨ *tarder* **à**

vestirse **de** ⇨ *s'habiller* **en**

IV. LA PRONONCIATION

L'ALPHABET

L'alphabet espagnol comporte 29 lettres. Elles sont du genre féminin.

- **las vocales** : la a, la e, la i...
- **las consonantes** : la b, la c...

Trois lettres n'existent pas dans l'alphabet français : ch, ll, ñ. Dans les dictionnaires :

- ch (la che) est classé avec c (la ce) ;
- ll (la elle) est classé avec l (la ele) ;
- ñ (la eñe) est classé avec n (la ene).

a (la a)	f (la efe)	l (la ele)	p (la pe)	v (la uve)
b (la be)	g (la ge)	ll (la elle)	q (la cu)	w (la uve doble)
c (la ce)	h (la ache)	m (la eme)	r (la erre)	x (la equis)
ch (la che)	i (la i)	n (la ene)	s (la ese)	y (la i griega)
d (la de)	j (la jota)	ñ (la eñe)	t (la te)	z (la zeta)
e (la e)	k (la ka)	o (la o)	u (la u)	

IV. LA PRONONCIATION

L'ACCENTUATION

L'accent tonique

Tous les mots espagnols de plus d'une syllabe ont une syllabe tonique, c'est-à-dire plus fortement accentuée que les autres (c'est la syllabe sur laquelle la voix insiste, en allongeant la voyelle).

On appelle accent tonique l'appui que la voix marque sur la voyelle de la syllabe accentuée.

- Les mots qui se terminent par une voyelle, par **-n** ou par **-s** sont régulièrement accentués **sur l'avant-dernière syllabe** :

una silla *une chaise*

una dosis *une dose*

un crimen *un crime*

- Les mots qui se terminent par une consonne (**-y** compris) sauf **-n** ou **-s**, sont régulièrement accentués **sur la dernière syllabe** :

regular *régulier*

estoy *je suis*

- Si l'accent tonique n'est pas à sa place normale, l'irrégularité est signalée par un accent aigu :

París *Paris*

el mármol *le marbre*

el jabalí *le sanglier*

la razón *la raison*

el espectáculo *le spectacle*

L'accent grammatical

- Il est obligatoire sur tous les mots interrogatifs ou exclamatifs :

¿Quién? *Qui ?*

¡Cómo! *Comment !*

- Il sert à distinguer deux homonymes :

el *(le)*, **él** *(il)*

solo *(seul)*, **sólo** *(seulement)*

tu *(ton, ta)*, **tú** *(toi, tu)*

- C'est généralement le pronom qui porte l'accent écrit (l'accent marque la différence entre adjectifs et pronoms) :

este libro *ce livre*

éste *celui-ci*

CONJUGAISON

1 amar *aimer*

Mode impersonnel	Formes simples	Formes composées
Infinitif	amar	haber amado
Gérondif	amando	habiendo amado
Participe passé	amado	

Modes personnels

		INDICATIF		SUBJONCTIF	
		Formes simples	Formes composées	Formes simples	Formes composées
		Présent	Passé composé	Présent	Passé
singulier	1re p.	amo	he amado	ame	haya amado
	2e p.	amas	has amado	ames	hayas amado
	3e p.	ama	ha amado	ame	haya amado
pluriel	1re p.	amamos	hemos amado	amemos	hayamos amado
	2e p.	amáis	habéis amado	améis	hayáis amado
	3e p.	aman	han amado	amen	hayan amado
		Imparfait	Plus-que-parfait	Imparfait	Plus-que-parfait
singulier	1re p.	amaba	había amado	amara	hubiera amado
	2e p.	amabas	habías amado	amaras	hubieras amado
	3e p.	amaba	había amado	amara	hubiera amado
pluriel	1re p.	amábamos	habíamos amado	amáramos	hubiéramos amado
	2e p.	amabais	habíais amado	amarais	hubierais amado
	3e p.	amaban	habían amado	amaran	hubieran amado
		Prétérit	Passé antérieur		
singulier	1re p.	amé	hube amado	amase	hubiese amado
	2e p.	amaste	hubiste amado	amases	hubieses amado
	3e p.	amó	hubo amado	amase	hubiese amado
pluriel	1re p.	amamos	hubimos amado	amásemos	hubiésemos amado
	2e p.	amasteis	hubisteis amado	amaseis	hubieseis amado
	3e p.	amaron	hubieron amado	amasen	hubiesen amado

Verbe régulier 1er groupe

		Futur simple	Futur antérieur	Futur	Futur antérieur
singulier	1re p.	amaré	habré amado	amare	hubiere amado
	2e p.	amarás	habrás amado	amares	hubieres amado
	3e p.	amará	habrá amado	amare	hubiere amado
pluriel	1re p.	amaremos	habremos amado	amáremos	hubiéremos amado
	2e p.	amaréis	habréis amado	amareis	hubiereis amado
	3e p.	amarán	habrán amado	amaren	hubieren amado

		Conditionnel présent	Conditionnel passé
singulier	1re p.	amaría	habría amado
	2e p.	amarías	habrías amado
	3e p.	amaría	habría amado
pluriel	1re p.	amaríamos	habríamos amado
	2e p.	amaríais	habríais amado
	3e p.	amarían	habrían amado

IMPÉRATIF	
Présent	**Formes empruntées au subjonctif**
ama (tú)	ame (él, ella, usted)
amad (vosotros)	amemos (nosotros)
	amen (ellos, ellas, ustedes)

2 temer *craindre*

Mode impersonnel		
	Formes simples	Formes composées
Infinitif	temer	haber temido
Gérondif	temiendo	habiendo temido
Participe passé	temido	

Modes personnels						
		INDICATIF		SUBJONCTIF	
		Formes simples	Formes composées	Formes simples	Formes composées
		Présent	Passé composé	Présent	Passé
singulier	1re p.	temo	he temido	tema	haya temido
	2e p.	temes	has temido	temas	hayas temido
	3e p.	teme	ha temido	tema	haya temido
pluriel	1re p.	tememos	hemos temido	temamos	hayamos temido
	2e p.	teméis	habéis temido	temáis	hayáis temido
	3e p.	temen	han temido	teman	hayan temido
		Imparfait	Plus-que-parfait	Imparfait	Plus-que-parfait
singulier	1re p.	temía	había temido	temiera	hubiera temido
	2e p.	temías	habías temido	temieras	hubieras temido
	3e p.	temía	había temido	temiera	hubiera temido
pluriel	1re p.	temíamos	habíamos temido	temiéramos	hubiéramos temido
	2e p.	temíais	habíais temido	temierais	hubierais temido
	3e p.	temían	habían temido	temieran	hubieran temido
		Prétérit	Passé antérieur		
singulier	1re p.	temí	hube temido	temiese	hubiese temido
	2e p.	temiste	hubiste temido	temieses	hubieses temido
	3e p.	temió	hubo temido	temiese	hubiese temido
pluriel	1re p.	temimos	hubimos temido	temiésemos	hubiésemos temido
	2e p.	temisteis	hubisteis temido	temieseis	hubieseis temido
	3e p.	temieron	hubieron temido	temiesen	hubiesen temido

Verbe régulier 2e groupe

		Futur simple	Futur antérieur	Futur	Futur antérieur
singulier	1re p.	temeré	habré temido	temiere	hubiere temido
	2e p.	temerás	habrás temido	temieres	hubieres temido
	3e p.	temerá	habrá temido	temiere	hubiere temido
pluriel	1re p.	temeremos	habremos temido	temiéremos	hubiéremos temido
	2e p.	temeréis	habréis temido	temiereis	hubiereis temido
	3e p.	temerán	habrán temido	temieren	hubieren temido

		Conditionnel présent	Conditionnel passé
singulier	1re p.	temería	habría temido
	2e p.	temerías	habrías temido
	3e p.	temería	habría temido
pluriel	1re p.	temeríamos	habríamos temido
	2e p.	temeríais	habríais temido
	3e p.	temerían	habrían temido

IMPÉRATIF	
Présent	**Formes empruntées au subjonctif**
teme (tú)	tema (él, ella, usted)
temed (vosotros)	temamos (nosotros)
	teman (ellos, ellas, ustedes)

3 partir *partager, diviser*

Mode impersonnel	Formes simples	Formes composées
Infinitif	partir	haber partido
Gérondif	partiendo	habiendo partido
Participe passé	partido	

Modes personnels

		INDICATIF		SUBJONCTIF	
		Formes simples	Formes composées	Formes simples	Formes composées
		Présent	Passé composé	Présent	Passé
singulier	1re p.	parto	he partido	parta	haya partido
	2e p.	partes	has partido	partas	hayas partido
	3e p.	parte	ha partido	parta	haya partido
pluriel	1re p.	partimos	hemos partido	partamos	hayamos partido
	2e p.	partís	habéis partido	partáis	hayáis partido
	3e p.	parten	han partido	partan	hayan partido
		Imparfait	Plus-que-parfait	Imparfait	Plus-que-parfait
singulier	1re p.	partía	había partido	partiera	hubiera partido
	2e p.	partías	habías partido	partieras	hubieras partido
	3e p.	partía	había partido	partiera	hubiera partido
pluriel	1re p.	partíamos	habíamos partido	partiéramos	hubiéramos partido
	2e p.	partíais	habíais partido	partierais	hubierais partido
	3e p.	partían	habían partido	partieran	hubieran partido
		Prétérit	Passé antérieur		
singulier	1re p.	partí	hube partido	partiese	hubiese partido
	2e p.	partiste	hubiste partido	partieses	hubieses partido
	3e p.	partió	hubo partido	partiese	hubiese partido
pluriel	1re p.	partimos	hubimos partido	partiésemos	hubiésemos partido
	2e p.	partisteis	hubisteis partido	partieseis	hubieseis partido
	3e p.	partieron	hubieron partido	partiesen	hubiesen partido

		Futur simple	Futur antérieur	Futur	Futur antérieur
singulier	1re p.	partiré	habré partido	partiere	hubiere partido
	2e p.	partirás	habrás partido	partieres	hubieres partido
	3e p.	partirá	habrá partido	partiere	hubiere partido
pluriel	1re p.	partiremos	habremos partido	partiéremos	hubiéremos partido
	2e p.	partiréis	habréis partido	partiereis	hubiereis partido
	3e p.	partirán	habrán partido	partieren	hubieren partido

		Conditionnel présent	Conditionnel passé
singulier	1re p.	partiría	habría partido
	2e p.	partirías	habrías partido
	3e p.	partiría	habría partido
pluriel	1re p.	partiríamos	habríamos partido
	2e p.	partiríais	habríais partido
	3e p.	partirían	habrían partido

IMPÉRATIF	
Présent	Formes empruntées au subjonctif
parte (tú)	parta (él, ella, usted)
partid (vosotros)	partamos (nosotros)
	partan (ellos, ellas, ustedes)

4 aislar *isoler*

Mode impersonnel	Formes simples	Formes composées
Infinitif	aislar	haber aislado
Gérondif	aislando	habiendo aislado
Participe passé	aislado	

Modes personnels

		INDICATIF		SUBJONCTIF	
		Formes simples	Formes composées	Formes simples	Formes composées
		Présent	Passé composé	Présent	Passé
singulier	1re p.	aíslo	he aislado	aísle	haya aislado
	2e p.	aíslas	has aislado	aísles	hayas aislado
	3e p.	aísla	ha aislado	aísle	haya aislado
pluriel	1re p.	aislamos	hemos aislado	aislemos	hayamos aislado
	2e p.	aisláis	habéis aislado	aisléis	hayáis aislado
	3e p.	aíslan	han aislado	aíslen	hayan aislado
		Imparfait	Plus-que-parfait	Imparfait	Plus-que-parfait
singulier	1re p.	aislaba	había aislado	aislara	hubiera aislado
	2e p.	aislabas	habías aislado	aislaras	hubieras aislado
	3e p.	aislaba	había aislado	aislara	hubiera aislado
pluriel	1re p.	aislábamos	habíamos aislado	aisláramos	hubiéramos aislado
	2e p.	aislabais	habíais aislado	aislarais	hubierais aislado
	3e p.	aislaban	habían aislado	aislaran	hubieran aislado
		Prétérit	Passé antérieur		
singulier	1re p.	aislé	hube aislado	aislase	hubiese aislado
	2e p.	aislaste	hubiste aislado	aislases	hubieses aislado
	3e p.	aisló	hubo aislado	aislase	hubiese aislado
pluriel	1re p.	aislamos	hubimos aislado	aislásemos	hubiésemos aislado
	2e p.	aislasteis	hubisteis aislado	aislaseis	hubieseis aislado
	3e p.	aislaron	hubieron aislado	aislasen	hubiesen aislado

		Futur simple	Futur antérieur	Futur	Futur antérieur
singulier	1re p.	aislaré	habré aislado	aislare	hubiere aislado
	2e p.	aislarás	habrás aislado	aislares	hubieres aislado
	3e p.	aislará	habrá aislado	aislare	hubiere aislado
pluriel	1re p.	aislaremos	habremos aislado	aisláremos	hubiéremos aislado
	2e p.	aislaréis	habréis aislado	aislareis	hubiereis aislado
	3e p.	aislarán	habrán aislado	aislaren	hubieren aislado

		Conditionnel présent	Conditionnel passé
singulier	1re p.	aislaría	habría aislado
	2e p.	aislarías	habrías aislado
	3e p.	aislaría	habría aislado
pluriel	1re p.	aislaríamos	habríamos aislado
	2e p.	aislaríais	habríais aislado
	3e p.	aislarían	habrían aislado

IMPÉRATIF

Présent	Formes empruntées au subjonctif
aísla (tú)	aísle (él, ella, usted)
aislad (vosotros)	aislemos (nosotros)
	aíslen (ellos, ellas, ustedes)

5 aullar *hurler*

Mode impersonnel		
	Formes simples	Formes composées
Infinitif	aullar	haber aullado
Gérondif	aullando	habiendo aullado
Participe passé	aullado	

Modes personnels						
		INDICATIF		SUBJONCTIF		
		Formes simples	Formes composées	Formes simples	Formes composées
		Présent	Passé composé	Présent	Passé
singulier	1re p.	aúllo	he aullado	aúlle	haya aullado
	2e p.	aúllas	has aullado	aúlles	hayas aullado
	3e p.	aúlla	ha aullado	aúlle	haya aullado
pluriel	1re p.	aullamos	hemos aullado	aullemos	hayamos aullado
	2e p.	aulláis	habéis aullado	aulléis	hayáis aullado
	3e p.	aúllan	han aullado	aúllen	hayan aullado
		Imparfait	Plus-que-parfait	Imparfait	Plus-que-parfait
singulier	1re p.	aullaba	había aullado	aullara	hubiera aullado
	2e p.	aullabas	habías aullado	aullaras	hubieras aullado
	3e p.	aullaba	había aullado	aullara	hubiera aullado
pluriel	1re p.	aullábamos	habíamos aullado	aulláramos	hubiéramos aullado
	2e p.	aullabais	habíais aullado	aullarais	hubierais aullado
	3e p.	aullaban	habían aullado	aullaran	hubieran aullado
		Prétérit	Passé antérieur		
singulier	1re p.	aullé	hube aullado	aullase	hubiese aullado
	2e p.	aullaste	hubiste aullado	aullases	hubieses aullado
	3e p.	aulló	hubo aullado	aullase	hubiese aullado
pluriel	1re p.	aullamos	hubimos aullado	aullásemos	hubiésemos aullado
	2e p.	aullasteis	hubisteis aullado	aullaseis	hubieseis aullado
	3e p.	aullaron	hubieron aullado	aullasen	hubiesen aullado

		Futur simple	Futur antérieur	Futur	Futur antérieur
singulier	1re p.	aullaré	habré aullado	aullare	hubiere aullado
	2e p.	aullarás	habrás aullado	aullares	hubieres aullado
	3e p.	aullará	habrá aullado	aullare	hubiere aullado
pluriel	1re p.	aullaremos	habremos aullado	aulláremos	hubiéremos aullado
	2e p.	aullaréis	habréis aullado	aullareis	hubiereis aullado
	3e p.	aullarán	habrán aullado	aullaren	hubieren aullado

		Conditionnel présent	Conditionnel passé
singulier	1re p.	aullaría	habría aullado
	2e p.	aullarías	habrías aullado
	3e p.	aullaría	habría aullado
pluriel	1re p.	aullaríamos	habríamos aullado
	2e p.	aullaríais	habríais aullado
	3e p.	aullarían	habrían aullado

IMPÉRATIF	
Présent	Formes empruntées au subjonctif
aúlla (tú)	aúlle (él, ella, usted)
aullad (vosotros)	aullemos (nosotros)
	aúllen (ellos, ellas, ustedes)

6 ahincar *prier avec insistance*

Mode impersonnel	Formes simples	Formes composées
Infinitif	ahincar	haber ahincado
Gérondif	ahincando	habiendo ahincado
Participe passé	ahincado	

Modes personnels

		INDICATIF		SUBJONCTIF	
		Formes simples	Formes composées	Formes simples	Formes composées
		Présent	Passé composé	Présent	Passé
singulier	1re p.	ahínco	he ahincado	ahínque	haya ahincado
	2e p.	ahíncas	has ahincado	ahínques	hayas ahincado
	3e p.	ahínca	ha ahincado	ahínque	haya ahincado
pluriel	1re p.	ahincamos	hemos ahincado	ahinquemos	hayamos ahincado
	2e p.	ahincáis	habéis ahincado	ahinquéis	hayáis ahincado
	3e p.	ahíncan	han ahincado	ahínquen	hayan ahincado
		Imparfait	Plus-que-parfait	Imparfait	Plus-que-parfait
singulier	1re p.	ahincaba	había ahincado	ahincara	hubiera ahincado
	2e p.	ahincabas	habías ahincado	ahincaras	hubieras ahincado
	3e p.	ahincaba	había ahincado	ahincara	hubiera ahincado
pluriel	1re p.	ahincábamos	habíamos ahincado	ahincáramos	hubiéramos ahincado
	2e p.	ahincabais	habíais ahincado	ahincarais	hubierais ahincado
	3e p.	ahincaban	habían ahincado	ahincaran	hubieran ahincado
		Prétérit	Passé antérieur		
singulier	1re p.	ahinqué	hube ahincado	ahincase	hubiese ahincado
	2e p.	ahincaste	hubiste ahincado	ahincases	hubieses ahincado
	3e p.	ahincó	hubo ahincado	ahincase	hubiese ahincado
pluriel	1re p.	ahincamos	hubimos ahincado	ahincásemos	hubiésemos ahincado
	2e p.	ahincasteis	hubisteis ahincado	ahincaseis	hubieseis ahincado
	3e p.	ahincaron	hubieron ahincado	ahincasen	hubiesen ahincado

		Futur simple	Futur antérieur	Futur	Futur antérieur
singulier	1re p.	ahincaré	habré ahincado	ahincare	hubiere ahincado
	2e p.	ahincarás	habrás ahincado	ahincares	hubieres ahincado
	3e p.	ahincará	habrá ahincado	ahincare	hubiere ahincado
pluriel	1re p.	ahincaremos	habremos ahincado	ahincáremos	hubiéremos ahincado
	2e p.	ahincaréis	habréis ahincado	ahincareis	hubiereis ahincado
	3e p.	ahincarán	habrán ahincado	ahincaren	hubieren ahincado

		Conditionnel présent	Conditionnel passé
singulier	1re p.	ahincaría	habría ahincado
	2e p.	ahincarías	habrías ahincado
	3e p.	ahincaría	habría ahincado
pluriel	1re p.	ahincaríamos	habríamos ahincado
	2e p.	ahincaríais	habríais ahincado
	3e p.	ahincarían	habrían ahincado

IMPÉRATIF	
Présent	Formes empruntées au subjonctif
ahínca (tú)	ahínque (él, ella, usted)
ahincad (vosotros)	ahinquemos (nosotros)
	ahínquen (ellos, ellas, ustedes)

7 guiar *guider*

Mode impersonnel	Formes simples	Formes composées
Infinitif	guiar	haber guiado
Gérondif	guiando	habiendo guiado
Participe passé	guiado	

Modes personnels

		INDICATIF		SUBJONCTIF	
		Formes simples	Formes composées	Formes simples	Formes composées
		Présent	Passé composé	Présent	Passé
singulier	1re p.	guío	he guiado	guíe	haya guiado
	2e p.	guías	has guiado	guíes	hayas guiado
	3e p.	guía	ha guiado	guíe	haya guiado
pluriel	1re p.	guiamos	hemos guiado	guiemos	hayamos guiado
	2e p.	guiais	habéis guiado	guieis	hayáis guiado
	3e p.	guían	han guiado	guíen	hayan guiado
		Imparfait	Plus-que-parfait	Imparfait	Plus-que-parfait
singulier	1re p.	guiaba	había guiado	guiara	hubiera guiado
	2e p.	guiabas	habías guiado	guiaras	hubieras guiado
	3e p.	guiaba	había guiado	guiara	hubiera guiado
pluriel	1re p.	guiábamos	habíamos guiado	guiáramos	hubiéramos guiado
	2e p.	guiabais	habíais guiado	guiarais	hubierais guiado
	3e p.	guiaban	habían guiado	guiaran	hubieran guiado
		Prétérit	Passé antérieur		
singulier	1re p.	guié	hube guiado	guiase	hubiese guiado
	2e p.	guiaste	hubiste guiado	guiases	hubieses guiado
	3e p.	guió	hubo guiado	guiase	hubiese guiado
pluriel	1re p.	guiamos	hubimos guiado	guiásemos	hubiésemos guiado
	2e p.	guiasteis	hubisteis guiado	guiaseis	hubieseis guiado
	3e p.	guiaron	hubieron guiado	guiasen	hubiesen guiado

		Futur simple	Futur antérieur	Futur	Futur antérieur
singulier	1re p.	guiaré	habré guiado	guiare	hubiere guiado
	2e p.	guiarás	habrás guiado	guiares	hubieres guiado
	3e p.	guiará	habrá guiado	guiare	hubiere guiado
pluriel	1re p.	guiaremos	habremos guiado	guiáremos	hubiéremos guiado
	2e p.	guiaréis	habréis guiado	guiareis	hubiereis guiado
	3e p.	guiarán	habrán guiado	guiaren	hubieren guiado

		Conditionnel présent	Conditionnel passé
singulier	1re p.	guiaría	habría guiado
	2e p.	guiarías	habrías guiado
	3e p.	guiaría	habría guiado
pluriel	1re p.	guiaríamos	habríamos guiado
	2e p.	guiaríais	habríais guiado
	3e p.	guiarían	habrían guiado

IMPÉRATIF	
Présent	Formes empruntées au subjonctif
guía (tú)	guíe (él, ella, usted)
guiad (vosotros)	guiemos (nosotros)
	guíen (ellos, ellas, ustedes)

8 cambiar *changer*

Mode impersonnel	Formes simples	Formes composées
Infinitif	cambiar	haber cambiado
Gérondif	cambiando	habiendo cambiado
Participe passé	cambiado	

Modes personnels

		INDICATIF		SUBJONCTIF	
		Formes simples	Formes composées	Formes simples	Formes composées
		Présent	Passé composé	Présent	Passé
singulier	1re p.	cambio	he cambiado	cambie	haya cambiado
	2e p.	cambias	has cambiado	cambies	hayas cambiado
	3e p.	cambia	ha cambiado	cambie	haya cambiado
pluriel	1re p.	cambiamos	hemos cambiado	cambiemos	hayamos cambiado
	2e p.	cambiáis	habéis cambiado	cambiéis	hayáis cambiado
	3e p.	cambian	han cambiado	cambien	hayan cambiado
		Imparfait	Plus-que-parfait	Imparfait	Plus-que-parfait
singulier	1re p.	cambiaba	había cambiado	cambiara	hubiera cambiado
	2e p.	cambiabas	habías cambiado	cambiaras	hubieras cambiado
	3e p.	cambiaba	había cambiado	cambiara	hubiera cambiado
pluriel	1re p.	cambiábamos	habíamos cambiado	cambiáramos	hubiéramos cambiado
	2e p.	cambiabais	habíais cambiado	cambiarais	hubierais cambiado
	3e p.	cambiaban	habían cambiado	cambiaran	hubieran cambiado
		Prétérit	Passé antérieur		
singulier	1re p.	cambié	hube cambiado	cambiase	hubiese cambiado
	2e p.	cambiaste	hubiste cambiado	cambiases	hubieses cambiado
	3e p.	cambió	hubo cambiado	cambiase	hubiese cambiado
pluriel	1re p.	cambiamos	hubimos cambiado	cambiásemos	hubiésemos cambiado
	2e p.	cambiasteis	hubisteis cambiado	cambiaseis	hubieseis cambiado
	3e p.	cambiaron	hubieron cambiado	cambiasen	hubiesen cambiado

CONJUGAISON

Verbe régulier

		Futur simple	Futur antérieur	Futur	Futur antérieur
singulier	1re p.	cambiaré	habré cambiado	cambiare	hubiere cambiado
	2e p.	cambiarás	habrás cambiado	cambiares	hubieres cambiado
	3e p.	cambiará	habrá cambiado	cambiare	hubiere cambiado
pluriel	1re p.	cambiaremos	habremos cambiado	cambiáremos	hubiéremos cambiado
	2e p.	cambiaréis	habréis cambiado	cambiareis	hubiereis cambiado
	3e p.	cambiarán	habrán cambiado	cambiaren	hubieren cambiado

		Conditionnel présent	Conditionnel passé
singulier	1re p.	cambiaría	habría cambiado
	2e p.	cambiarías	habrías cambiado
	3e p.	cambiaría	habría cambiado
pluriel	1re p.	cambiaríamos	habríamos cambiado
	2e p.	cambiaríais	habríais cambiado
	3e p.	cambiarían	habrían cambiado

IMPÉRATIF

Présent	Formes empruntées au subjonctif
cambia (tú)	cambie (él, ella, usted)
cambiad (vosotros)	cambiemos (nosotros)
	cambien (ellos, ellas, ustedes)

9 actuar *agir*

Mode impersonnel	Formes simples	Formes composées
Infinitif	actuar	haber actuado
Gérondif	actuando	habiendo actuado
Participe passé	actuado	

Modes personnels

		INDICATIF		SUBJONCTIF	
		Formes simples	Formes composées	Formes simples	Formes composées
		Présent	Passé composé	Présent	Passé
singulier	1re p.	actúo	he actuado	actúe	haya actuado
	2e p.	actúas	has actuado	actúes	hayas actuado
	3e p.	actúa	ha actuado	actúe	haya actuado
pluriel	1re p.	actuamos	hemos actuado	actuemos	hayamos actuado
	2e p.	actuáis	habéis actuado	actuéis	hayáis actuado
	3e p.	actúan	han actuado	actúen	hayan actuado
		Imparfait	Plus-que-parfait	Imparfait	Plus-que-parfait
singulier	1re p.	actuaba	había actuado	actuara	hubiera actuado
	2e p.	actuabas	habías actuado	actuaras	hubieras actuado
	3e p.	actuaba	había actuado	actuara	hubiera actuado
pluriel	1re p.	actuábamos	habíamos actuado	actuáramos	hubiéramos actuado
	2e p.	actuabais	habíais actuado	actuarais	hubierais actuado
	3e p.	actuaban	habían actuado	actuaran	hubieran actuado
		Prétérit	Passé antérieur		
singulier	1re p.	actué	hube actuado	actuase	hubiese actuado
	2e p.	actuaste	hubiste actuado	actuases	hubieses actuado
	3e p.	actuó	hubo actuado	actuase	hubiese actuado
pluriel	1re p.	actuamos	hubimos actuado	actuásemos	hubiésemos actuado
	2e p.	actuasteis	hubisteis actuado	actuaseis	hubieseis actuado
	3e p.	actuaron	hubieron actuado	actuasen	hubiesen actuado

Verbe régulier

		Futur simple	Futur antérieur	Futur	Futur antérieur
singulier	1re p.	actuaré	habré actuado	actuare	hubiere actuado
	2e p.	actuarás	habrás actuado	actuares	hubieres actuado
	3e p.	actuará	habrá actuado	actuare	hubiere actuado
pluriel	1re p.	actuaremos	habremos actuado	actuáremos	hubiéremos actuado
	2e p.	actuaréis	habréis actuado	actuareis	hubiereis actuado
	3e p.	actuarán	habrán actuado	actuaren	hubieren actuado

		Conditionnel présent	Conditionnel passé
singulier	1re p.	actuaría	habría actuado
	2e p.	actuarías	habrías actuado
	3e p.	actuaría	habría actuado
pluriel	1re p.	actuaríamos	habríamos actuado
	2e p.	actuaríais	habríais actuado
	3e p.	actuarían	habrían actuado

IMPÉRATIF	
Présent	Formes empruntées au subjonctif
actúa (tú)	actúe (él, ella, usted)
actuad (vosotros)	actuemos (nosotros)
	actúen (ellos, ellas, ustedes)

10 adecuar *adapter*

Mode impersonnel		
	Formes simples	Formes composées
Infinitif	adecuar	haber adecuado
Gérondif	adecuando	habiendo adecuado
Participe passé	adecuado	

Modes personnels					
		INDICATIF		SUBJONCTIF	
		Formes simples	Formes composées	Formes simples	Formes composées
		Présent	Passé composé	Présent	Passé
singulier	1re p.	adecuo o adecúo	he adecuado	adecue o adecúe	haya adecuado
	2e p.	adecuas o adecúas	has adecuado	adecues o adecúes	hayas adecuado
	3e p.	adecua o adecúa	ha adecuado	adecue o adecúe	haya adecuado
pluriel	1re p.	adecuamos	hemos adecuado	adecuemos	hayamos adecuado
	2e p.	adecuáis	habéis adecuado	adecuéis	hayáis adecuado
	3e p.	adecuan o adecúan	han adecuado	adecuen o adecúen	hayan adecuado
		Imparfait	Plus-que-parfait	Imparfait	Plus-que-parfait
singulier	1re p.	adecuaba	había adecuado	adecuara	hubiera adecuado
	2e p.	adecuabas	habías adecuado	adecuaras	hubieras adecuado
	3e p.	adecuaba	había adecuado	adecuara	hubiera adecuado
pluriel	1re p.		habíamos adecuado	adecuáramos	hubiéramos adecuado
	2e p.	adecuabais	habíais adecuado	adecuarais	hubierais adecuado
	3e p.	adecuaban	habían adecuado	adecuaran	hubieran adecuado

Verbe régulier

		Prétérit	Passé antérieur		
singulier	1re p.	adecué	hube adecuado	adecuase	hubiese adecuado
	2e p.	adecuaste	hubiste adecuado	adecuases	hubieses adecuado
	3e p.	adecuó	hubo adecuado	adecuase	hubiese adecuado
pluriel	1re p.	adecuamos	hubimos adecuado	adecuásemos	hubiésemos adecuado
	2e p.	adecuasteis	hubisteis adecuado	adecuaseis	hubieseis adecuado
	3e p.	adecuaron	hubieron adecuado	adecuasen	hubiesen adecuado
		Futur simple	**Futur antérieur**	**Futur**	**Futur antérieur**
singulier	1re p.	adecuaré	habré adecuado	adecuare	hubiere adecuado
	2e p.	adecuarás	habrás adecuado	adecuares	hubieres adecuado
	3e p.	adecuará	habrá adecuado	adecuare	hubiere adecuado
pluriel	1re p.	adecuaremos	habremos adecuado	adecuáremos	hubiéremos adecuado
	2e p.	adecuaréis	habréis adecuado	adecuareis	hubiereis adecuado
	3e p.	adecuarán	habrán adecuado	adecuaren	hubieren adecuado

		Conditionnel présent	Conditionnel passé
singulier	1re p.	adecuaría	habría adecuado
	2e p.	adecuarías	habrías adecuado
	3e p.	adecuaría	habría adecuado
pluriel	1re p.	adecuaríamos	habríamos adecuado
	2e p.	adecuaríais	habríais adecuado
	3e p.	adecuarían	habrían adecuado

IMPÉRATIF

Présent	Formes empruntées au subjonctif
adecua (tú)	adecue (él, ella, usted)
adecuad (vosotros)	adecuemos (nosotros)
	adecuen (ellos, ellas, ustedes)

11 averiguar *enquêter sur*

Mode impersonnel	Formes simples	Formes composées
Infinitif	averiguar	haber averiguado
Gérondif	averiguando	habiendo averiguado
Participe passé	averiguado	

Modes personnels

		INDICATIF		SUBJONCTIF	
		Formes simples	Formes composées	Formes simples	Formes composées
		Présent	Passé composé	Présent	Passé
singulier	1re p.	averiguo	he averiguado	averigüe	haya averiguado
	2e p.	averiguas	has averiguado	averigües	hayas averiguado
	3e p.	averigua	ha averiguado	averigüe	haya averiguado
pluriel	1re p.	averiguamos	hemos averiguado	averigüemos	hayamos averiguado
	2e p.	averiguáis	habéis averiguado	averigüéis	hayáis averiguado
	3e p.	averiguan	han averiguado	averigüen	hayan averiguado
		Imparfait	Plus-que-parfait	Imparfait	Plus-que-parfait
singulier	1re p.	averiguaba	había averiguado	averiguara	hubiera averiguado
	2e p.	averiguabas	habías averiguado	averiguaras	hubieras averiguado
	3e p.	averiguaba	había averiguado	averiguara	hubiera averiguado
pluriel	1re p.	averiguábamos	habíamos averiguado	averiguáramos	hubiéramos averiguado
	2e p.	averiguabais	habíais averiguado	averiguarais	hubierais averiguado
	3e p.	averiguaban	habían averiguado	averiguaran	hubieran averiguado

		Prétérit	Passé antérieur		
singulier	1re p.	averigüé	hube averiguado	averiguase	hubiese averiguado
	2e p.	averiguaste	hubiste averiguado	averiguases	hubieses averiguado
	3e p.	averiguó	hubo averiguado	averiguase	hubiese averiguado
pluriel	1re p.	averiguamos	hubimos averiguado	averiguásemos	hubiésemos averiguado
	2e p.	averiguasteis	hubisteis averiguado	averiguaseis	hubieseis averiguado
	3e p.	averiguaron	hubieron averiguado	averiguasen	hubiesen averiguado
		Futur simple	**Futur antérieur**	**Futur**	**Futur antérieur**
singulier	1re p.	averiguaré	habré averiguado	averiguare	hubiere averiguado
	2e p.	averiguarás	habrás averiguado	averiguares	hubieres averiguado
	3e p.	averiguará	habrá averiguado	averiguare	hubiere averiguado
pluriel	1re p.	averiguaremos	habremos averiguado	averiguáremos	hubiéremos averiguado
	2e p.	averiguaréis	habréis averiguado	averiguareis	hubiereis averiguado
	3e p.	averiguarán	habrán averiguado	averiguaren	hubieren averiguado

		Conditionnel présent	Conditionnel passé
singulier	1re p.	averiguaría	habría averiguado
	2e p.	averiguarías	habrías averiguado
	3e p.	averiguaría	habría averiguado
pluriel	1re p.	averiguaríamos	habríamos averiguado
	2e p.	averiguaríais	habríais averiguado
	3e p.	averiguarían	habrían averiguado

IMPÉRATIF

Présent	Formes empruntées au subjonctif
averigua (tú)	averigüe (él, ella, usted)
averiguad (vosotros)	averigüemos (nosotros)
	averigüen (ellos, ellas, ustedes)

12 leer *lire*

Mode impersonnel	Formes simples	Formes composées
Infinitif	leer	haber leído
Gérondif	leyendo	habiendo leído
Participe passé	leído	

Modes personnels

		INDICATIF		SUBJONCTIF	
		Formes simples	Formes composées	Formes simples	Formes composées
		Présent	Passé composé	Présent	Passé
singulier	1re p.	leo	he leído	lea	haya leído
	2e p.	lees	has leído	leas	hayas leído
	3e p.	lee	ha leído	lea	haya leído
pluriel	1re p.	leemos	hemos leído	leamos	hayamos leído
	2e p.	leéis	habéis leído	leáis	hayáis leído
	3e p.	leen	han leído	lean	hayan leído
		Imparfait	Plus-que-parfait	Imparfait	Plus-que-parfait
singulier	1re p.	leía	había leído	leyera	hubiera leído
	2e p.	leías	habías leído	leyeras	hubieras leído
	3e p.	leía	había leído	leyera	hubiera leído
pluriel	1re p.	leíamos	habíamos leído	leyéramos	hubiéramos leído
	2e p.	leíais	habíais leído	leyerais	hubierais leído
	3e p.	leían	habían leído	leyeran	hubieran leído
		Prétérit	Passé antérieur		
singulier	1re p.	leí	hube leído	leyese	hubiese leído
	2e p.	leíste	hubiste leído	leyeses	hubieses leído
	3e p.	leyó	hubo leído	leyese	hubiese leído
pluriel	1re p.	leímos	hubimos leído	leyésemos	hubiésemos leído
	2e p.	leísteis	hubisteis leído	leyeseis	hubieseis leído
	3e p.	leyeron	hubieron leído	leyesen	hubiesen leído

Verbe régulier

		Futur simple	Futur antérieur	Futur	Futur antérieur
singulier	1re p.	leeré	habré leído	leyere	hubiere leído
	2e p.	leerás	habrás leído	leyeres	hubieres leído
	3e p.	leerá	habrá leído	leyere	hubiere leído
pluriel	1re p.	leeremos	habremos leído	leyéremos	hubiéremos leído
	2e p.	leeréis	habréis leído	leyereis	hubiereis leído
	3e p.	leerán	habrán leído	leyeren	hubieren leído

		Conditionnel présent	Conditionnel passé
singulier	1re p.	leería	habría leído
	2e p.	leerías	habrías leído
	3e p.	leería	habría leído
pluriel	1re p.	leeríamos	habríamos leído
	2e p.	leeríais	habríais leído
	3e p.	leerían	habrían leído

IMPÉRATIF

Présent	Formes empruntées au subjonctif
lee (tú)	lea (él, ella, usted)
leed (vosotros)	leamos (nosotros)
	lean (ellos, ellas, ustedes)

13 sacar *sortir*

Mode impersonnel		
	Formes simples	Formes composées
Infinitif	sacar	haber sacado
Gérondif	sacando	habiendo sacado
Participe passé	sacado	

Modes personnels						
		INDICATIF		SUBJONCTIF		
		Formes simples	Formes composées	Formes simples	Formes composées	
		Présent	Passé composé	Présent	Passé	
singulier	1re p.	saco	he sacado	saque	haya sacado	
	2e p.	sacas	has sacado	saques	hayas sacado	
	3e p.	saca	ha sacado	saque	haya sacado	
pluriel	1re p.	sacamos	hemos sacado	saquemos	hayamos sacado	
	2e p.	sacáis	habéis sacado	saquéis	hayáis sacado	
	3e p.	sacan	han sacado	saquen	hayan sacado	
		Imparfait	Plus-que-parfait	Imparfait	Plus-que-parfait	
singulier	1re p.	sacaba	había sacado	sacara	hubiera sacado	
	2e p.	sacabas	habías sacado	sacaras	hubieras sacado	
	3e p.	sacaba	había sacado	sacara	hubiera sacado	
pluriel	1re p.	sacábamos	habíamos sacado	sacáramos	hubiéramos sacado	
	2e p.	sacabais	habíais sacado	sacarais	hubierais sacado	
	3e p.	sacaban	habían sacado	sacaran	hubieran sacado	
		Prétérit	Passé antérieur			
singulier	1re p.	saqué	hube sacado	sacase	hubiese sacado	
	2e p.	sacaste	hubiste sacado	sacases	hubieses sacado	
	3e p.	sacó	hubo sacado	sacase	hubiese sacado	
pluriel	1re p.	sacamos	hubimos sacado	sacásemos	hubiésemos sacado	
	2e p.	sacasteis	hubisteis sacado	sacaseis	hubieseis sacado	
	3e p.	sacaron	hubieron sacado	sacasen	hubiesen sacado	

Verbe régulier

		Futur simple	Futur antérieur	Futur	Futur antérieur
singulier	1re p.	sacaré	habré sacado	sacare	hubiere sacado
	2e p.	sacarás	habrás sacado	sacares	hubieres sacado
	3e p.	sacará	habrá sacado	sacare	hubiere sacado
pluriel	1re p.	sacaremos	habremos sacado	sacáremos	hubiéremos sacado
	2e p.	sacaréis	habréis sacado	sacareis	hubiereis sacado
	3e p.	sacarán	habrán sacado	sacaren	hubieren sacado

		Conditionnel présent	Conditionnel passé
singulier	1re p.	sacaría	habría sacado
	2e p.	sacarías	habrías sacado
	3e p.	sacaría	habría sacado
pluriel	1re p.	sacaríamos	habríamos sacado
	2e p.	sacaríais	habríais sacado
	3e p.	sacarían	habrían sacado

IMPÉRATIF

Présent	Formes empruntées au subjonctif
saca (tú)	saque (él, ella, usted)
sacad (vosotros)	saquemos (nosotros)
	saquen (ellos, ellas, ustedes)

14 vencer *vaincre*

Mode impersonnel		
	Formes simples	Formes composées
Infinitif	vencer	haber vencido
Gérondif	venciendo	habiendo vencido
Participe passé	vencido	

Modes personnels						
		INDICATIF		SUBJONCTIF	
		Formes simples	Formes composées	Formes simples	Formes composées
		Présent	Passé composé	Présent	Passé
singulier	1re p.	venzo	he vencido	venza	haya vencido
	2e p.	vences	has vencido	venzas	hayas vencido
	3e p.	vence	ha vencido	venza	haya vencido
pluriel	1re p.	vencemos	hemos vencido	venzamos	hayamos vencido
	2e p.	vencéis	habéis vencido	venzáis	hayáis vencido
	3e p.	vencen	han vencido	venzan	hayan vencido
		Imparfait	Plus-que-parfait	Imparfait	Plus-que-parfait
singulier	1re p.	vencía	había vencido	venciera	hubiera vencido
	2e p.	vencías	habías vencido	vencieras	hubieras vencido
	3e p.	vencía	había vencido	venciera	hubiera vencido
pluriel	1re p.	vencíamos	habíamos vencido	venciéramos	hubiéramos vencido
	2e p.	vencíais	habíais vencido	vencierais	hubierais vencido
	3e p.	vencían	habían vencido	vencieran	hubieran vencido
		Prétérit	Passé antérieur		
singulier	1re p.	vencí	hube vencido	venciese	hubiese vencido
	2e p.	venciste	hubiste vencido	vencieses	hubieses vencido
	3e p.	venció	hubo vencido	venciese	hubiese vencido
pluriel	1re p.	vencimos	hubimos vencido	venciésemos	hubiésemos vencido
	2e p.	vencisteis	hubisteis vencido	vencieseis	hubieseis vencido
	3e p.	vencieron	hubieron vencido	venciesen	hubiesen vencido

Verbe régulier

		Futur simple	Futur antérieur	Futur	Futur antérieur
singulier	1re p.	venceré	habré vencido	venciere	hubiere vencido
	2e p.	vencerás	habrás vencido	vencieres	hubieres vencido
	3e p.	vencerá	habrá vencido	venciere	hubiere vencido
pluriel	1re p.	venceremos	habremos vencido	venciéremos	hubiéremos vencido
	2e p.	venceréis	habréis vencido	venciereis	hubiereis vencido
	3e p.	vencerán	habrán vencido	vencieren	hubieren vencido

		Conditionnel présent	Conditionnel passé
singulier	1re p.	vencería	habría vencido
	2e p.	vencerías	habrías vencido
	3e p.	vencería	habría vencido
pluriel	1re p.	venceríamos	habríamos vencido
	2e p.	venceríais	habríais vencido
	3e p.	vencerían	habrían vencido

IMPÉRATIF	
Présent	Formes empruntées au subjonctif
vence (tú)	venza (él, ella, usted)
venced (vosotros)	venzamos (nosotros)
	venzan (ellos, ellas, ustedes)

15 zurcir *raccommoder*

Mode impersonnel	Formes simples	Formes composées
Infinitif	zurcir	haber zurcido
Gérondif	zurciendo	habiendo zurcido
Participe passé	zurcido	

Modes personnels

		INDICATIF		SUBJONCTIF	
		Formes simples	Formes composées	Formes simples	Formes composées
		Présent	Passé composé	Présent	Passé
singulier	1re p.	zurzo	he zurcido	zurza	haya zurcido
	2e p.	zurces	has zurcido	zurzas	hayas zurcido
	3e p.	zurce	ha zurcido	zurza	haya zurcido
pluriel	1re p.	zurcimos	hemos zurcido	zurzamos	hayamos zurcido
	2e p.	zurcís	habéis zurcido	zurzáis	hayáis zurcido
	3e p.	zurcen	han zurcido	zurzan	hayan zurcido
		Imparfait	Plus-que-parfait	Imparfait	Plus-que-parfait
singulier	1re p.	zurcía	había zurcido	zurciera	hubiera zurcido
	2e p.	zurcías	habías zurcido	zurcieras	hubieras zurcido
	3e p.	zurcía	había zurcido	zurciera	hubiera zurcido
pluriel	1re p.	zurcíamos	habíamos zurcido	zurciéramos	hubiéramos zurcido
	2e p.	zurcíais	habíais zurcido	zurcierais	hubierais zurcido
	3e p.	zurcían	habían zurcido	zurcieran	hubieran zurcido
		Prétérit	Passé antérieur		
singulier	1re p.	zurcí	hube zurcido	zurciese	hubiese zurcido
	2e p.	zurciste	hubiste zurcido	zurcieses	hubieses zurcido
	3e p.	zurció	hubo zurcido	zurciese	hubiese zurcido
pluriel	1re p.	zurcimos	hubimos zurcido	zurciésemos	hubiésemos zurcido
	2e p.	zurcisteis	hubisteis zurcido	zurcieseis	hubieseis zurcido
	3e p.	zurcieron	hubieron zurcido	zurciesen	hubiesen zurcido

		Futur simple	Futur antérieur	Futur	Futur antérieur
singulier	1re p.	zurciré	habré zurcido	zurciere	hubiere zurcido
	2e p.	zurcirás	habrás zurcido	zurcieres	hubieres zurcido
	3e p.	zurcirá	habrá zurcido	zurciere	hubiere zurcido
pluriel	1re p.	zurciremos	habremos zurcido	zurciéremos	hubiéremos zurcido
	2e p.	zurciréis	habréis zurcido	zurciereis	hubiereis zurcido
	3e p.	zurcirán	habrán zurcido	zurcieren	hubieren zurcido

		Conditionnel présent	Conditionnel passé
singulier	1re p.	zurciría	habría zurcido
	2e p.	zurcirías	habrías zurcido
	3e p.	zurciría	habría zurcido
pluriel	1re p.	zurciría	habríamos zurcido
	2e p.	zurciríamos	habríais zurcido
	3e p.	zurcirían	habrían zurcido

IMPÉRATIF

Présent	Formes empruntées au subjonctif
zurce (tú)	zurza (él, ella, usted)
zurcid (vosotros)	zurzamos (nosotros)
	zurzan (ellos, ellas, ustedes)

16 cazar *chasser*

Mode impersonnel		
	Formes simples	Formes composées
Infinitif	cazar	haber cazado
Gérondif	cazando	habiendo cazado
Participe passé	cazado	

Modes personnels		INDICATIF		SUBJONCTIF	
		Formes simples	Formes composées	Formes simples	Formes composées
		Présent	Passé composé	Présent	Passé
singulier	1re p.	cazo	he cazado	cace	haya cazado
	2e p.	cazas	has cazado	caces	hayas cazado
	3e p.	caza	ha cazado	cace	haya cazado
pluriel	1re p.	cazamos	hemos cazado	cacemos	hayamos cazado
	2e p.	cazáis	habéis cazado	cacéis	hayáis cazado
	3e p.	cazan	han cazado	cacen	hayan cazado
		Imparfait	Plus-que-parfait	Imparfait	Plus-que-parfait
singulier	1re p.	cazaba	había cazado	cazara	hubiera cazado
	2e p.	cazabas	habías cazado	cazaras	hubieras cazado
	3e p.	cazaba	había cazado	cazara	hubiera cazado
pluriel	1re p.	cazábamos	habíamos cazado	cazáramos	hubiéramos cazado
	2e p.	cazabais	habíais cazado	cazarais	hubierais cazado
	3e p.	cazaban	habían cazado	cazaran	hubieran cazado
		Prétérit	Passé antérieur		
singulier	1re p.	cacé	hube cazado	cazase	hubiese cazado
	2e p.	cazaste	hubiste cazado	cazases	hubieses cazado
	3e p.	cazó	hubo cazado	cazase	hubiese cazado
pluriel	1re p.	cazamos	hubimos cazado	cazásemos	hubiésemos cazado
	2e p.	cazasteis	hubisteis cazado	cazaseis	hubieseis cazado
	3e p.	cazaron	hubieron cazado	cazasen	hubiesen cazado

		Futur simple	Futur antérieur	Futur	Futur antérieur
singulier	1re p.	cazaré	habré cazado	cazare	hubiere cazado
	2e p.	cazarás	habrás cazado	cazares	hubieres cazado
	3e p.	cazará	habrá cazado	cazare	hubiere cazado
pluriel	1re p.	cazaremos	habremos cazado	cazáremos	hubiéremos cazado
	2e p.	cazaréis	habréis cazado	cazareis	hubiereis cazado
	3e p.	cazarán	habrán cazado	cazaren	hubieren cazado

		Conditionnel présent	Conditionnel passé
singulier	1re p.	cazaría	habría cazado
	2e p.	cazarías	habrías cazado
	3e p.	cazaría	habría cazado
pluriel	1re p.	cazaríamos	habríamos cazado
	2e p.	cazaríais	habríais cazado
	3e p.	cazarían	habrían cazado

IMPÉRATIF	
Présent	Formes empruntées au subjonctif
caza (tú)	cace (él, ella, usted)
cazad (vosotros)	cacemos (nosotros)
	cacen (ellos, ellas, ustedes)

17 proteger *protéger*

Mode impersonnel	Formes simples	Formes composées
Infinitif	proteger	haber protegido
Gérondif	protegiendo	habiendo protegido
Participe passé	protegido	

Modes personnels

		INDICATIF		SUBJONCTIF	
		Formes simples	Formes composées	Formes simples	Formes composées
		Présent	Passé composé	Présent	Passé
singulier	1re p.	protejo	he protegido	proteja	haya protegido
	2e p.	proteges	has protegido	protejas	hayas protegido
	3e p.	protege	ha protegido	proteja	haya protegido
pluriel	1re p.	protegemos	hemos protegido	protejamos	hayamos protegido
	2e p.	protegéis	habéis protegido	protejáis	hayáis protegido
	3e p.	protegen	han protegido	protejan	hayan protegido
		Imparfait	Plus-que-parfait	Imparfait	Plus-que-parfait
singulier	1re p.	protegía	había protegido	protegiera	hubiera protegido
	2e p.	protegías	habías protegido	protegieras	hubieras protegido
	3e p.	protegía	había protegido	protegiera	hubiera protegido
pluriel	1re p.	protegíamos	habíamos protegido	protegiéramos	hubiéramos protegido
	2e p.	protegíais	habíais protegido	protegierais	hubierais protegido
	3e p.	protegían	habían protegido	protegieran	hubieran protegido
		Prétérit	Passé antérieur		
singulier	1re p.	protegí	hube protegido	protegiese	hubiese protegido
	2e p.	protegiste	hubiste protegido	protegieses	hubieses protegido
	3e p.	protegió	hubo protegido	protegiese	hubiese protegido
pluriel	1re p.	protegimos	hubimos protegido	protegiésemos	hubiésemos protegido
	2e p.	protegisteis	hubisteis protegido	protegieseis	hubieseis protegido
	3e p.	protegieron	hubieron protegido	protegiesen	hubiesen protegido

Verbe régulier

		Futur simple	Futur antérieur	Futur	Futur antérieur
singulier	1re p.	protegeré	habré protegido	protegiere	hubiere protegido
	2e p.	protegerás	habrás protegido	protegieres	hubieres protegido
	3e p.	protegerá	habrá protegido	protegiere	hubiere protegido
pluriel	1re p.	protegeremos	habremos protegido	protegiéremos	hubiéremos protegido
	2e p.	protegeréis	habréis protegido	protegiereis	hubiereis protegido
	3e p.	protegerán	habrán protegido	protegieren	hubieren protegido

		Conditionnel présent	Conditionnel passé
singulier	1re p.	protegería	habría protegido
	2e p.	protegerías	habrías protegido
	3e p.	protegería	habría protegido
pluriel	1re p.	protegeríamos	habríamos protegido
	2e p.	protegeríais	habríais protegido
	3e p.	protegerían	habrían protegido

IMPÉRATIF

Présent	Formes empruntées au subjonctif
protege (tú)	proteja (él, ella, usted)
proteged (vosotros)	protejamos (nosotros)
	protejan (ellos, ellas, ustedes)

18 dirigir *diriger*

Mode impersonnel		
	Formes simples	Formes composées
Infinitif	dirigir	haber dirigido
Gérondif	dirigiendo	habiendo dirigido
Participe passé	dirigido	

Modes personnels						
		INDICATIF		SUBJONCTIF	
		Formes simples	Formes composées	Formes simples	Formes composées
		Présent	Passé composé	Présent	Passé
singulier	1re p.	dirijo	he dirigido	dirija	haya dirigido
	2e p.	diriges	has dirigido	dirijas	hayas dirigido
	3e p.	dirige	ha dirigido	dirija	haya dirigido
pluriel	1re p.	dirigimos	hemos dirigido	dirijamos	hayamos dirigido
	2e p.	dirigís	habéis dirigido	dirijáis	hayáis dirigido
	3e p.	dirigen	han dirigido	dirijan	hayan dirigido
		Imparfait	Plus-que-parfait	Imparfait	Plus-que-parfait
singulier	1re p.	dirigía	había dirigido	dirigiera	hubiera dirigido
	2e p.	dirigías	habías dirigido	dirigieras	hubieras dirigido
	3e p.	dirigía	había dirigido	dirigiera	hubiera dirigido
pluriel	1re p.	dirigíamos	habíamos dirigido	dirigiéramos	hubiéramos dirigido
	2e p.	dirigíais	habíais dirigido	dirigierais	hubierais dirigido
	3e p.	dirigían	habían dirigido	dirigieran	hubieran dirigido
		Prétérit	Passé antérieur		
singulier	1re p.	dirigí	hube dirigido	dirigiese	hubiese dirigido
	2e p.	dirigiste	hubiste dirigido	dirigieses	hubieses dirigido
	3e p.	dirigió	hubo dirigido	dirigiese	hubiese dirigido
pluriel	1re p.	dirigimos	hubimos dirigido	dirigiésemos	hubiésemos dirigido
	2e p.	dirigisteis	hubisteis dirigido	dirigieseis	hubieseis dirigido
	3e p.	dirigieron	hubieron dirigido	dirigiesen	hubiesen dirigido

		Futur simple	Futur antérieur	Futur	Futur antérieur
singulier	1re p.	dirigiré	habré dirigido	dirigiere	hubiere dirigido
	2e p.	dirigirás	habrás dirigido	dirigieres	hubieres dirigido
	3e p.	dirigirá	habrá dirigido	dirigiere	hubiere dirigido
pluriel	1re p.	dirigiremos	habremos dirigido	dirigiéremos	hubiéremos dirigido
	2e p.	dirigiréis	habréis dirigido	dirigiereis	hubiereis dirigido
	3e p.	dirigirán	habrán dirigido	dirigieren	hubieren dirigido

		Conditionnel présent	Conditionnel passé
singulier	1re p.	dirigiría	habría dirigido
	2e p.	dirigirías	habrías dirigido
	3e p.	dirigiría	habrías dirigido
pluriel	1re p.	dirigiríamos	habríamos dirigido
	2e p.	dirigiríais	habríais dirigido
	3e p.	dirigirían	habrían dirigido

IMPÉRATIF	
Présent	Formes empruntées au subjonctif
dirige (tú)	dirija (él, ella, usted)
dirigid (vosotros)	dirijamos (nosotros)
	dirijan (ellos, ellas, ustedes)

19 llegar *arriver*

Mode impersonnel		
	Formes simples	Formes composées
Infinitif	llegar	haber llegado
Gérondif	llegando	habiendo llegado
Participe passé	llegado	

Modes personnels

		INDICATIF		SUBJONCTIF	
		Formes simples	Formes composées	Formes simples	Formes composées
		Présent	Passé composé	Présent	Passé
singulier	1re p.	llego	he llegado	llegue	haya llegado
	2e p.	llegas	has llegado	llegues	hayas llegado
	3e p.	llega	ha llegado	llegue	haya llegado
pluriel	1re p.	llegamos	hemos llegado	lleguemos	hayamos llegado
	2e p.	llegáis	habéis llegado	lleguéis	hayáis llegado
	3e p.	llegan	han llegado	lleguen	hayan llegado
		Imparfait	Plus-que-parfait	Imparfait	Plus-que-parfait
singulier	1re p.	llegaba	había llegado	llegara	hubiera llegado
	2e p.	llegabas	habías llegado	llegaras	hubieras llegado
	3e p.	llegaba	había llegado	llegara	hubiera llegado
pluriel	1re p.	llegábamos	habíamos llegado	llegáramos	hubiéramos llegado
	2e p.	llegabais	habíais llegado	llegarais	hubierais llegado
	3e p.	llegaban	habían llegado	llegaran	hubieran llegado
		Prétérit	Passé antérieur		
singulier	1re p.	llegué	hube llegado	llegase	hubiese llegado
	2e p.	llegaste	hubiste llegado	llegases	hubieses llegado
	3e p.	llegó	hubo llegado	llegase	hubiese llegado
pluriel	1re p.	llegamos	hubimos llegado	llegásemos	hubiésemos llegado
	2e p.	llegasteis	hubisteis llegado	llegaseis	hubieseis llegado
	3e p.	llegaron	hubieron llegado	llegasen	hubiesen llegado

		Futur simple	Futur antérieur	Futur	Futur antérieur
singulier	1re p.	llegaré	habré llegado	llegare	hubiere llegado
	2e p.	llegarás	habrás llegado	llegares	hubieres llegado
	3e p.	llegará	habrá llegado	llegare	hubiere llegado
pluriel	1re p.	llegaremos	habremos llegado	llegáremos	hubiéremos llegado
	2e p.	llegaréis	habréis llegado	llegareis	hubiereis llegado
	3e p.	llegarán	habrán llegado	llegaren	hubieren llegado

		Conditionnel présent	Conditionnel passé
singulier	1re p.	llegaría	habría llegado
	2e p.	llegarías	habrías llegado
	3e p.	llegaría	habría llegado
pluriel	1re p.	llegaríamos	habríamos llegado
	2e p.	llegaríais	habríais llegado
	3e p.	llegarían	habrían llegado

IMPÉRATIF	
Présent	Formes empruntées au subjonctif
llega (tú)	llegue (él, ella, usted)
llegad (vosotros)	llegue (él, ella, usted)
	lleguen (ellos, ellas, ustedes)

20 distinguir *distinguer*

Mode impersonnel		
	Formes simples	Formes composées
Infinitif	distinguir	haber distinguido
Gérondif	distinguiendo	habiendo distinguido
Participe passé	distinguido	

Modes personnels						
		INDICATIF		SUBJONCTIF		
		Formes simples	Formes composées	Formes simples	Formes composées
		Présent	Passé composé	Présent	Passé
singulier	1re p.	distingo	he distinguido	distinga	haya distinguido
	2e p.	distingues	has distinguido	distingas	hayas distinguido
	3e p.	distingue	ha distinguido	distinga	haya distinguido
pluriel	1re p.	distinguimos	hemos distinguido	distingamos	hayamos distinguido
	2e p.	distinguís	habéis distinguido	distingáis	hayáis distinguido
	3e p.	distinguen	han distinguido	distingan	hayan distinguido
		Imparfait	Plus-que-parfait	Imparfait	Plus-que-parfait
singulier	1re p.	distinguía	había distinguido	distinguiera	hubiera distinguido
	2e p.	distinguías	habías distinguido	distinguieras	hubieras distinguido
	3e p.	distinguía	había distinguido	distinguiera	hubiera distinguido
pluriel	1re p.	distinguíamos	habíamos distinguido	distinguiéramos	hubiéramos distinguido
	2e p.	distinguíais	habíais distinguido	distinguierais	hubierais distinguido
	3e p.	distinguían	habían distinguido	distinguieran	hubieran distinguido

		Prétérit	Passé antérieur		
singulier	1re p.	distinguí	hube distinguido	distinguiese	hubiese distinguido
	2e p.	distinguiste	hubiste distinguido	distinguieses	hubieses distinguido
	3e p.	distinguió	hubo distinguido	distinguiese	hubiese distinguido
pluriel	1re p.	distinguimos	hubimos distinguido	distinguiésemos	hubiésemos distinguido
	2e p.	distinguisteis	hubisteis distinguido	distinguieseis	hubieseis distinguido
	3e p.	distinguieron	hubieron distinguido	distinguiesen	hubiesen distinguido
		Futur simple	Futur antérieur	Futur	Futur antérieur
singulier	1re p.	distinguiré	habré distinguido	distinguiere	hubiere distinguido
	2e p.	distinguirás	habrás distinguido	distinguieres	hubieres distinguido
	3e p.	distinguirá	habrá distinguido	distinguiere	hubiere distinguido
pluriel	1re p.	distinguiremos	habremos distinguido	distinguiéremos	hubiéremos distinguido
	2e p.	distinguiréis	habréis distinguido	distinguiereis	hubiereis distinguido
	3e p.	distinguirán	habrán distinguido	distinguieren	hubieren distinguido

		Conditionnel présent	Conditionnel passé
singulier	1re p.	distinguiría	habría distinguido
	2e p.	distinguirías	habrías distinguido
	3e p.	distinguiría	habría distinguido
pluriel	1re p.	distinguiríamos	habríamos distinguido
	2e p.	distinguiríais	habríais distinguido
	3e p.	distinguirían	habrían distinguido

IMPÉRATIF

Présent	Formes empruntées au subjonctif
distingue (tú)	distinga (él, ella, usted)
distinguid (vosotros)	distingamos (nosotros)
	distingan (ellos, ellas, ustedes)

21 delinquir *commettre un délit*

Mode impersonnel		
	Formes simples	Formes composées
Infinitif	delinquir	haber delinquido
Gérondif	delinquiendo	habiendo delinquido
Participe passé	delinquido	

Modes personnels						
		INDICATIF		SUBJONCTIF		
		Formes simples	Formes composées	Formes simples	Formes composées
		Présent	Passé composé	Présent	Passé
singulier	1re p.	delinco	he delinquido	delinca	haya delinquido
	2e p.	delinques	has delinquido	delincas	hayas delinquido
	3e p.	delinque	ha delinquido	delinca	haya delinquido
pluriel	1re p.	delinquimos	hemos delinquido	delincamos	hayamos delinquido
	2e p.	delinquís	habéis delinquido	delincáis	hayáis delinquido
	3e p.	delinquen	han delinquido	delincan	hayan delinquido
		Imparfait	Plus-que-parfait	Imparfait	Plus-que-parfait
singulier	1re p.	delinquía	había delinquido	delinquiera	hubiera delinquido
	2e p.	delinquías	habías delinquido	delinquieras	hubieras delinquido
	3e p.	delinquía	había delinquido	delinquiera	hubiera delinquido
pluriel	1re p.	delinquíamos	habíamos delinquido	delinquiéramos	hubiéramos delinquido
	2e p.	delinquíais	habíais delinquido	delinquierais	hubierais delinquido
	3e p.	delinquían	habían delinquido	delinquieran	hubieran delinquido

Verbe régulier

		Prétérit	Passé antérieur		
singulier	1re p.	delinquí	hube delinquido	delinquiese	hubiese delinquido
	2e p.	delinquiste	hubiste delinquido	delinquieses	hubieses delinquido
	3e p.	delinquió	hubo delinquido	delinquiese	hubiese delinquido
pluriel	1re p.	delinquimos	hubimos delinquido	delinquiésemos	hubiésemos delinquido
	2e p.	delinquisteis	hubisteis delinquido	delinquieseis	hubieseis delinquido
	3e p.	delinquieron	hubieron delinquido	delinquiesen	hubiesen delinquido

		Futur simple	Futur antérieur	Futur	Futur antérieur
singulier	1re p.	delinquiré	habré delinquido	delinquiere	hubiere delinquido
	2e p.	delinquirás	habrás delinquido	delinquieres	hubieres delinquido
	3e p.	delinquirá	habrá delinquido	delinquiere	hubiere delinquido
pluriel	1re p.	delinquiremos	habremos delinquido	delinquiéremos	hubiéremos delinquido
	2e p.	delinquiréis	habréis delinquido	delinquiereis	hubiereis delinquido
	3e p.	delinquirán	habrán delinquido	delinquieren	hubieren delinquido

		Conditionnel présent	Conditionnel passé
singulier	1re p.	delinquiría	habría delinquido
	2e p.	delinquirías	habrías delinquido
	3e p.	delinquiría	habría delinquido
pluriel	1re p.	delinquiríamos	habríamos delinquido
	2e p.	delinquiríais	habríais delinquido
	3e p.	delinquirían	habrían delinquido

IMPÉRATIF

Présent	Formes empruntées au subjonctif
delinque (tú)	delinca (él, ella, usted)
delinquid (vosotros)	delincamos (nosotros)
	delincan (ellos, ellas, ustedes)

22 acertar *réussir, deviner*

Mode impersonnel		
	Formes simples	Formes composées
Infinitif	acertar	haber acertado
Gérondif	acertando	habiendo acertado
Participe passé	acertado	

Modes personnels						
		INDICATIF		SUBJONCTIF	
		Formes simples	Formes composées	Formes simples	Formes composées
		Présent	Passé composé	Présent	Passé
singulier	1re p.	acierto	he acertado	acierte	haya acertado
	2e p.	aciertas	has acertado	aciertes	hayas acertado
	3e p.	acierta	ha acertado	acierte	haya acertado
pluriel	1re p.	acertamos	hemos acertado	acertemos	hayamos acertado
	2e p.	acertáis	habéis acertado	acertéis	hayáis acertado
	3e p.	aciertan	han acertado	acierten	hayan acertado
		Imparfait	Plus-que-parfait	Imparfait	Plus-que-parfait
singulier	1re p.	acertaba	había acertado	acertara	hubiera acertado
	2e p.	acertabas	habías acertado	acertaras	hubieras acertado
	3e p.	acertaba	había acertado	acertara	hubiera acertado
pluriel	1re p.	acertábamos	habíamos acertado	acertáramos	hubiéramos acertado
	2e p.	acertabais	habíais acertado	acertarais	hubierais acertado
	3e p.	acertaban	habían acertado	acertaran	hubieran acertado
		Prétérit	Passé antérieur		
singulier	1re p.	acerté	hube acertado	acertase	hubiese acertado
	2e p.	acertaste	hubiste acertado	acertases	hubieses acertado
	3e p.	acertó	hubo acertado	acertase	hubiese acertado
pluriel	1re p.	acertamos	hubimos acertado	acertásemos	hubiésemos acertado
	2e p.	acertasteis	hubisteis acertado	acertaseis	hubieseis acertado
	3e p.	acertaron	hubieron acertado	acertasen	hubiesen acertado

Verbe irrégulier

		Futur simple	Futur antérieur	Futur	Futur antérieur
singulier	1re p.	acertaré	habré acertado	acertare	hubiere acertado
	2e p.	acertarás	habrás acertado	acertares	hubieres acertado
	3e p.	acertará	habrá acertado	acertare	hubiere acertado
pluriel	1re p.	acertaremos	habremos acertado	acertáremos	hubiéremos acertado
	2e p.	acertaréis	habréis acertado	acertareis	hubiereis acertado
	3e p.	acertarán	habrán acertado	acertaren	hubieren acertado

		Conditionnel présent	Conditionnel passé
singulier	1re p.	acertaría	habría acertado
	2e p.	acertarías	habrías acertado
	3e p.	acertaría	habría acertado
pluriel	1re p.	acertaríamos	habríamos acertado
	2e p.	acentaríais	habríais acertado
	3e p.	acertarían	habrían acertado

IMPÉRATIF	
Présent	Formes empruntées au subjonctif
acierta (tú)	acierte (él, ella, usted)
acertad (vosotros)	acertemos (nosotros)
	acierten (ellos, ellas, ustedes)

23 comenzar *commencer*

Mode impersonnel		
	Formes simples	Formes composées
Infinitif	comenzar	haber comenzado
Gérondif	comenzando	habiendo comenzado
Participe passé	comenzado	

Modes personnels		INDICATIF		SUBJONCTIF	
		Formes simples	Formes composées	Formes simples	Formes composées
		Présent	Passé composé	Présent	Passé
singulier	1re p.	comienzo	he comenzado	comience	haya comenzado
	2e p.	comienzas	has comenzado	comiences	hayas comenzado
	3e p.	comienza	ha comenzado	comience	haya comenzado
pluriel	1re p.	comenzamos	hemos comenzado	comencemos	hayamos comenzado
	2e p.	comenzáis	habéis comenzado	comencéis	hayáis comenzado
	3e p.	comienzan	han comenzado	comiencen	hayan comenzado
		Imparfait	Plus-que-parfait	Imparfait	Plus-que-parfait
singulier	1re p.	comenzaba	había comenzado	comenzara	hubiera comenzado
	2e p.	comenzabas	habías comenzado	comenzaras	hubieras comenzado
	3e p.	comenzaba	había comenzado	comenzara	hubiera comenzado
pluriel	1re p.	comenzábamos	habíamos comenzado	comenzáramos	hubiéramos comenzado
	2e p.	comenzabais	habíais comenzado	comenzarais	hubierais comenzado
	3e p.	comenzaban	habían comenzado	comenzaran	hubieran comenzado

Verbe irrégulier

		Prétérit	Passé antérieur		
singulier	1re p.	comencé	hube comenzado	comenzase	hubiese comenzado
	2e p.	comenzaste	hubiste comenzado	comenzases	hubieses comenzado
	3e p.	comenzó	hubo comenzado	comenzase	hubiese comenzado
pluriel	1re p.	comenzamos	hubimos comenzado	comenzásemos	hubiésemos comenzado
	2e p.	comenzasteis	hubisteis comenzado	comenzaseis	hubieseis comenzado
	3e p.	comenzaron	hubieron comenzado	comenzasen	hubiesen comenzado
		Futur simple	**Futur antérieur**	**Futur**	**Futur antérieur**
singulier	1re p.	comenzaré	habré comenzado	comenzare	hubiere comenzado
	2e p.	comenzarás	habrás comenzado	comenzares	hubieres comenzado
	3e p.	comenzará	habrá comenzado	comenzare	hubiere comenzado
pluriel	1re p.	comenzaremos	habremos comenzado	comenzáremos	hubiéremos comenzado
	2e p.	comenzaréis	habréis comenzado	comenzareis	hubiereis comenzado
	3e p.	comenzarán	habrán comenzado	comenzaren	hubieren comenzado

		Conditionnel présent	Conditionnel passé
singulier	1re p.	comenzaría	habría comenzado
	2e p.	comenzarías	habrías comenzado
	3e p.	comenzarías	habría comenzado
pluriel	1re p.	comenzaríamos	habríamos comenzado
	2e p.	comenzaríais	habríais comenzado
	3e p.	comenzarían	habrían comenzado

IMPÉRATIF

Présent	Formes empruntées au subjonctif
comienza (tú)	comience (él, ella, usted)
comenzad (vosotros)	comencemos (nosotros)
	comiencen (ellos, ellas, ustedes)

24 negar *nier, refuser*

Mode impersonnel		
	Formes simples	Formes composées
Infinitif	negar	haber negado
Gérondif	negando	habiendo negado
Participe passé	negado	

Modes personnels					
		INDICATIF		SUBJONCTIF	
		Formes simples	Formes composées	Formes simples	Formes composées
		Présent	Passé composé	Présent	Passé
singulier	1re p.	niego	he negado	niegue	haya negado
	2e p.	niegas	has negado	niegues	hayas negado
	3e p.	niega	ha negado	niegue	haya negado
pluriel	1re p.	negamos	hemos negado	neguemos	hayamos negado
	2e p.	negáis	habéis negado	neguéis	hayáis negado
	3e p.	niegan	han negado	nieguen	hayan negado
		Imparfait	Plus-que-parfait	Imparfait	Plus-que-parfait
singulier	1re p.	negaba	había negado	negara	hubiera negado
	2e p.	negabas	habías negado	negaras	hubieras negado
	3e p.	negaba	había negado	negara	hubiera negado
pluriel	1re p.	negábamos	habíamos negado	negáramos	hubiéramos negado
	2e p.	negabais	habíais negado	negarais	hubierais negado
	3e p.	negaban	habían negado	negaran	hubieran negado
		Prétérit	Passé antérieur		
singulier	1re p.	negué	hube negado	negase	hubiese negado
	2e p.	negaste	hubiste negado	negases	hubieses negado
	3e p.	negó	hubo negado	negase	hubiese negado

pluriel	1re p.	negamos	hubimos negado	negásemos	hubiésemos negado
	2e p.	negasteis	hubisteis negado	negaseis	hubieseis negado
	3e p.	negaron	hubieron negado	negasen	hubiesen negado
		Futur simple	**Futur antérieur**	**Futur**	**Futur antérieur**
singulier	1re p.	negaré	habré negado	negare	hubiere negado
	2e p.	negarás	habrás negado	negares	hubieres negado
	3e p.	negará	habrá negado	negare	hubiere negado
pluriel	1re p.	negaremos	habremos negado	negáremos	hubiéremos negado
	2e p.	negaréis	habréis negado	negareis	hubiereis negado
	3e p.	negarán	habrán negado	negaren	hubieren negado

		Conditionnel présent	Conditionnel passé
singulier	1re p.	negaría	habría negado
	2e p.	negarías	habrías negado
	3e p.	negaría	habría negado
pluriel	1re p.	negaríamos	habríamos negado
	2e p.	negaríais	habríais negado
	3e p.	negarían	habrían negado

IMPÉRATIF

Présent	Formes empruntées au subjonctif
niega (tú)	niegue (él, ella, usted)
negad (vosotros)	neguemos (nosotros)
	nieguen (ellos, ellas, ustedes)

25 errar *se tromper*

Mode impersonnel		
	Formes simples	Formes composées
Infinitif	errar	haber errado
Gérondif	errando	habiendo errado
Participe passé	errado	

Modes personnels					
		INDICATIF		SUBJONCTIF	
		Formes simples	Formes composées	Formes simples	Formes composées
		Présent	Passé composé	Présent	Passé
singulier	1re p.	yerro o erro	he errado	yerre o erre	haya errado
	2e p.	yerras o erras	has errado	yerres o erres	hayas errado
	3e p.	yerra o erra	ha errado	yerre o erre	haya errado
pluriel	1re p.	erramos	hemos errado	erremos	hayamos errado
	2e p.	erráis	habéis errado	erréis	hayáis errado
	3e p.	yerran o erran	han errado	yerren o erren	hayan errado
		Imparfait	Plus-que-parfait	Imparfait	Plus-que-parfait
singulier	1re p.	erraba	había errado	errara	hubiera errado
	2e p.	errabas	habías errado	erraras	hubieras errado
	3e p.	erraba	había errado	errara	hubiera errado
pluriel	1re p.	errábamos	habíamos errado	erráramos	hubiéramos errado
	2e p.	errabais	habíais errado	errarais	hubierais errado
	3e p.	erraban	habían errado	erraran	hubieran errado
		Prétérit	Passé antérieur		
singulier	1re p.	erré	hube errado	errase	hubiese errado
	2e p.	erraste	hubiste errado	errases	hubieses errado
	3e p.	erró	hubo errado	errase	hubiese errado
pluriel	1re p.	erramos	hubimos errado	errásemos	hubiésemos errado
	2e p.	errasteis	hubisteis errado	erraseis	hubieseis errado
	3e p.	erraron	hubieron errado	errasen	hubiesen errado

		Futur simple	Futur antérieur	Futur	Futur antérieur
singulier	1re p.	erraré	habré errado	errare	hubiere errado
	2e p.	errarás	habrás errado	errares	hubieres errado
	3e p.	errará	habrá errado	errare	hubiere errado
pluriel	1re p.	erraremos	habremos errado	erráremos	hubiéremos errado
	2e p.	erraréis	habréis errado	errareis	hubiereis errado
	3e p.	errarán	habrán errado	erraren	hubieren errado

		Conditionnel présent	Conditionnel passé
singulier	1re p.	erraría	habría errado
	2e p.	errarías	habrías errado
	3e p.	erraría	habría errado
pluriel	1re p.	erraríamos	habríamos errado
	2e p.	erraríais	habríais errado
	3e p.	errarían	habrían errado

IMPÉRATIF	
Présent	Formes empruntées au subjonctif
yerra o erra (tú)	yerre o erre (él, ella, usted)
errad (vosotros)	erremos (nosotros)
	yerren o erren (ellos, ellas, ustedes)

26 tender *tendre*

Mode impersonnel		
	Formes simples	Formes composées
Infinitif	tender	haber tendido
Gérondif	tendiendo	habiendo tendido
Participe passé	tendido	

Modes personnels						
		INDICATIF		SUBJONCTIF	
		Formes simples	Formes composées	Formes simples	Formes composées
		Présent	Passé composé	Présent	Passé
singulier	1re p.	tiendo	he tendido	tienda	haya tendido
	2e p.	tiendes	has tendido	tiendas	hayas tendido
	3e p.	tiende	ha tendido	tienda	haya tendido
pluriel	1re p.	tendemos	hemos tendido	tendamos	hayamos tendido
	2e p.	tendéis	habéis tendido	tendáis	hayáis tendido
	3e p.	tienden	han tendido	tiendan	hayan tendido
		Imparfait	Plus-que-parfait	Imparfait	Plus-que-parfait
singulier	1re p.	tendía	había tendido	tendiera	hubiera tendido
	2e p.	tendías	habías tendido	tendieras	hubieras tendido
	3e p.	tendía	había tendido	tendiera	hubiera tendido
pluriel	1re p.	tendíamos	habíamos tendido	tendiéramos	hubiéramos tendido
	2e p.	tendíais	habíais tendido	tendierais	hubierais tendido
	3e p.	tendían	habían tendido	tendieran	hubieran tendido
		Prétérit	Passé antérieur		
singulier	1re p.	tendí	hube tendido	tendiese	hubiese tendido
	2e p.	tendiste	hubiste tendido	tendieses	hubieses tendido
	3e p.	tendió	hubo tendido	tendiese	hubiese tendido
pluriel	1re p.	tendimos	hubimos tendido	tendiésemos	hubiésemos tendido
	2e p.	tendisteis	hubisteis tendido	tendieseis	hubieseis tendido
	3e p.	tendieron	hubieron tendido	tendiesen	hubiesen tendido

		Futur simple	Futur antérieur	Futur	Futur antérieur
singulier	1re p.	tenderé	habré tendido	tendiere	hubiere tendido
	2e p.	tenderás	habrás tendido	tendieres	hubieres tendido
	3e p.	tenderá	habrá tendido	tendiere	hubiere tendido
pluriel	1re p.	tenderemos	habremos tendido	tendiéremos	hubiéremos tendido
	2e p.	tenderéis	habréis tendido	tendiereis	hubiereis tendido
	3e p.	tenderán	habrán tendido	tendieren	hubieren tendido

		Conditionnel présent	Conditionnel passé
singulier	1re p.	tendería	habría tendido
	2e p.	tenderías	habrías tendido
	3e p.	tendería	habría tendido
pluriel	1re p.	tenderíamos	habríamos tendido
	2e p.	tenderíais	habríais tendido
	3e p.	tenderían	habrían tendido

IMPÉRATIF	
Présent	Formes empruntées au subjonctif
tiende (tú)	tienda (él, ella, usted)
tended (vosotros)	tendamos (nosotros)
	tiendan (ellos, ellas, ustedes)

27 discernir *discerner*

Mode impersonnel		
	Formes simples	Formes composées
Infinitif	discernir	haber discernido
Gérondif	discerniendo	habiendo discernido
Participe passé	discernido	

Modes personnels		INDICATIF		SUBJONCTIF	
		Formes simples	Formes composées	Formes simples	Formes composées
		Présent	Passé composé	Présent	Passé
singulier	1re p.	discierno	he discernido	discierna	haya discernido
	2e p.	disciernes	has discernido	disciernas	hayas discernido
	3e p.	discierne	ha discernido	discierna	haya discernido
pluriel	1re p.	discernimos	hemos discernido	discernamos	hayamos discernido
	2e p.	discernís	habéis discernido	discernáis	hayáis discernido
	3e p.	disciernen	han discernido	disciernan	hayan discernido
		Imparfait	Plus-que-parfait	Imparfait	Plus-que-parfait
singulier	1re p.	discernía	había discernido	discerniera	hubiera discernido
	2e p.	discernías	habías discernido	discernieras	hubieras discernido
	3e p.	discernía	había discernido	discerniera	hubiera discernido
pluriel	1re p.	discerníamos	habíamos discernido	discerniéramos	hubiéramos discernido
	2e p.	discerníais	habíais discernido	discernierais	hubierais discernido
	3e p.	discernían	habían discernido	discernieran	hubieran discernido

		Prétérit	Passé antérieur		
singulier	1re p.	discerní	hube discernido	discerniese	hubiese discernido
	2e p.	discerniste	hubiste discernido	discernieses	hubieses discernido
	3e p.	discernió	hubo discernido	discerniese	hubiese discernido
pluriel	1re p.	discernimos	hubimos discernido	discerniésemos	hubiésemos discernido
	2e p.	discernisteis	hubisteis discernido	discernieseis	hubieseis discernido
	3e p.	discernieron	hubieron discernido	discerniesen	hubiesen discernido
		Futur simple	**Futur antérieur**	**Futur**	**Futur antérieur**
singulier	1re p.	discerniré	habré discernido	discerniere	hubiere discernido
	2e p.	discernirás	habrás discernido	discernieres	hubieres discernido
	3e p.	discernirá	habrá discernido	discerniere	hubiere discernido
pluriel	1re p.	discerniremos	habremos discernido	discerniéremos	hubiéremos discernido
	2e p.	discerniréis	habréis discernido	discerniereis	hubiereis discernido
	3e p.	discernirán	habrán discernido	discernieren	hubieren discernido

		Conditionnel présent	Conditionnel passé
singulier	1re p.	discerniría	habría discernido
	2e p.	discernirías	habrías discernido
	3e p.	discerniría	habría discernido
pluriel	1re p.	discerniríamos	habríamos discernido
	2e p.	discerniríais	habríais discernido
	3e p.	discernirían	habrían discernido

IMPÉRATIF	
Présent	**Formes empruntées au subjonctif**
discierne (tú)	discierna (él, ella, usted)
discernid (vosotros)	discernamos (nosotros)
	disciernan (ellos, ellas, ustedes)

28 sonar *sonner*

Mode impersonnel		
	Formes simples	Formes composées
Infinitif	sonar	haber sonado
Gérondif	sonando	habiendo sonado
Participe passé	sonado	

Modes personnels						
		INDICATIF		SUBJONCTIF		
		Formes simples	Formes composées	Formes simples	Formes composées	
		Présent	Passé composé	Présent	Passé	
singulier	1re p.	sueno	he sonado	suene	haya sonado	
	2e p.	suenas	has sonado	suenes	hayas sonado	
	3e p.	suena	ha sonado	suene	haya sonado	
pluriel	1re p.	sonamos	hemos sonado	sonemos	hayamos sonado	
	2e p.	sonáis	habéis sonado	sonéis	hayáis sonado	
	3e p.	suenan	han sonado	suenen	hayan sonado	
		Imparfait	Plus-que-parfait	Imparfait	Plus-que-parfait	
singulier	1re p.	sonaba	había sonado	sonara	hubiera sonado	
	2e p.	sonabas	habías sonado	sonaras	hubieras sonado	
	3e p.	sonaba	había sonado	sonara	hubiera sonado	
pluriel	1re p.	sonábamos	habíamos sonado	sonáramos	hubiéramos sonado	
	2e p.	sonabais	habíais sonado	sonarais	hubierais sonado	
	3e p.	sonaban	habían sonado	sonaran	hubieran sonado	
		Prétérit	Passé antérieur			
singulier	1re p.	soné	hube sonado	sonase	hubiese sonado	
	2e p.	sonaste	hubiste sonado	sonases	hubieses sonado	
	3e p.	sonó	hubo sonado	sonase	hubiese sonado	
pluriel	1re p.	sonamos	hubimos sonado	sonásemos	hubiésemos sonado	
	2e p.	sonasteis	hubisteis sonado	sonaseis	hubieseis sonado	
	3e p.	sonaron	hubieron sonado	sonasen	hubiesen sonado	

		Futur simple	Futur antérieur	Futur	Futur antérieur
singulier	1re p.	sonaré	habré sonado	sonare	hubiere sonado
	2e p.	sonarás	habrás sonado	sonares	hubieres sonado
	3e p.	sonará	habrá sonado	sonare	hubiere sonado
pluriel	1re p.	sonaremos	habremos sonado	sonáremos	hubiéremos sonado
	2e p.	sonaréis	habréis sonado	sonareis	hubiereis sonado
	3e p.	sonarán	habrán sonado	sonaren	hubieren sonado

		Conditionnel présent	Conditionnel passé
singulier	1re p.	sonaría	habría sonado
	2e p.	sonarías	habrías sonado
	3e p.	sonaría	habría sonado
pluriel	1re p.	sonaríamos	habríamos sonado
	2e p.	sonaríais	habríais sonado
	3e p.	sonarían	habrían sonado

IMPÉRATIF

Présent	Formes empruntées au subjonctif
suena (tú)	suene (él, ella, usted)
sonad (vosotros)	sonemos (nosotros)
	suenen (ellos, ellas, ustedes)

29 trocar *échanger*

Mode impersonnel	Formes simples	Formes composées
Infinitif	trocar	haber trocado
Gérondif	trocando	habiendo trocado
Participe passé	trocado	

Modes personnels

		INDICATIF		SUBJONCTIF	
		Formes simples	Formes composées	Formes simples	Formes composées
		Présent	Passé composé	Présent	Passé
singulier	1re p.	trueco	he trocado	trueque	haya trocado
	2e p.	truecas	has trocado	trueques	hayas trocado
	3e p.	trueca	ha trocado	trueque	haya trocado
pluriel	1re p.	trocamos	hemos trocado	troquemos	hayamos trocado
	2e p.	trocáis	habéis trocado	troquéis	hayáis trocado
	3e p.	truecan	han trocado	truequen	hayan trocado
		Imparfait	Plus-que-parfait	Imparfait	Plus-que-parfait
singulier	1re p.	trocaba	había trocado	trocara	hubiera trocado
	2e p.	trocabas	habías trocado	trocaras	hubieras trocado
	3e p.	trocaba	había trocado	trocara	hubiera trocado
pluriel	1re p.	trocábamos	habíamos trocado	trocáramos	hubiéramos trocado
	2e p.	trocabais	habíais trocado	trocarais	hubierais trocado
	3e p.	trocaban	habían trocado	trocaran	hubieran trocado
		Prétérit	Passé antérieur		
singulier	1re p.	troqué	hube trocado	trocase	hubiese trocado
	2e p.	trocaste	hubiste trocado	trocases	hubieses trocado
	3e p.	trocó	hubo trocado	trocase	hubiese trocado
pluriel	1re p.	trocamos	hubimos trocado	trocásemos	hubiésemos trocado
	2e p.	trocasteis	hubisteis trocado	trocaseis	hubieseis trocado
	3e p.	trocaron	hubieron trocado	trocasen	hubiesen trocado

		Futur simple	Futur antérieur	Futur	Futur antérieur
singulier	1re p.	trocaré	habré trocado	trocare	hubiere trocado
	2e p.	trocarás	habrás trocado	trocares	hubieres trocado
	3e p.	trocará	habrá trocado	trocare	hubiere trocado
pluriel	1re p.	trocaremos	habremos trocado	trocáremos	hubiéremos trocado
	2e p.	trocaréis	habréis trocado	trocareis	hubiereis trocado
	3e p.	trocarán	habrán trocado	trocaren	hubieren trocado

		Conditionnel présent	Conditionnel passé
singulier	1re p.	trocaría	habría trocado
	2e p.	trocarías	habrías trocado
	3e p.	trocaría	habría trocado
pluriel	1re p.	trocaríamos	habríamos trocado
	2e p.	trocaríais	habríais trocado
	3e p.	trocarían	habrían trocado

IMPÉRATIF	
Présent	Formes empruntées au subjonctif
trueca (tú)	trueque (él, ella, usted)
trocad (vosotros)	troquemos (nosotros)
	truequen (ellos, ellas, ustedes)

30 colgar *pendre*

Mode impersonnel		
	Formes simples	Formes composées
Infinitif	colgar	haber colgado
Gérondif	colgando	habiendo colgado
Participe passé	colgado	

Modes personnels						
		INDICATIF		SUBJONCTIF		
		Formes simples	Formes composées	Formes simples	Formes composées
		Présent	Passé composé	Présent	Passé
singulier	1re p.	cuelgo	he colgado	cuelgue	haya colgado
	2e p.	cuelgas	has colgado	cuelgues	hayas colgado
	3e p.	cuelga	ha colgado	cuelgue	haya colgado
pluriel	1re p.	colgamos	hemos colgado	colguemos	hayamos colgado
	2e p.	colgáis	habéis colgado	colguéis	hayáis colgado
	3e p.	cuelgan	han colgado	cuelguen	hayan colgado
		Imparfait	Plus-que-parfait	Imparfait	Plus-que-parfait
singulier	1re p.	colgaba	había colgado	colgara	hubiera colgado
	2e p.	colgabas	habías colgado	colgaras	hubieras colgado
	3e p.	colgaba	había colgado	colgara	hubiera colgado
pluriel	1re p.	colgábamos	habíamos colgado	colgáramos	hubiéramos colgado
	2e p.	colgabais	habíais colgado	colgarais	hubierais colgado
	3e p.	colgaban	habían colgado	colgaran	hubieran colgado
		Prétérit	Passé antérieur		
singulier	1re p.	colgué	hube colgado	colgase	hubiese colgado
	2e p.	colgaste	hubiste colgado	colgases	hubieses colgado
	3e p.	colgó	hubo colgado	colgase	hubiese colgado
pluriel	1re p.	colgamos	hubimos colgado	colgásemos	hubiésemos colgado
	2e p.	colgasteis	hubisteis colgado	colgaseis	hubieseis colgado
	3e p.	colgaron	hubieron colgado	colgasen	hubiesen colgado

		Futur simple	Futur antérieur	Futur	Futur antérieur
singulier	1re p.	colgaré	habré colgado	colgare	hubiere colgado
	2e p.	colgarás	habrás colgado	colgares	hubieres colgado
	3e p.	colgará	habrá colgado	colgare	hubiere colgado
pluriel	1re p.	colgaremos	habremos colgado	colgáremos	hubiéremos colgado
	2e p.	colgaréis	habréis colgado	colgareis	hubiereis colgado
	3e p.	colgarán	habrán colgado	colgaren	hubieren colgado

		Conditionnel présent	Conditionnel passé
singulier	1re p.	colgaría	habría colgado
	2e p.	colgarías	habrías colgado
	3e p.	colgaría	habría colgado
pluriel	1re p.	colgaríamos	habríamos colgado
	2e p.	colgaríais	habríais colgado
	3e p.	colgarían	habrían colgado

IMPÉRATIF	
Présent	Formes empruntées au subjonctif
cuelga (tú)	cuelgue (él, ella, usted)
colgad (vosotros)	colguemos (nosotros)
	cuelguen (ellos, ellas, ustedes)

31 agorar *prédire*

Mode impersonnel	Formes simples	Formes composées
Infinitif	agorar	haber agorado
Gérondif	agorando	habiendo agorado
Participe passé	agorado	

Modes personnels

		INDICATIF		SUBJONCTIF	
		Formes simples	Formes composées	Formes simples	Formes composées
		Présent	Passé composé	Présent	Passé
singulier	1re p.	agüero	he agorado	agüere	haya agorado
	2e p.	agüeras	has agorado	agüeres	hayas agorado
	3e p.	agüera	ha agorado	agüere	haya agorado
pluriel	1re p.	agoramos	hemos agorado	agoremos	hayamos agorado
	2e p.	agoráis	habéis agorado	agoréis	hayáis agorado
	3e p.	agüeran	han agorado	agüeren	hayan agorado
		Imparfait	Plus-que-parfait	Imparfait	Plus-que-parfait
singulier	1re p.	agoraba	había agorado	agorara	hubiera agorado
	2e p.	agorabas	habías agorado	agoraras	hubieras agorado
	3e p.	agoraba	había agorado	agorara	hubiera agorado
pluriel	1re p.	agorábamos	habíamos agorado	agoráramos	hubiéramos agorado
	2e p.	agorabais	habíais agorado	agorarais	hubierais agorado
	3e p.	agoraban	habían agorado	agoraran	hubieran agorado
		Prétérit	Passé antérieur		
singulier	1re p.	agoré	hube agorado	agorase	hubiese agorado
	2e p.	agoraste	hubiste agorado	agorases	hubieses agorado
	3e p.	agoró	hubo agorado	agorase	hubiese agorado
pluriel	1re p.	agoramos	hubimos agorado	agorásemos	hubiésemos agorado
	2e p.	agorasteis	hubisteis agorado	agoraseis	hubieseis agorado
	3e p.	agoraron	hubieron agorado	agorasen	hubiesen agorado

		Futur simple	Futur antérieur	Futur	Futur antérieur
singulier	1re p.	agoraré	habré agorado	agorare	hubiere agorado
	2e p.	agorarás	habrás agorado	agorares	hubieres agorado
	3e p.	agorará	habrá agorado	agorare	hubiere agorado
pluriel	1re p.	agoraremos	habremos agorado	agoráremos	hubiéremos agorado
	2e p.	agoraréis	habréis agorado	agorareis	hubiereis agorado
	3e p.	agorarán	habrán agorado	agoraren	hubieren agorado

		Conditionnel présent	Conditionnel passé
singulier	1re p.	agoraría	habría agorado
	2e p.	agorarías	habrías agorado
	3e p.	agoraría	habría agorado
pluriel	1re p.	agoraríamos	habríamos agorado
	2e p.	agoraríais	habríais agorado
	3e p.	agorarían	habrían agorado

IMPÉRATIF	
Présent	Formes empruntées au subjonctif
agüera (tú)	agüere (él, ella, usted)
agorad (vosotros)	agoremos (nosotros)
	agüeren (ellos, ellas, ustedes)

32 avergonzar *faire honte*

Mode impersonnel

	Formes simples	Formes composées
Infinitif	avergonzar	haber avergonzado
Gérondif	avergonzando	habiendo avergonzado
Participe passé	avergonzado	-

Modes personnels

		INDICATIF		SUBJONCTIF	
		Formes simples	Formes composées	Formes simples	Formes composées
		Présent	Passé composé	Présent	Passé
singulier	1re p.	avergüenzo	he avergonzado	avergüence	haya avergonzado
	2e p.	avergüenzas	has avergonzado	avergüences	hayas avergonzado
	3e p.	avergüenza	ha avergonzado	avergüence	haya avergonzado
pluriel	1re p.	avergonzamos	hemos avergonzado	avergoncemos	hayamos avergonzado
	2e p.	avergonzáis	habéis avergonzado	avergoncéis	hayáis avergonzado
	3e p.	avergüenzan	han avergonzado	avergüencen	hayan avergonzado
		Imparfait	Plus-que-parfait	Imparfait	Plus-que-parfait
singulier	1re p.	avergonzaba	había avergonzado	avergonzara	hubiera avergonzado
	2e p.	avergonzabas	habías avergonzado	avergonzaras	hubieras avergonzado
	3e p.	avergonzaba	había avergonzado	avergonzara	hubiera avergonzado
pluriel	1re p.	avergonzábamos	habíamos avergonzado	avergonzáramos	hubiéramos avergonzado
	2e p.	avergonzabais	habíais avergonzado	avergonzarais	hubierais avergonzado
	3e p.	avergonzaban	habían avergonzado	avergonzaran	hubieran avergonzado

		Prétérit	Passé antérieur		
singulier	1re p.	avergoncé	hube avergonzado	avergonzase	hubiese avergonzado
	2e p.	avergonzaste	hubiste avergonzado	avergonzases	hubieses avergonzado
	3e p.	avergonzó	hubo avergonzado	avergonzase	hubiese avergonzado
pluriel	1re p.	avergonzamos	hubimos avergonzado	avergonzásemos	hubiésemos avergonzado
	2e p.	avergonzasteis	hubisteis avergonzado	avergonzaseis	hubieseis avergonzado
	3e p.	avergonzaron	hubieron avergonzado	avergonzasen	hubiesen avergonzado
		Futur simple	**Futur antérieur**	**Futur**	**Futur antérieur**
singulier	1re p.	avergonzaré	habré avergonzado	avergonzare	hubiere avergonzado
	2e p.	avergonzarás	habrás avergonzado	avergonzares	hubieres avergonzado
	3e p.	avergonzará	habrá avergonzado	avergonzare	hubiere avergonzado
pluriel	1re p.	avergonzaremos	habremos avergonzado	avergonzáremos	hubiéremos avergonzado
	2e p.	avergonzaréis	habréis avergonzado	avergonzareis	hubiereis avergonzado
	3e p.	avergonzarán	habrán avergonzado	avergonzaren	hubieren avergonzado

		Conditionnel présent	Conditionnel passé
singulier	1re p.	avergonzaría	habría avergonzado
	2e p.	avergonzarías	habrías avergonzado
	3e p.	avergonzaría	habría avergonzado
pluriel	1re p.	avergonzaríamos	habríamos avergonzado
	2e p.	avergonzaríais	habríais avergonzado
	3e p.	avergonzarían	habrían avergonzado

IMPÉRATIF

Présent	Formes empruntées au subjonctif
avergüenza (tú)	avergüence (él, ella, usted)
avergonzad (vosotros)	avergoncemos (nosotros)
	avergüencen (ellos, ellas, ustedes)

33 forzar *forcer*

Mode impersonnel		
	Formes simples	Formes composées
Infinitif	forzar	haber forzado
Gérondif	forzando	habiendo forzado
Participe passé	forzado	

Modes personnels		INDICATIF		SUBJONCTIF	
		Formes simples	Formes composées	Formes simples	Formes composées
		Présent	Passé composé	Présent	Passé
singulier	1re p.	fuerzo	he forzado	fuerce	haya forzado
	2e p.	fuerzas	has forzado	fuerces	hayas forzado
	3e p.	fuerza	ha forzado	fuerce	haya forzado
pluriel	1re p.	forzamos	hemos forzado	forcemos	hayamos forzado
	2e p.	forzáis	habéis forzado	forcéis	hayáis forzado
	3e p.	fuerzan	han forzado	fuercen	hayan forzado
		Imparfait	Plus-que-parfait	Imparfait	Plus-que-parfait
singulier	1re p.	forzaba	había forzado	forzara	hubiera forzado
	2e p.	forzabas	habías forzado	forzaras	hubieras forzado
	3e p.	forzaba	había forzado	forzara	hubiera forzado
pluriel	1re p.	forzábamos	habíamos forzado	forzáramos	hubiéramos forzado
	2e p.	forzabais	habíais forzado	forzarais	hubierais forzado
	3e p.	forzaban	habían forzado	forzaran	hubieran forzado
		Prétérit	Passé antérieur		
singulier	1re p.	forcé	hube forzado	forzase	hubiese forzado
	2e p.	forzaste	hubiste forzado	forzases	hubieses forzado
	3e p.	forzó	hubo forzado	forzase	hubiese forzado
pluriel	1re p.	forzamos	hubimos forzado	forzásemos	hubiésemos forzado
	2e p.	forzasteis	hubisteis forzado	forzaseis	hubieseis forzado
	3e p.	forzaron	hubieron forzado	forzasen	hubiesen forzado

		Futur simple	Futur antérieur	Futur	Futur antérieur
singulier	1re p.	forzaré	habré forzado	forzare	hubiere forzado
	2e p.	forzarás	habrás forzado	forzares	hubieres forzado
	3e p.	forzará	habrá forzado	forzare	hubiere forzado
pluriel	1re p.	forzaremos	habremos forzado	forzáremos	hubiéremos forzado
	2e p.	forzaréis	habréis forzado	forzareis	hubiereis forzado
	3e p.	forzarán	habrán forzado	forzaren	hubieren forzado

		Conditionnel présent	Conditionnel passé
singulier	1re p.	forzaría	habría forzado
	2e p.	forzarías	habrías forzado
	3e p.	forzaría	habría forzado
pluriel	1re p.	forzaríamos	habríamos forzado
	2e p.	forzaríais	habríais forzado
	3e p.	forzarían	habrían forzado

IMPÉRATIF	
Présent	Formes empruntées au subjonctif
fuerza (tú)	fuerce (él, ella, usted)
forzad (vosotros)	forcemos (nosotros)
	fuercen (ellos, ellas, ustedes)

34 jugar *jouer*

Mode impersonnel		
	Formes simples	Formes composées
Infinitif	jugar	haber jugado
Gérondif	jugando	habiendo jugado
Participe passé	jugado	

Modes personnels					
		INDICATIF		SUBJONCTIF	
		Formes simples	Formes composées	Formes simples	Formes composées
		Présent	Passé composé	Présent	Passé
singulier	1re p.	juego	he jugado	juegue	haya jugado
	2e p.	juegas	has jugado	juegues	hayas jugado
	3e p.	juega	ha jugado	juegue	haya jugado
pluriel	1re p.	jugamos	hemos jugado	juguemos	hayamos jugado
	2e p.	jugáis	habéis jugado	juguéis	hayáis jugado
	3e p.	juegan	han jugado	jueguen	hayan jugado
		Imparfait	Plus-que-parfait	Imparfait	Plus-que-parfait
singulier	1re p.	jugaba	había jugado	jugara	hubiera jugado
	2e p.	jugabas	habías jugado	jugaras	hubieras jugado
	3e p.	jugaba	había jugado	jugara	hubiera jugado
pluriel	1re p.	jugábamos	habíamos jugado	jugáramos	hubiéramos jugado
	2e p.	jugabais	habíais jugado	jugarais	hubierais jugado
	3e p.	jugaban	habían jugado	jugaran	hubieran jugado
		Prétérit	Passé antérieur		
singulier	1re p.	jugué	hube jugado	jugase	hubiese jugado
	2e p.	jugaste	hubiste jugado	jugases	hubieses jugado
	3e p.	jugó	hubo jugado	jugase	hubiese jugado
pluriel	1re p.	jugamos	hubimos jugado	jugásemos	hubiésemos jugado
	2e p.	jugasteis	hubisteis jugado	jugaseis	hubieseis jugado
	3e p.	jugaron	hubieron jugado	jugasen	hubiesen jugado

		Futur simple	Futur antérieur	Futur	Futur antérieur
singulier	1re p.	jugaré	habré jugado	jugare	hubiere jugado
	2e p.	jugarás	habrás jugado	jugares	hubieres jugado
	3e p.	jugará	habrá jugado	jugare	hubiere jugado
pluriel	1re p.	jugaremos	habremos jugado	jugáremos	hubiéremos jugado
	2e p.	jugaréis	habréis jugado	jugareis	hubiereis jugado
	3e p.	jugarán	habrán jugado	jugaren	hubieren jugado

		Conditionnel présent	Conditionnel passé
singulier	1re p.	jugaría	habría jugado
	2e p.	jugarías	habrías jugado
	3e p.	jugaría	habría jugado
pluriel	1re p.	jugaríamos	habríamos jugado
	2e p.	jugaríais	habríais jugado
	3e p.	jugarían	habrían jugado

IMPÉRATIF	
Présent	**Formes empruntées au subjonctif**
juega (tú)	juegue (él, ella, usted)
jugad (vosotros)	juguemos (nosotros)
	jueguen (ellos, ellas, ustedes)

35 mover *remuer*

Mode impersonnel

	Formes simples	Formes composées
Infinitif	mover	haber movido
Gérondif	moviendo	habiendo movido
Participe passé	movido	

Modes personnels

		INDICATIF		SUBJONCTIF	
		Formes simples	Formes composées	Formes simples	Formes composées
		Présent	Passé composé	Présent	Passé
singulier	1re p.	muevo	he movido	mueva	haya movido
	2e p.	mueves	has movido	muevas	hayas movido
	3e p.	mueve	ha movido	mueva	haya movido
pluriel	1re p.	movemos	hemos movido	movamos	hayamos movido
	2e p.	movéis	habéis movido	mováis	hayáis movido
	3e p.	mueven	han movido	muevan	hayan movido
		Imparfait	Plus-que-parfait	Imparfait	Plus-que-parfait
singulier	1re p.	movía	había movido	moviera	hubiera movido
	2e p.	movías	habías movido	movieras	hubieras movido
	3e p.	movía	había movido	moviera	hubiera movido
pluriel	1re p.	movíamos	habíamos movido	moviéramos	hubiéramos movido
	2e p.	movíais	habíais movido	movierais	hubierais movido
	3e p.	movían	habían movido	movieran	hubieran movido
		Prétérit	Passé antérieur		
singulier	1re p.	moví	hube movido	moviese	hubiese movido
	2e p.	moviste	hubiste movido	movieses	hubieses movido
	3e p.	movió	hubo movido	moviese	hubiese movido
pluriel	1re p.	movimos	hubimos movido	moviésemos	hubiésemos movido
	2e p.	movisteis	hubisteis movido	movieseis	hubieseis movido
	3e p.	movieron	hubieron movido	moviesen	hubiesen movido

		Futur simple	Futur antérieur	Futur	Futur antérieur
singulier	1re p.	moveré	habré movido	moviere	hubiere movido
	2e p.	moverás	habrás movido	movieres	hubieres movido
	3e p.	moverá	habrá movido	moviere	hubiere movido
pluriel	1re p.	moveremos	habremos movido	moviéremos	hubiéremos movido
	2e p.	moveréis	habréis movido	moviereis	hubiereis movido
	3e p.	moverán	habrán movido	movieren	hubieren movido

		Conditionnel présent	Conditionnel passé
singulier	1re p.	movería	habría movido
	2e p.	moverías	habrías movido
	3e p.	movería	habría movido
pluriel	1re p.	moveríamos	habríamos movido
	2e p.	moveríais	habríais movido
	3e p.	moverían	habrían movido

IMPÉRATIF

Présent	Formes empruntées au subjonctif
mueve (tú)	mueva (él, ella, usted)
moved (vosotros)	movamos (nosotros)
	muevan (ellos, ellas, ustedes)

36 cocer *cuire*

Mode impersonnel

	Formes simples	Formes composées
Infinitif	cocer	haber cocido
Gérondif	cociendo	habiendo cocido
Participe passé	cocido	

Modes personnels

		INDICATIF		SUBJONCTIF	
		Formes simples	Formes composées	Formes simples	Formes composées
		Présent	Passé composé	Présent	Passé
singulier	1re p.	cuezo	he cocido	cueza	haya cocido
	2e p.	cueces	has cocido	cuezas	hayas cocido
	3e p.	cuece	ha cocido	cueza	haya cocido
pluriel	1re p.	cocemos	hemos cocido	cozamos	hayamos cocido
	2e p.	cocéis	habéis cocido	cozáis	hayáis cocido
	3e p.	cuecen	han cocido	cuezan	hayan cocido
		Imparfait	Plus-que-parfait	Imparfait	Plus-que-parfait
singulier	1re p.	cocía	había cocido	cociera	hubiera cocido
	2e p.	cocías	habías cocido	cocieras	hubieras cocido
	3e p.	cocía	había cocido	cociera	hubiera cocido
pluriel	1re p.	cocíamos	habíamos cocido	cociéramos	hubiéramos cocido
	2e p.	cocíais	habíais cocido	cocierais	hubierais cocido
	3e p.	cocían	habían cocido	cocieran	hubieran cocido
		Prétérit	Passé antérieur		
singulier	1re p.	cocí	hube cocido	cociese	hubiese cocido
	2e p.	cociste	hubiste cocido	cocieses	hubieses cocido
	3e p.	coció	hubo cocido	cociese	hubiese cocido
pluriel	1re p.	cocimos	hubimos cocido	cociésemos	hubiésemos cocido
	2e p.	cocisteis	hubisteis cocido	cocieseis	hubieseis cocido
	3e p.	cocieron	hubieron cocido	cociesen	hubiesen cocido

Verbe irrégulier

		Futur simple	Futur antérieur	Futur	Futur antérieur
singulier	1re p.	coceré	habré cocido	cociere	hubiere cocido
	2e p.	cocerás	habrás cocido	cocieres	hubieres cocido
	3e p.	cocerá	habrá cocido	cociere	hubiere cocido
pluriel	1re p.	coceremos	habremos cocido	cociéremos	hubiéremos cocido
	2e p.	coceréis	habréis cocido	ciciereis	hubiereis cocido
	3e p.	cocerán	habrán cocido	cocieren	hubieren cocido

		Conditionnel présent	Conditionnel passé
singulier	1re p.	cocería	habría cocido
	2e p.	cocerías	habrías cocido
	3e p.	cocería	habría cocido
pluriel	1re p.	coceríamos	habríamos cocido
	2e p.	coceríais	habríais cocido
	3e p.	cocerían	habrían cocido

IMPÉRATIF	
Présent	Formes empruntées au subjonctif
cuece (tú)	cueza (él, ella, usted)
coced (vosotros)	cozamos (nosotros)
	cuezan (ellos, ellas, ustedes)

37 oler *sentir*

Mode impersonnel	Formes simples	Formes composées
Infinitif	oler	haber olido
Gérondif	oliendo	habiendo olido
Participe passé	olido	

Modes personnels

		INDICATIF		SUBJONCTIF	
		Formes simples	Formes composées	Formes simples	Formes composées
		Présent	Passé composé	Présent	Passé
singulier	1re p.	huelo	he olido	huela	haya olido
	2e p.	hueles	has olido	huelas	hayas olido
	3e p.	huele	ha olido	huela	haya olido
pluriel	1re p.	olemos	hemos olido	olamos	hayamos olido
	2e p.	oléis	habéis olido	oláis	hayáis olido
	3e p.	huelen	han olido	huelan	hayan olido
		Imparfait	Plus-que-parfait	Imparfait	Plus-que-parfait
singulier	1re p.	olía	había olido	oliera	hubiera olido
	2e p.	olías	habías olido	olieras	hubieras olido
	3e p.	olía	había olido	oliera	hubiera olido
pluriel	1re p.	olíamos	habíamos olido	oliéramos	hubiéramos olido
	2e p.	olíais	habíais olido	olierais	hubierais olido
	3e p.	olían	habían olido	olieran	hubieran olido
		Prétérit	Passé antérieur		
singulier	1re p.	olí	hube olido	oliese	hubiese olido
	2e p.	oliste	hubiste olido	olieses	hubieses olido
	3e p.	olió	hubo olido	oliese	hubiese olido
pluriel	1re p.	olimos	hubimos olido	oliésemos	hubiésemos olido
	2e p.	olisteis	hubisteis olido	olieseis	hubieseis olido
	3e p.	olieron	hubieron olido	oliesen	hubiesen olido

		Futur simple	Futur antérieur	Futur	Futur antérieur
singulier	1re p.	oleré	habré olido	oliere	hubiere olido
	2e p.	olerás	habrás olido	olieres	hubieres olido
	3e p.	olerá	habrá olido	oliere	hubiere olido
pluriel	1re p.	oleremos	habremos olido	oliéremos	hubiéremos olido
	2e p.	oleréis	habréis olido	oliereis	hubiereis olido
	3e p.	olerán	habrán olido	olieren	hubieren olido

		Conditionnel présent	Conditionnel passé
singulier	1re p.	olería	habría olido
	2e p.	olerías	habrías olido
	3e p.	olería	habría olido
pluriel	1re p.	oleríamos	habríamos olido
	2e p.	oleríais	habríais olido
	3e p.	olerían	habrían olido

IMPÉRATIF	
Présent	Formes empruntées au subjonctif
huele (tú)	huela (él, ella, usted)
oled (vosotros)	olamos (nosotros)
	huelan (ellos, ellas, ustedes)

38 adquirir *acquérir*

Mode impersonnel	Formes simples	Formes composées
Infinitif	adquirir	haber adquirido
Gérondif	adquiriendo	habiendo adquirido
Participe passé	adquirido	

Modes personnels

		INDICATIF		SUBJONCTIF	
		Formes simples	Formes composées	Formes simples	Formes composées
		Présent	Passé composé	Présent	Passé
singulier	1re p.	adquiero	he adquirido	adquiera	haya adquirido
	2e p.	adquieres	has adquirido	adquieras	hayas adquirido
	3e p.	adquiere	ha adquirido	adquiera	haya adquirido
pluriel	1re p.	adquirimos	hemos adquirido	adquiramos	hayamos adquirido
	2e p.	adquirís	habéis adquirido	adquiráis	hayáis adquirido
	3e p.	adquieren	han adquirido	adquieran	hayan adquirido
		Imparfait	Plus-que-parfait	Imparfait	Plus-que-parfait
singulier	1re p.	adquiría	había adquirido	adquiriera	hubiera adquirido
	2e p.	adquirías	habías adquirido	adquirieras	hubieras adquirido
	3e p.	adquiría	había adquirido	adquiriera	hubiera adquirido
pluriel	1re p.	adquiríamos	habíamos adquirido	adquiriéramos	hubiéramos adquirido
	2e p.	adquiríais	habíais adquirido	adquirierais	hubierais adquirido
	3e p.	adquirían	habían adquirido	adquirieran	hubieran adquirido
		Prétérit	Passé antérieur		
singulier	1re p.	adquirí	hube adquirido	adquiriese	hubiese adquirido
	2e p.	adquiriste	hubiste adquirido	adquirieses	hubieses adquirido
	3e p.	adquirió	hubo adquirido	adquiriese	hubiese adquirido
pluriel	1re p.	adquirimos	hubimos adquirido	adquiriésemos	hubiésemos adquirido
	2e p.	adquiristeis	hubisteis adquirido	adquirieseis	hubieseis adquirido
	3e p.	adquirieron	hubieron adquirido	adquiriesen	hubiesen adquirido

Verbe irrégulier

		Futur simple	Futur antérieur	Futur	Futur antérieur
singulier	1re p.	adquiriré	habré adquirido	adquiriere	hubiere adquirido
	2e p.	adquirirás	habrás adquirido	adquirieres	hubieres adquirido
	3e p.	adquirirá	habrá adquirido	adquiriere	hubiere adquirido
pluriel	1re p.	adquiriremos	habremos adquirido	adquiriéremos	hubiéremos adquirido
	2e p.	adquiriréis	habréis adquirido	adquiriereis	hubiereis adquirido
	3e p.	adquirirán	habrán adquirido	adquirieren	hubieren adquirido

		Conditionnel présent	Conditionnel passé
singulier	1re p.	adquiriría	habría adquirido
	2e p.	adquirirías	habrías adquirido
	3e p.	adquiriría	habría adquirido
pluriel	1re p.	adquiriríamos	habríamos adquirido
	2e p.	adquiriríais	habríais adquirido
	3e p.	adquirirían	habrían adquirido

IMPÉRATIF	
Présent	Formes empruntées au subjonctif
adquiere (tú)	adquiera (él, ella, usted)
adquirid (vosotros)	adquiramos (nosotros)
	adquieran (ellos, ellas, ustedes)

39 pedir *demander*

Mode impersonnel		
	Formes simples	Formes composées
Infinitif	pedir	haber pedido
Gérondif	pidiendo	habiendo pedido
Participe passé	pedido	

Modes personnels						
		INDICATIF		SUBJONCTIF	
		Formes simples	Formes composées	Formes simples	Formes composées
		Présent	Passé composé	Présent	Passé
singulier	1re p.	pido	he pedido	pida	haya pedido
	2e p.	pides	has pedido	pidas	hayas pedido
	3e p.	pide	ha pedido	pida	haya pedido
pluriel	1re p.	pedimos	hemos pedido	pidamos	hayamos pedido
	2e p.	pedís	habéis pedido	pidáis	hayáis pedido
	3e p.	piden	han pedido	pidan	hayan pedido
		Imparfait	Plus-que-parfait	Imparfait	Plus-que-parfait
singulier	1re p.	pedía	había pedido	pidiera	hubiera pedido
	2e p.	pedías	habías pedido	pidieras	hubieras pedido
	3e p.	pedía	había pedido	pidiera	hubiera pedido
pluriel	1re p.	pedíamos	habíamos pedido	pidiéramos	hubiéramos pedido
	2e p.	pedíais	habíais pedido	pidierais	hubierais pedido
	3e p.	pedían	habían pedido	pidieran	hubieran pedido
		Prétérit	Passé antérieur		
singulier	1re p.	pedí	hube pedido	pidiese	hubiese pedido
	2e p.	pediste	hubiste pedido	pidieses	hubieses pedido
	3e p.	pidió	hubo pedido	pidiese	hubiese pedido
pluriel	1re p.	pedimos	hubimos pedido	pidiésemos	hubiésemos pedido
	2e p.	pedisteis	hubisteis pedido	pidieseis	hubieseis pedido
	3e p.	pidieron	hubieron pedido	pidiesen	hubiesen pedido

Verbe irrégulier

		Futur simple	Futur antérieur	Futur	Futur antérieur
singulier	1re p.	pediré	habré pedido	pidiere	hubiere pedido
	2e p.	pedirás	habrás pedido	pidieres	hubieres pedido
	3e p.	pedirá	habrá pedido	pidiere	hubiere pedido
pluriel	1re p.	pediremos	habremos pedido	pidiéremos	hubiéremos pedido
	2e p.	pediréis	habréis pedido	pidiereis	hubiereis pedido
	3e p.	pedirán	habrán pedido	pidieren	hubieren pedido

		Conditionnel présent	Conditionnel passé
singulier	1re p.	pediría	habría pedido
	2e p.	pedirías	habrías pedido
	3e p.	pediría	habría pedido
pluriel	1re p.	pediríamos	habríamos pedido
	2e p.	pediríais	habríais pedido
	3e p.	pedirían	habrían pedido

IMPÉRATIF	
Présent	Formes empruntées au subjonctif
pide (tú)	pida (él, ella, usted)
pedid (vosotros)	pidamos (nosotros)
	pidan (ellos, ellas, ustedes)

40 regir *régir, être en vigueur*

Mode impersonnel	Formes simples	Formes composées
Infinitif	regir	haber regido
Gérondif	rigiendo	habiendo regido
Participe passé	regido	

Modes personnels

		INDICATIF		SUBJONCTIF	
		Formes simples	Formes composées	Formes simples	Formes composées
		Présent	Passé composé	Présent	Passé
singulier	1re p.	rijo	he regido	rija	haya regido
	2e p.	riges	has regido	rijas	hayas regido
	3e p.	rige	ha regido	rija	haya regido
pluriel	1re p.	regimos	hemos regido	rijamos	hayamos regido
	2e p.	regís	habéis regido	rijáis	hayáis regido
	3e p.	rigen	han regido	rijan	hayan regido
		Imparfait	Plus-que-parfait	Imparfait	Plus-que-parfait
singulier	1re p.	regía	había regido	rigiera	hubiera regido
	2e p.	regías	habías regido	rigieras	hubieras regido
	3e p.	regía	había regido	rigiera	hubiera regido
pluriel	1re p.	regíamos	habíamos regido	rigiéramos	hubiéramos regido
	2e p.	regíais	habíais regido	rigierais	hubierais regido
	3e p.	regían	habían regido	rigieran	hubieran regido
		Prétérit	Passé antérieur		
singulier	1re p.	regí	hube regido	rigiese	hubiese regido
	2e p.	registe	hubiste regido	rigieses	hubieses regido
	3e p.	rigió	hubo regido	rigiese	hubiese regido
pluriel	1re p.	regimos	hubimos regido	rigiésemos	hubiésemos regido
	2e p.	registeis	hubisteis regido	rigieseis	hubieseis regido
	3e p.	rigieron	hubieron regido	rigiesen	hubiesen regido

		Futur simple	Futur antérieur	Futur	Futur antérieur
singulier	1re p.	regiré	habré regido	rigiere	hubiere regido
	2e p.	regirás	habrás regido	rigieres	hubieres regido
	3e p.	regirá	habrá regido	rigiere	hubiere regido
pluriel	1re p.	regiremos	habremos regido	rigiéremos	hubiéremos regido
	2e p.	regiréis	habréis regido	rigiereis	hubiereis regido
	3e p.	regirán	habrán regido	rigieren	hubieren regido

		Conditionnel présent	Conditionnel passé
singulier	1re p.	regiría	habría regido
	2e p.	regirías	habrías regido
	3e p.	regiría	habría regido
pluriel	1re p.	regiríamos	habríamos regido
	2e p.	regiríais	habríais regido
	3e p.	regirían	habrían regido

IMPÉRATIF

Présent	Formes empruntées au subjonctif
rige (tú)	rija (él, ella, usted)
regid (vosotros)	rijamos (nosotros)
	rijan (ellos, ellas, ustedes)

41 seguir *continuer*

Mode impersonnel		
	Formes simples	Formes composées
Infinitif	seguir	haber seguido
Gérondif	siguiendo	habiendo seguido
Participe passé	seguido	

Modes personnels						
		INDICATIF		SUBJONCTIF		
		Formes simples	Formes composées	Formes simples	Formes composées
		Présent	Passé composé	Présent	Passé
singulier	1re p.	sigo	he seguido	siga	haya seguido
	2e p.	sigues	has seguido	sigas	hayas seguido
	3e p.	sigue	ha seguido	siga	haya seguido
pluriel	1re p.	seguimos	hemos seguido	sigamos	hayamos seguido
	2e p.	seguís	habéis seguido	sigáis	hayáis seguido
	3e p.	siguen	han seguido	sigan	hayan seguido
		Imparfait	Plus-que-parfait	Imparfait	Plus-que-parfait
singulier	1re p.	seguía	había seguido	siguiera	hubiera seguido
	2e p.	seguías	habías seguido	siguieras	hubieras seguido
	3e p.	seguía	había seguido	siguiera	hubiera seguido
pluriel	1re p.	seguíamos	habíamos seguido	siguiéramos	hubiéramos seguido
	2e p.	seguíais	habíais seguido	siguierais	hubierais seguido
	3e p.	seguían	habían seguido	siguieran	hubieran seguido
		Prétérit	Passé antérieur		
singulier	1re p.	seguí	hube seguido	siguiese	hubiese seguido
	2e p.	seguiste	hubiste seguido	siguieses	hubieses seguido
	3e p.	siguió	hubo seguido	siguiese	hubiese seguido
pluriel	1re p.	seguimos	hubimos seguido	siguiésemos	hubiésemos seguido
	2e p.	seguisteis	hubisteis seguido	siguieseis	hubieseis seguido
	3e p.	siguieron	hubieron seguido	siguiesen	hubiesen seguido

Verbe irrégulier

		Futur simple	Futur antérieur	Futur	Futur antérieur
singulier	1re p.	seguiré	habré seguido	siguiere	hubiere seguido
	2e p.	seguirás	habrás seguido	siguieres	hubieres seguido
	3e p.	seguirá	habrá seguido	siguiere	hubiere seguido
pluriel	1re p.	seguiremos	habremos seguido	siguiéremos	hubiéremos seguido
	2e p.	seguiréis	habréis seguido	siguiereis	hubiereis seguido
	3e p.	seguirán	habrán seguido	siguieren	hubieren seguido

		Conditionnel présent	Conditionnel passé
singulier	1re p.	seguiría	habría seguido
	2e p.	seguirías	habrías seguido
	3e p.	seguiría	habría seguido
pluriel	1re p.	seguiríamos	habríamos seguido
	2e p.	seguiríais	habríais seguido
	3e p.	seguirían	habrían seguido

IMPÉRATIF	
Présent	Formes empruntées au subjonctif
sigue (tú)	siga (él, ella, usted)
seguid (vosotros)	sigamos (nosotros)
	sigan (ellos, ellas, ustedes)

42 reír *rire*

Mode impersonnel	Formes simples	Formes composées
Infinitif	reír	haber reído
Gérondif	riendo	habiendo reído
Participe passé	reído	

Modes personnels

		INDICATIF		SUBJONCTIF	
		Formes simples	Formes composées	Formes simples	Formes composées
		Présent	Passé composé	Présent	Passé
singulier	1re p.	río	he reído	ría	haya reído
	2e p.	ríes	has reído	rías	hayas reído
	3e p.	ríe	ha reído	ría	haya reído
pluriel	1re p.	reímos	hemos reído	riamos	hayamos reído
	2e p.	reís	habéis reído	riais	hayáis reído
	3e p.	ríen	han reído	rían	hayan reído
		Imparfait	Plus-que-parfait	Imparfait	Plus-que-parfait
singulier	1re p.	reía	había reído	riera	hubiera reído
	2e p.	reías	habías reído	rieras	hubieras reído
	3e p.	reía	había reído	riera	hubiera reído
pluriel	1re p.	reíamos	habíamos reído	riéramos	hubiéramos reído
	2e p.	reíais	habíais reído	rierais	hubierais reído
	3e p.	reían	habían reído	rieran	hubieran reído
		Prétérit	Passé antérieur		
singulier	1re p.	reí	hube reído	riese	hubiese reído
	2e p.	reíste	hubiste reído	rieses	hubieses reído
	3e p.	rio	hubo reído	riese	hubiese reído
pluriel	1re p.	reímos	hubimos reído	riésemos	hubiésemos reído
	2e p.	reísteis	hubisteis reído	rieseis	hubieseis reído
	3e p.	rieron	hubieron reído	riesen	hubiesen reído

		Futur simple	Futur antérieur	Futur	Futur antérieur
singulier	1re p.	reiré	habré reído	riere	hubiere reído
	2e p.	reirás	habrás reído	rieres	hubieres reído
	3e p.	reirá	habrá reído	riere	hubiere reído
pluriel	1re p.	reiremos	habremos reído	riéremos	hubiéremos reído
	2e p.	reiréis	habréis reído	riereis	hubiereis reído
	3e p.	reirán	habrán reído	rieren	hubieren reído

		Conditionnel présent	Conditionnel passé
singulier	1re p.	reiría	habría reído
	2e p.	reirías	habrías reído
	3e p.	reiría	habría reído
pluriel	1re p.	reiríamos	habríamos reído
	2e p.	reiríais	habríais reído
	3e p.	reirían	habrían reído

IMPÉRATIF	
Présent	Formes empruntées au subjonctif
ríe (tú)	ría (él, ella, usted)
reíd (vosotros)	riamos (nosotros)
	rían (ellos, ellas, ustedes)

43 podrir/pudrir *pourrir*

Mode impersonnel		
	Formes simples	Formes composées
Infinitif	podrir/pudrir	haber podrido
Gérondif	pudriendo	habiendo podrido
Participe passé	podrido	

Modes personnels						
		INDICATIF		SUBJONCTIF	
		Formes simples	Formes composées	Formes simples	Formes composées
		Présent	Passé composé	Présent	Passé
singulier	1re p.	pudro	he podrido	pudra	haya podrido
	2e p.	pudres	has podrido	pudras	hayas podrido
	3e p.	pudre	ha podrido	pudra	haya podrido
pluriel	1re p.	pudrimos	hemos podrido	pudramos	hayamos podrido
	2e p.	pudrís	habéis podrido	pudráis	hayáis podrido
	3e p.	pudren	han podrido	pudran	hayan podrido
		Imparfait	Plus-que-parfait	Imparfait	Plus-que-parfait
singulier	1re p.	pudría	había podrido	pudriera	hubiera podrido
	2e p.	pudrías	habías podrido	pudrieras	hubieras podrido
	3e p.	pudría	había podrido	pudriera	hubiera podrido
pluriel	1re p.	pudríamos	habíamos podrido	pudriéramos	hubiéramos podrido
	2e p.	pudríais	habíais podrido	pudrierais	hubierais podrido
	3e p.	pudrían	habían podrido	pudrieran	hubieran podrido
		Prétérit	Passé antérieur		
singulier	1re p.	pudrí	hube podrido	pudriese	hubiese podrido
	2e p.	pudriste	hubiste podrido	pudrieses	hubieses podrido
	3e p.	pudrió	hubo podrido	pudriese	hubiese podrido
pluriel	1re p.	pudrimos	hubimos podrido	pudriésemos	hubiésemos podrido
	2e p.	pudristeis	hubisteis podrido	pudrieseis	hubieseis podrido
	3e p.	pudrieron	hubieron podrido	pudriesen	hubiesen podrido

		Futur simple	Futur antérieur	Futur	Futur antérieur
singulier	1re p.	pudriré	habré podrido	pudriere	hubiere podrido
	2e p.	pudrirás	habrás podrido	pudrieres	hubieres podrido
	3e p.	pudrirá	habrá podrido	pudriere	hubiere podrido
pluriel	1re p.	pudriremos	habremos podrido	pudriéremos	hubiéremos podrido
	2e p.	pudriréis	habréis podrido	pudriereis	hubiereis podrido
	3e p.	pudrirán	habrán podrido	pudrieren	hubieren podrido

		Conditionnel présent	Conditionnel passé
singulier	1re p.	pudriría	habría podrido
	2e p.	pudrirías	habrías podrido
	3e p.	pudriría	habría podrido
pluriel	1re p.	pudriríamos	habríamos podrido
	2e p.	pudriríais	habríais podrido
	3e p.	pudrirían	habrían podrido

IMPÉRATIF	
Présent	Formes empruntées au subjonctif
pudre (tú)	pudra (él, ella, usted)
pudrid (vosotros)	pudramos (nosotros)
	pudran (ellos, ellas, ustedes)

44 nacer *naître*

Mode impersonnel		
	Formes simples	Formes composées
Infinitif	nacer	haber nacido
Gérondif	naciendo	habiendo nacido
Participe passé	nacido	

Modes personnels						
		INDICATIF		SUBJONCTIF		
		Formes simples	Formes composées	Formes simples	Formes composées	
		Présent	Passé composé	Présent	Passé	
singulier	1re p.	nazco	he nacido	nazca	haya nacido
singulier	2e p.	naces	has nacido	nazcas	hayas nacido
singulier	3e p.	nace	ha nacido	nazca	haya nacido
pluriel	1re p.	nacemos	hemos nacido	nazcamos	hayamos nacido
pluriel	2e p.	nacéis	habéis nacido	nazcáis	hayáis nacido
pluriel	3e p.	nacen	han nacido	nazcan	hayan nacido
		Imparfait	Plus-que-parfait	Imparfait	Plus-que-parfait
singulier	1re p.	nacía	había nacido	naciera	hubiera nacido
singulier	2e p.	nacías	habías nacido	nacieras	hubieras nacido
singulier	3e p.	nacía	había nacido	naciera	hubiera nacido
pluriel	1re p.	nacíamos	habíamos nacido	naciéramos	hubiéramos nacido
pluriel	2e p.	nacíais	habíais nacido	nacierais	hubierais nacido
pluriel	3e p.	nacían	habían nacido	nacieran	hubieran nacido
		Prétérit	Passé antérieur		
singulier	1re p.	nací	hube nacido	naciese	hubiese nacido
singulier	2e p.	naciste	hubiste nacido	nacieses	hubieses nacido
singulier	3e p.	nació	hubo nacido	naciese	hubiese nacido
pluriel	1re p.	nacimos	hubimos nacido	naciésemos	hubiésemos nacido
pluriel	2e p.	nacisteis	hubisteis nacido	nacieseis	hubieseis nacido
pluriel	3e p.	nacieron	hubieron nacido	naciesen	hubiesen nacido

		Futur simple	Futur antérieur	Futur	Futur antérieur
singulier	1re p.	naceré	habré nacido	naciere	hubiere nacido
	2e p.	nacerás	habrás nacido	nacieres	hubieres nacido
	3e p.	nacerá	habrá nacido	naciere	hubiere nacido
pluriel	1re p.	naceremos	habremos nacido	naciéremos	hubiéremos nacido
	2e p.	naceréis	habréis nacido	naciereis	hubiereis nacido
	3e p.	nacerán	habrán nacido	nacieren	hubieren nacido

		Conditionnel présent	Conditionnel passé
singulier	1re p.	nacería	habría nacido
	2e p.	nacerías	habrías nacido
	3e p.	nacería	habría nacido
pluriel	1re p.	naceríamos	habríamos nacido
	2e p.	naceríais	habríais nacido
	3e p.	nacerían	habrían nacido

IMPÉRATIF	
Présent	Formes empruntées au subjonctif
nace (tú)	nazca (él, ella, usted)
naced (vosotros)	nazcamos (nosotros)
	nazcan (ellos, ellas, ustedes)

45 parecer *paraître*

Mode impersonnel		
	Formes simples	Formes composées
Infinitif	parecer	haber parecido
Gérondif	pareciendo	habiendo parecido
Participe passé	parecido	

Modes personnels

		INDICATIF		SUBJONCTIF	
		Formes simples	Formes composées	Formes simples	Formes composées
		Présent	Passé composé	Présent	Passé
singulier	1re p.	parezco	he parecido	parezca	haya parecido
	2e p.	pareces	has parecido	parezcas	hayas parecido
	3e p.	parece	ha parecido	parezca	haya parecido
pluriel	1re p.	parecemos	hemos parecido	parezcamos	hayamos parecido
	2e p.	parecéis	habéis parecido	parezcáis	hayáis parecido
	3e p.	parecen	han parecido	parezcan	hayan parecido
		Imparfait	Plus-que-parfait	Imparfait	Plus-que-parfait
singulier	1re p.	parecía	había parecido	pareciera	hubiera parecido
	2e p.	parecías	habías parecido	parecieras	hubieras parecido
	3e p.	parecía	había parecido	pareciera	hubiera parecido
pluriel	1re p.	parecíamos	habíamos parecido	pareciéramos	hubiéramos parecido
	2e p.	parecíais	habíais parecido	parecierais	hubierais parecido
	3e p.	parecían	habían parecido	parecieran	hubieran parecido
		Prétérit	Passé antérieur		
singulier	1re p.	parecí	hube parecido	pareciese	hubiese parecido
	2e p.	pareciste	hubiste parecido	parecieses	hubieses parecido
	3e p.	pareció	hubo parecido	pareciese	hubiese parecido
pluriel	1re p.	parecimos	hubimos parecido	pareciésemos	hubiésemos parecido
	2e p.	parecisteis	hubisteis parecido	parecieseis	hubieseis parecido
	3e p.	parecieron	hubieron parecido	pareciesen	hubiesen parecido

Verbe irrégulier

		Futur simple	Futur antérieur	Futur	Futur antérieur
singulier	1re p.	pareceré	habré parecido	pareciere	hubiere parecido
	2e p.	parecerás	habrás parecido	parecieres	hubieres parecido
	3e p.	parecerá	habrá parecido	pareciere	hubiere parecido
pluriel	1re p.	pareceremos	habremos parecido	pareciéremos	hubiéremos parecido
	2e p.	pareceréis	habréis parecido	pareciereis	hubiereis parecido
	3e p.	parecerán	habrán parecido	parecieren	hubieren parecido

		Conditionnel présent	Conditionnel passé
singulier	1re p.	parecería	habría parecido
	2e p.	parecerías	habrías parecido
	3e p.	parecería	habría parecido
pluriel	1re p.	pareceríamos	habríamos parecido
	2e p.	pareceríais	habríais parecido
	3e p.	parecerían	habrían parecido

IMPÉRATIF	
Présent	Formes empruntées au subjonctif
parece (tú)	parezca (él, ella, usted)
pareced (vosotros)	parezcamos (nosotros)
	parezcan (ellos, ellas, ustedes)

46 conocer *connaître*

Mode impersonnel		
	Formes simples	Formes composées
Infinitif	conocer	haber conocido
Gérondif	conociendo	habiendo conocido
Participe passé	conocido	

Modes personnels						
		INDICATIF		SUBJONCTIF		
		Formes simples	Formes composées	Formes simples	Formes composées
		Présent	Passé composé	Présent	Passé
singulier	1re p.	conozco	he conocido	conozca	haya conocido
	2e p.	conoces	has conocido	conozcas	hayas conocido
	3e p.	conoce	ha conocido	conozca	haya conocido
pluriel	1re p.	conocemos	hemos conocido	conozcamos	hayamos conocido
	2e p.	conocéis	habéis conocido	conozcáis	hayáis conocido
	3e p.	conocen	han conocido	conozcan	hayan conocido
		Imparfait	Plus-que-parfait	Imparfait	Plus-que-parfait
singulier	1re p.	conocía	había conocido	conociera	hubiera conocido
	2e p.	conocías	habías conocido	conocieras	hubieras conocido
	3e p.	conocía	había conocido	conociera	hubiera conocido
pluriel	1re p.	conocíamos	habíamos conocido	conociéramos	hubiéramos conocido
	2e p.	conocíais	habíais conocido	conocierais	hubierais conocido
	3e p.	conocían	habían conocido	conocieran	hubieran conocido
		Prétérit	Passé antérieur		
singulier	1re p.	conocí	hube conocido	conociese	hubiese conocido
	2e p.	conociste	hubiste conocido	conocieses	hubieses conocido
	3e p.	conoció	hubo conocido	conociese	hubiese conocido
pluriel	1re p.	conocimos	hubimos conocido	conociésemos	hubiésemos conocido
	2e p.	conocisteis	hubisteis conocido	conocieseis	hubieseis conocido
	3e p.	conocieron	hubieron conocido	conociesen	hubiesen conocido

		Futur simple	Futur antérieur	Futur	Futur antérieur
singulier	1re p.	conoceré	habré conocido	conociere	hubiere conocido
	2e p.	conocerás	habrás conocido	conocieres	hubieres conocido
	3e p.	conocerá	habrá conocido	conociere	hubiere conocido
pluriel	1re p.	conoceremos	habremos conocido	conociéremos	hubiéremos conocido
	2e p.	conoceréis	habréis conocido	conociereis	hubiereis conocido
	3e p.	conocerán	habrán conocido	conocieren	hubieren conocido

		Conditionnel présent	Conditionnel passé
singulier	1re p.	conocería	habría conocido
	2e p.	conocerías	habrías conocido
	3e p.	conocería	habría conocido
pluriel	1re p.	conoceríamos	habríamos conocido
	2e p.	conoceríais	habríais conocido
	3e p.	conocerían	habrían conocido

IMPÉRATIF

Présent	Formes empruntées au subjonctif
conoce (tú)	conozca (él, ella, usted)
conoced (vosotros)	conozcamos (nosotros)
	conozcan (ellos, ellas, ustedes)

47 lucir *briller*

Mode impersonnel	Formes simples	Formes composées
Infinitif	lucir	haber lucido
Gérondif	luciendo	habiendo lucido
Participe passé	lucido	

Modes personnels

		INDICATIF		SUBJONCTIF	
		Formes simples	Formes composées	Formes simples	Formes composées
		Présent	Passé composé	Présent	Passé
singulier	1re p.	luzco	he lucido	luzca	haya lucido
	2e p.	luces	has lucido	luzcas	hayas lucido
	3e p.	luce	ha lucido	luzca	haya lucido
pluriel	1re p.	lucimos	hemos lucido	luzcamos	hayamos lucido
	2e p.	lucís	habéis lucido	luzcáis	hayáis lucido
	3e p.	lucen	han lucido	luzcan	hayan lucido
		Imparfait	Plus-que-parfait	Imparfait	Plus-que-parfait
singulier	1re p.	lucía	había lucido	luciera	hubiera lucido
	2e p.	lucías	habías lucido	lucieras	hubieras lucido
	3e p.	lucía	había lucido	luciera	hubiera lucido
pluriel	1re p.	lucíamos	habíamos lucido	luciéramos	hubiéramos lucido
	2e p.	lucíais	habíais lucido	lucierais	hubierais lucido
	3e p.	lucían	habían lucido	lucieran	hubieran lucido
		Prétérit	Passé antérieur		
singulier	1re p.	lucí	hube lucido	luciese	hubiese lucido
	2e p.	luciste	hubiste lucido	lucieses	hubieses lucido
	3e p.	lució	hubo lucido	luciese	hubiese lucido
pluriel	1re p.	lucimos	hubimos lucido	luciésemos	hubiésemos lucido
	2e p.	lucisteis	hubisteis lucido	lucieseis	hubieseis lucido
	3e p.	lucieron	hubieron lucido	luciesen	hubiesen lucido

		Futur simple	Futur antérieur	Futur	Futur antérieur
singulier	1re p.	luciré	habré lucido	luciere	hubiere lucido
	2e p.	lucirás	habrás lucido	lucieres	hubieres lucido
	3e p.	lucirá	habrá lucido	luciere	hubiere lucido
pluriel	1re p.	luciremos	habremos lucido	luciéremos	hubiéremos lucido
	2e p.	luciréis	habréis lucido	luciereis	hubiereis lucido
	3e p.	lucirán	habrán lucido	lucieren	hubieren lucido

		Conditionnel présent	Conditionnel passé
singulier	1re p.	luciría	habría lucido
	2e p.	lucirías	habrías lucido
	3e p.	luciría	habría lucido
pluriel	1re p.	luciríamos	habríamos lucido
	2e p.	luciríais	habríais lucido
	3e p.	lucirían	habrían lucido

IMPÉRATIF	
Présent	Formes empruntées au subjonctif
luce (tú)	luzca (él, ella, usted)
lucid (vosotros)	luzcamos (nosotros)
	luzcan (ellos, ellas, ustedes)

48 yacer *être étendu*

Mode impersonnel

	Formes simples	Formes composées
Infinitif	yacer	haber yacido
Gérondif	yaciendo	habiendo yacido
Participe passé	yacido	

Modes personnels

		INDICATIF		SUBJONCTIF	
		Formes simples	Formes composées	Formes simples	Formes composées
		Présent	Passé composé	Présent	Passé
singulier	1re p.	yazco, yazgo o yago	he yacido	yazca, yazga o yaga	haya yacido
	2e p.	yaces	has yacido	yazcas, yazgas o yagas	hayas yacido
	3e p.	yace	ha yacido	yazca, yazga o yaga	haya yacido
pluriel	1re p.	yacemos	hemos yacido	yazcamos, yazgamos o yagamos	hayamos yacido
	2e p.	yacéis	habéis yacido	yazcáis, yazgáis o yagáis	hayáis yacido
	3e p.	yacen	han yacido	yazcan, yazgan o yagan	hayan yacido
		Imparfait	Plus-que-parfait	Imparfait	Plus-que-parfait
singulier	1re p.	yacía	había yacido	yaciera	hubiera yacido
	2e p.	yacías	habías yacido	yacieras	hubieras yacido
	3e p.	yacía	había yacido	yaciera	hubiera yacido
pluriel	1re p.	yacíamos	habíamos yacido	yaciéramos	hubiéramos yacido
	2e p.	yacíais	habíais yacido	yacierais	hubierais yacido
	3e p.	yacían	habían yacido	yacieran	hubieran yacido

		Prétérit	Passé antérieur		
singulier	1re p.	yací	hube yacido	yaciese	hubiese yacido
	2e p.	yaciste	hubiste yacido	yacieses	hubieses yacido
	3e p.	yació	hubo yacido	yaciese	hubiese yacido
pluriel	1re p.	yacimos	hubimos yacido	yaciésemos	hubiésemos yacido
	2e p.	yacisteis	hubisteis yacido	yacieseis	hubieseis yacido
	3e p.	yacieron	hubieron yacido	yaciesen	hubiesen yacido
		Futur simple	**Futur antérieur**	**Futur**	**Futur antérieur**
singulier	1re p.	yaceré	habré yacido	yaciere	hubiere yacido
	2e p.	yacerás	habrás yacido	yacieres	hubieres yacido
	3e p.	yacerá	habrá yacido	yaciere	hubiere yacido
pluriel	1re p.	yaceremos	habremos yacido	yaciéremos	hubiéremos yacido
	2e p.	yaceréis	habréis yacido	yaciereis	hubiereis yacido
	3e p.	yacerán	habrán yacido	yacieren	hubieren yacido

		Conditionnel présent	Conditionnel passé
singulier	1re p.	yacería	habría yacido
	2e p.	yacerías	habrías yacido
	3e p.	yacería	habría yacido
pluriel	1re p.	yaceríamos	habríamos yacido
	2e p.	yaceríais	habríais yacido
	3e p.	yacerían	habrían yacido

IMPÉRATIF	
Présent	**Formes empruntées au subjonctif**
yace o yaz (tú)	yazca, yazga o yaga (él, ella, usted)
yaced (vosotros)	yazcamos, yazgamos o yagamos (nosotros)
	yazcan, yazgan o yagan (ellos, ellas, ustedes)

49 raer *racler-râper*

Mode impersonnel		
	Formes simples	Formes composées
Infinitif	raer	haber raído
Gérondif	rayendo	habiendo raído
Participe passé	raído	

Modes personnels					
		INDICATIF		SUBJONCTIF	
		Formes simples	Formes composées	Formes simples	Formes composées
		Présent	Passé composé	Présent	Passé
singulier	1re p.	rao, raigo o rayo	he raído	raa, raiga o raya	haya raído
	2e p.	raes	has raído	raas, raigas o rayas	hayas raído
	3e p.	rae	ha raído	raa, raiga o raya	haya raído
pluriel	1re p.	raemos	hemos raído	raamos, raigamos o rayamos	hayamos raído
	2e p.	raéis	habéis raído	raáis, raigáis o rayáis	hayáis raído
	3e p.	raen	han raído	raan, raigan o rayan	hayan raído
		Imparfait	Plus-que-parfait	Imparfait	Plus-que-parfait
singulier	1re p.	raía	había raído	rayera	hubiera raído
	2e p.	raías	habías raído	rayeras	hubieras raído
	3e p.	raía	había raído	rayera	hubiera raído
pluriel	1re p.	raíamos	habíamos raído	rayéramos	hubiéramos raído
	2e p.	raíais	habíais raído	rayerais	hubierais raído
	3e p.	raían	habían raído	rayeran	hubieran raído

		Prétérit	Passé antérieur		
singulier	1re p.	raí	hube raído	rayese	hubiese raído
	2e p.	raíste	hubiste raído	rayeses	hubieses raído
	3e p.	rayó	hubo raído	rayese	hubiese raído
pluriel	1re p.	raímos	hubimos raído	rayésemos	hubiésemos raído
	2e p.	raísteis	hubisteis raído	rayeseis	hubieseis raído
	3e p.	rayeron	hubieron raído	rayesen	hubiesen raído
		Futur simple	Futur antérieur	Futur	Futur antérieur
singulier	1re p.	raeré	habré raído	rayere	hubiere raído
	2e p.	raerás	habrás raído	rayeres	hubieres raído
	3e p.	raerá	habrá raído	rayere	hubiere raído
pluriel	1re p.	raeremos	habremos raído	rayéremos	hubiéremos raído
	2e p.	raeréis	habréis raído	rayereis	hubiereis raído
	3e p.	raerán	habrán raído	rayeren	hubieren raído

		Conditionnel présent	Conditionnel passé
singulier	1re p.	raería	habría raído
	2e p.	raerías	habrías raído
	3e p.	raería	habría raído
pluriel	1re p.	raeríamos	habríamos raído
	2e p.	raeríais	habríais raído
	3e p.	raerían	habrían raído

IMPÉRATIF	
Présent	Formes empruntées au subjonctif
rae (tú)	raa, raiga, raya (él, ella, usted)
raed (vosotros)	raamos, raigamos, rayamos (nosotros)
	raan, raigan, rayan (ellos, ellas, ustedes)

50 roer *ronger*

Mode impersonnel	Formes simples	Formes composées
Infinitif	roer	haber roído
Gérondif	royendo	habiendo roído
Participe passé	roído	

Modes personnels

		INDICATIF		SUBJONCTIF	
		Formes simples	Formes composées	Formes simples	Formes composées
		Présent	Passé composé	Présent	Passé
singulier	1re p.	roo, roigo o royo	he roído	roa, roiga o roya	haya roído
	2e p.	roes	has roído	roas, roigas o royas	hayas roído
	3e p.	roe	ha roído	roa, roiga o roya	haya roído
pluriel	1re p.	roemos	hemos roído	roamos, roigamos o royamos	hayamos roído
	2e p.	roéis	habéis roído	roáis, roigáis o royáis	hayáis roído
	3e p.	roen	han roído	roan, roigan o royan	hayan roído
		Imparfait	Plus-que-parfait	Imparfait	Plus-que-parfait
singulier	1re p.	roía	había roído	royera	hubiera roído
	2e p.	roías	habías roído	royeras	hubieras roído
	3e p.	roía	había roído	royera	hubiera roído
pluriel	1re p.	roíamos	habíamos roído	royéramos	hubiéramos roído
	2e p.	roíais	habíais roído	royerais	hubierais roído
	3e p.	roían	habían roído	royeran	hubieran roído

		Prétérit	Passé antérieur		
singulier	1re p.	roí	hube roído	royese	hubiese roído
	2e p.	roíste	hubiste roído	royeses	hubieses roído
	3e p.	royó	hubo roído	royese	hubiese roído
pluriel	1re p.	roímos	hubimos roído	royésemos	hubiésemos roído
	2e p.	roísteis	hubisteis roído	royeseis	hubieseis roído
	3e p.	royeron	hubieron roído	royesen	hubiesen roído
		Futur simple	Futur antérieur	Futur	Futur antérieur
singulier	1re p.	roeré	habré roído	royere	hubiere roído
	2e p.	roerás	habrás roído	royeres	hubieres roído
	3e p.	roerá	habrá roído	royere	hubiere roído
pluriel	1re p.	roeremos	habremos roído	royéremos	hubiéremos roído
	2e p.	roeréis	habréis roído	royereis	hubiereis roído
	3e p.	roerán	habrán roído	royeren	hubieren roído

		Conditionnel présent	Conditionnel passé
singulier	1re p.	roería	habría roído
	2e p.	roerías	habrías roído
	3e p.	roería	habría roído
pluriel	1re p.	roeríamos	habríamos roído
	2e p.	roeríais	habríais roído
	3e p.	roerían	habrían roído

IMPÉRATIF	
Présent	Formes empruntées au subjonctif
roe (tú)	roa, roiga o roya (él, ella, usted)
roed (vosotros)	roamos, roigamos o royamos (nosotros)
	roan, roigan o royan (ellos, ellas, ustedes)

51 asir *saisir*

Mode impersonnel	Formes simples	Formes composées
Infinitif	asir	haber asido
Gérondif	asiendo	habiendo asido
Participe passé	asido	

Modes personnels

		INDICATIF		SUBJONCTIF	
		Formes simples	Formes composées	Formes simples	Formes composées
		Présent	Passé composé	Présent	Passé
singulier	1re p.	asgo	he asido	asga	haya asido
	2e p.	ases	has asido	asgas	hayas asido
	3e p.	ase	ha asido	asga	haya asido
pluriel	1re p.	asimos	hemos asido	asgamos	hayamos asido
	2e p.	asís	habéis asido	asgáis	hayáis asido
	3e p.	asen	han asido	asgan	hayan asido
		Imparfait	Plus-que-parfait	Imparfait	Plus-que-parfait
singulier	1re p.	asía	había asido	asiera	hubiera asido
	2e p.	asías	habías asido	asieras	hubieras asido
	3e p.	asía	había asido	asiera	hubiera asido
pluriel	1re p.	asíamos	habíamos asido	asiéramos	hubiéramos asido
	2e p.	asíais	habíais asido	asierais	hubierais asido
	3e p.	asían	habían asido	asieran	hubieran asido
		Prétérit	Passé antérieur		
singulier	1re p.	así	hube asido	asiese	hubiese asido
	2e p.	asiste	hubiste asido	asieses	hubieses asido
	3e p.	asió	hubo asido	asiese	hubiese asido
pluriel	1re p.	asimos	hubimos asido	asiésemos	hubiésemos asido
	2e p.	asisteis	hubisteis asido	asieseis	hubieseis asido
	3e p.	asieron	hubieron asido	asiesen	hubiesen asido

Verbe irrégulier

		Futur simple	Futur antérieur	Futur	Futur antérieur
singulier	1re p.	asiré	habré asido	asiere	hubiere asido
	2e p.	asirás	habrás asido	asieres	hubieres asido
	3e p.	asirá	habrá asido	asiere	hubiere asido
pluriel	1re p.	asiremos	habremos asido	asiéremos	hubiéremos asido
	2e p.	asiréis	habréis asido	asiereis	hubiereis asido
	3e p.	asirán	habrán asido	asieren	hubieren asido

		Conditionnel présent	Conditionnel passé
singulier	1re p.	asiría	habría asido
	2e p.	asirías	habrías asido
	3e p.	asiría	habría asido
pluriel	1re p.	asiríamos	habríamos asido
	2e p.	asiríais	habríais asido
	3e p.	asirían	habrían asido

IMPÉRATIF

Présent	Formes empruntées au subjonctif
ase (tú)	asga (él, ella, usted)
asid (vosotros)	asgamos (nosotros)
	asgan (ellos, ellas, ustedes)

52 huir *fuir*

Mode impersonnel	Formes simples	Formes composées
Infinitif	huir	haber huido
Gérondif	huyendo	habiendo huido
Participe passé	huido	

Modes personnels

		INDICATIF		SUBJONCTIF	
		Formes simples	Formes composées	Formes simples	Formes composées
		Présent	Passé composé	Présent	Passé
singulier	1re p.	huyo	he huido	huya	haya huido
	2e p.	huyes	has huido	huyas	hayas huido
	3e p.	huye	ha huido	huya	haya huido
pluriel	1re p.	huimos	hemos huido	huyamos	hayamos huido
	2e p.	huis	habéis huido	huyáis	hayáis huido
	3e p.	huyen	han huido	huyan	hayan huido
		Imparfait	Plus-que-parfait	Imparfait	Plus-que-parfait
singulier	1re p.	huía	había huido	huyera	hubiera huido
	2e p.	huías	habías huido	huyeras	hubieras huido
	3e p.	huía	había huido	huyera	hubiera huido
pluriel	1re p.	huíamos	habíamos huido	huyéramos	hubiéramos huido
	2e p.	huíais	habíais huido	huyerais	hubierais huido
	3e p.	huían	habían huido	huyeran	hubieran huido
		Prétérit	Passé antérieur		
singulier	1re p.	hui	hube huido	huyese	hubiese huido
	2e p.	huiste	hubiste huido	huyeses	hubieses huido
	3e p.	huyó	hubo huido	huyese	hubiese huido
pluriel	1re p.	huimos	hubimos huido	huyésemos	hubiésemos huido
	2e p.	huisteis	hubisteis huido	huyeseis	hubieseis huido
	3e p.	huyeron	hubieron huido	huyesen	hubiesen huido

		Futur simple	Futur antérieur	Futur	Futur antérieur
singulier	1re p.	huiré	habré huido	huyere	hubiere huido
	2e p.	huirás	habrás huido	huyeres	hubieres huido
	3e p.	huirá	habrá huido	huyere	hubiere huido
pluriel	1re p.	huiremos	habremos huido	huyéremos	hubiéremos huido
	2e p.	huiréis	habréis huido	huyereis	hubiereis huido
	3e p.	huirán	habrán huido	huyeren	hubieren huido

		Conditionnel présent	Conditionnel passé
singulier	1re p.	huiría	habría huido
	2e p.	huirías	habrías huido
	3e p.	huiría	habría huido
pluriel	1re p.	huiríamos	habríamos huido
	2e p.	huiríais	habríais huido
	3e p.	huirían	habrían huido

IMPÉRATIF	
Présent	Formes empruntées au subjonctif
huye (tú)	huya (él, ella, usted)
huid (vosotros)	huyamos (nosotros)
	huyan (ellos, ellas, ustedes)

53 argüir *prouver, déduire*

Mode impersonnel	Formes simples	Formes composées
Infinitif	argüir	haber argüido
Gérondif	arguyendo	habiendo argüido
Participe passé	argüido	

Modes personnels

		INDICATIF		SUBJONCTIF	
		Formes simples	Formes composées	Formes simples	Formes composées
		Présent	Passé composé	Présent	Passé
singulier	1re p.	arguyo	he argüido	arguya	haya argüido
	2e p.	arguyes	has argüido	arguyas	hayas argüido
	3e p.	arguye	ha argüido	arguya	haya argüido
pluriel	1re p.	argüimos	hemos argüido	arguyamos	hayamos argüido
	2e p.	argüís	habéis argüido	arguyáis	hayáis argüido
	3e p.	arguyen	han argüido	arguyan	hayan argüido
		Imparfait	Plus-que-parfait	Imparfait	Plus-que-parfait
singulier	1re p.	argüía	había argüido	arguyera	hubiera argüido
	2e p.	argüías	habías argüido	arguyeras	hubieras argüido
	3e p.	argüía	había argüido	arguyera	hubiera argüido
pluriel	1re p.	argüíamos	habíamos argüido	arguyéramos	hubiéramos argüido
	2e p.	argüíais	habíais argüido	arguyerais	hubierais argüido
	3e p.	argüían	habían argüido	arguyeran	hubieran argüido
		Prétérit	Passé antérieur		
singulier	1re p.	argüí	hube argüido	arguyese	hubiese argüido
	2e p.	argüiste	hubiste argüido	arguyeses	hubieses argüido
	3e p.	arguyó	hubo argüido	arguyese	hubiese argüido
pluriel	1re p.	argüimos	hubimos argüido	arguyésemos	hubiésemos argüido
	2e p.	argüisteis	hubisteis argüido	arguyeseis	hubieseis argüido
	3e p.	arguyeron	hubieron argüido	arguyesen	hubiesen argüido

Verbe irrégulier

		Futur simple	Futur antérieur	Futur	Futur antérieur
singulier	1re p.	argüiré	habré argüido	arguyere	hubiere argüido
	2e p.	argüirás	habrás argüido	arguyeres	hubieres argüido
	3e p.	argüirá	habrá argüido	arguyere	hubiere argüido
pluriel	1re p.	argüiremos	habremos argüido	arguyéremos	hubiéremos argüido
	2e p.	argüiréis	habréis argüido	arguyereis	hubiereis argüido
	3e p.	argüirán	habrán argüido	arguyeren	hubieren argüido

		Conditionnel présent	Conditionnel passé
singulier	1re p.	argüiría	habría argüido
	2e p.	argüirías	habrías argüido
	3e p.	argüiría	habría argüido
pluriel	1re p.	argüiríamos	habríamos argüido
	2e p.	argüiríais	habríais argüido
	3e p.	argüirían	habrían argüido

IMPÉRATIF	
Présent	Formes empruntées au subjonctif
arguye (tú)	arguya (él, ella, usted)
argüid (vosotros)	arguyamos (nosotros)
	arguyan (ellos, ellas, ustedes)

54 andar *marcher*

Mode impersonnel	Formes simples	Formes composées
Infinitif	andar	haber andado
Gérondif	andando	habiendo andado
Participe passé	andado	

Modes personnels

		INDICATIF		SUBJONCTIF	
		Formes simples	Formes composées	Formes simples	Formes composées
		Présent	Passé composé	Présent	Passé
singulier	1re p.	ando	he andado	ande	haya andado
	2e p.	andas	has andado	andes	hayas andado
	3e p.	anda	ha andado	ande	haya andado
pluriel	1re p.	andamos	hemos andado	andemos	hayamos andado
	2e p.	andáis	habéis andado	andéis	hayáis andado
	3e p.	andan	han andado	anden	hayan andado
		Imparfait	Plus-que-parfait	Imparfait	Plus-que-parfait
singulier	1re p.	andaba	había andado	anduviera	hubiera andado
	2e p.	andabas	habías andado	anduvieras	hubieras andado
	3e p.	andaba	había andado	anduviera	hubiera andado
pluriel	1re p.	andábamos	habíamos andado	anduviéramos	hubiéramos andado
	2e p.	andabais	habíais andado	anduvierais	hubierais andado
	3e p.	andaban	habían andado	anduvieran	hubieran andado
		Prétérit	Passé antérieur		
singulier	1re p.	anduve	hube andado	anduviese	hubiese andado
	2e p.	anduviste	hubiste andado	anduvieses	hubieses andado
	3e p.	anduvo	hubo andado	anduviese	hubiese andado
pluriel	1re p.	anduvimos	hubimos andado	anduviésemos	hubiésemos andado
	2e p.	anduvisteis	hubisteis andado	anduvieseis	hubieseis andado
	3e p.	anduvieron	hubieron andado	anduviesen	hubiesen andado

		Futur simple	Futur antérieur	Futur	Futur antérieur
singulier	1re p.	andaré	habré andado	anduviere	hubiere andado
	2e p.	andarás	habrás andado	anduvieres	hubieres andado
	3e p.	andará	habrá andado	anduviere	hubiere andado
pluriel	1re p.	andaremos	habremos andado	anduviéremos	hubiéremos andado
	2e p.	andaréis	habréis andado	anduviereis	hubiereis andado
	3e p.	andarán	habrán andado	anduvieren	hubieren andado

		Conditionnel présent	Conditionnel passé
singulier	1re p.	andaría	habría andado
	2e p.	andarías	habrías andado
	3e p.	andaría	habría andado
pluriel	1re p.	andaríamos	habríamos andado
	2e p.	andaríais	habríais andado
	3e p.	andarían	habrían andado

IMPÉRATIF	
Présent	Formes empruntées au subjonctif
anda (tú)	ande (él, ella, usted)
andad (vosotros)	andemos (nosotros)
	anden (ellos, ellas, ustedes)

55 sentir *ressentir*

Mode impersonnel		
	Formes simples	Formes composées
Infinitif	sentir	haber sentido
Gérondif	sintiendo	habiendo sentido
Participe passé	sentido	

Modes personnels					
		INDICATIF		SUBJONCTIF	
		Formes simples	Formes composées	Formes simples	Formes composées
		Présent	Passé composé	Présent	Passé
singulier	1re p.	siento	he sentido	sienta	haya sentido
	2e p.	sientes	has sentido	sientas	hayas sentido
	3e p.	siente	ha sentido	sienta	haya sentido
pluriel	1re p.	sentimos	hemos sentido	sintamos	hayamos sentido
	2e p.	sentís	habéis sentido	sintáis	hayáis sentido
	3e p.	sienten	han sentido	sientan	hayan sentido
		Imparfait	Plus-que-parfait	Imparfait	Plus-que-parfait
singulier	1re p.	sentía	había sentido	sintiera	hubiera sentido
	2e p.	sentías	habías sentido	sintieras	hubieras sentido
	3e p.	sentía	había sentido	sintiera	hubiera sentido
pluriel	1re p.	sentíamos	habíamos sentido	sintiéramos	hubiéramos sentido
	2e p.	sentíais	habíais sentido	sintierais	hubierais sentido
	3e p.	sentían	habían sentido	sintieran	hubieran sentido
		Prétérit	Passé antérieur		
singulier	1re p.	sentí	hube sentido	sintiese	hubiese sentido
	2e p.	sentiste	hubiste sentido	sintieses	hubieses sentido
	3e p.	sintió	hubo sentido	sintiese	hubiese sentido
pluriel	1re p.	sentimos	hubimos sentido	sintiésemos	hubiésemos sentido
	2e p.	sentisteis	hubisteis sentido	sintieseis	hubieseis sentido
	3e p.	sintieron	hubieron sentido	sintiesen	hubiesen sentido

		Futur simple	Futur antérieur	Futur	Futur antérieur
singulier	1re p.	sentiré	habré sentido	sintiere	hubiere sentido
	2e p.	sentirás	habrás sentido	sintieres	hubieres sentido
	3e p.	sentirá	habrá sentido	sintiere	hubiere sentido
pluriel	1re p.	sentiremos	habremos sentido	sintiéremos	hubiéremos sentido
	2e p.	sentiréis	habréis sentido	sintiereis	hubiereis sentido
	3e p.	sentirán	habrán sentido	sintieren	hubieren sentido

		Conditionnel présent	Conditionnel passé
singulier	1re p.	sentiría	habría sentido
	2e p.	sentirías	habrías sentido
	3e p.	sentiría	habría sentido
pluriel	1re p.	sentiríamos	habríamos sentido
	2e p.	sentiríais	habríais sentido
	3e p.	sentirían	habrían sentido

IMPÉRATIF	
Présent	Formes empruntées au subjonctif
siente (tú)	sienta (él, ella, usted)
sentid (vosotros)	sintamos (nosotros)
	sientan (ellos, ellas, ustedes)

56 erguir *lever*

Mode impersonnel	Formes simples	Formes composées
Infinitif	erguir	haber erguido
Gérondif	irguiendo	habiendo erguido
Participe passé	erguido	

Modes personnels

		INDICATIF		SUBJONCTIF	
		Formes simples	Formes composées	Formes simples	Formes composées
		Présent	Passé composé	Présent	Passé
singulier	1re p.	irgo o yergo	he erguido	irga o yerga	haya erguido
	2e p.	irgues o yergues	has erguido	irgas o yergas	hayas erguido
	3e p.	irgue o yergue	ha erguido	irga o yerga	haya erguido
pluriel	1re p.	erguimos	hemos erguido	irgamos	hayamos erguido
	2e p.	erguís	habéis erguido	irgáis	hayáis erguido
	3e p.	irguen o yerguen	han erguido	irgan	hayan erguido
		Imparfait	Plus-que-parfait	Imparfait	Plus-que-parfait
singulier	1re p.	erguía	había erguido	irguiera	hubiera erguido
	2e p.	erguías	habías erguido	irguieras	hubieras erguido
	3e p.	erguía	había erguido	irguiera	hubiera erguido
pluriel	1re p.	erguíamos	habíamos erguido	irguiéramos	hubiéramos erguido
	2e p.	erguíais	habíais erguido	irguierais	hubierais erguido
	3e p.	erguían	habían erguido	irguieran	hubieran erguido

Verbe irrégulier

		Prétérit	Passé antérieur		
singulier	1re p.	erguí	hube erguido	irguiese	hubiese erguido
	2e p.	erguiste	hubiste erguido	irguieses	hubieses erguido
	3e p.	irguió	hubo erguido	irguiese	hubiese erguido
pluriel	1re p.	erguimos	hubimos erguido	irguiésemos	hubiésemos erguido
	2e p.	erguisteis	hubisteis erguido	irguieseis	hubieseis erguido
	3e p.	irguieron	hubieron erguido	irguiesen	hubiesen erguido
		Futur simple	Futur antérieur	Futur	Futur antérieur
singulier	1re p.	erguiré	habré erguido	irguiere	hubiere erguido
	2e p.	erguirás	habrás erguido	irguieres	hubieres erguido
	3e p.	erguirá	habrá erguido	irguiere	hubiere erguido
pluriel	1re p.	erguiremos	habremos erguido	irguiéremos	hubiéremos erguido
	2e p.	erguiréis	habréis erguido	irguiereis	hubiereis erguido
	3e p.	erguirán	habrán erguido	irguieren	hubieren erguido

		Conditionnel présent	Conditionnel passé
singulier	1re p.	erguiría	habría erguido
	2e p.	erguirías	habrías erguido
	3e p.	erguiría	habría erguido
pluriel	1re p.	erguiríamos	habríamos erguido
	2e p.	erguiríais	habríais erguido
	3e p.	erguirían	habrían erguido

IMPÉRATIF	
Présent	Formes empruntées au subjonctif
irgue o yergue (tú)	irga o yerga (él, ella, usted)
erguid (vosotros)	irgamos (nosotros)
	irgan o yergan (ellos, ellas, ustedes)

57 dormir *dormir*

Mode impersonnel

	Formes simples	Formes composées
Infinitif	dormir	haber dormido
Gérondif	durmiendo	habiendo dormido
Participe passé	dormido	

Modes personnels

		INDICATIF		SUBJONCTIF	
		Formes simples	Formes composées	Formes simples	Formes composées
		Présent	Passé composé	Présent	Passé
singulier	1re p.	duermo	he dormido	duerma	haya dormido
	2e p.	duermes	has dormido	duermas	hayas dormido
	3e p.	duerme	ha dormido	duerma	haya dormido
pluriel	1re p.	dormimos	hemos dormido	durmamos	hayamos dormido
	2e p.	dormís	habéis dormido	durmáis	hayáis dormido
	3e p.	duermen	han dormido	duerman	hayan dormido
		Imparfait	Plus-que-parfait	Imparfait	Plus-que-parfait
singulier	1re p.	dormía	había dormido	durmiera	hubiera dormido
	2e p.	dormías	habías dormido	durmieras	hubieras dormido
	3e p.	dormía	había dormido	durmiera	hubiera dormido
pluriel	1re p.	dormíamos	habíamos dormido	durmiéramos	hubiéramos dormido
	2e p.	dormíais	habíais dormido	durmierais	hubierais dormido
	3e p.	dormían	habían dormido	durmieran	hubieran dormido
		Prétérit	Passé antérieur		
singulier	1re p.	dormí	hube dormido	durmiese	hubiese dormido
	2e p.	dormiste	hubiste dormido	durmieses	hubieses dormido
	3e p.	durmió	hubo dormido	durmiese	hubiese dormido
pluriel	1re p.	dormimos	hubimos dormido	durmiésemos	hubiésemos dormido
	2e p.	dormisteis	hubisteis dormido	durmieseis	hubieseis dormido
	3e p.	durmieron	hubieron dormido	durmiesen	hubiesen dormido

		Futur simple	Futur antérieur	Futur	Futur antérieur
singulier	1re p.	dormiré	habré dormido	durmiere	hubiere dormido
	2e p.	dormirás	habrás dormido	durmieres	hubieres dormido
	3e p.	dormirá	habrá dormido	durmiere	hubiere dormido
pluriel	1re p.	dormiremos	habremos dormido	durmiéremos	hubiéremos dormido
	2e p.	dormiréis	habréis dormido	durmiereis	hubiereis dormido
	3e p.	dormirán	habrán dormido	durmieren	hubieren dormido

		Conditionnel présent	Conditionnel passé
singulier	1re p.	dormiría	habría dormido
	2e p.	dormirías	habrías dormido
	3e p.	dormiría	habría dormido
pluriel	1re p.	dormiríamos	habríamos dormido
	2e p.	dormiríais	habríais dormido
	3e p.	dormirían	habrían dormido

IMPÉRATIF	
Présent	Formes empruntées au subjonctif
duerme (tú)	duerma (él, ella, usted)
dormid (vosotros)	durmamos (nosotros)
	duerman (ellos, ellas, ustedes)

58 oír *entendre*

Mode impersonnel	Formes simples	Formes composées
Infinitif	oír	haber oído
Gérondif	oyendo	habiendo oído
Participe passé	oído	

Modes personnels

		INDICATIF		SUBJONCTIF	
		Formes simples	Formes composées	Formes simples	Formes composées
		Présent	Passé composé	Présent	Passé
singulier	1re p.	oigo	he oído	oiga	haya oído
	2e p.	oyes	has oído	oigas	hayas oído
	3e p.	oye	ha oído	oiga	haya oído
pluriel	1re p.	oímos	hemos oído	oigamos	hayamos oído
	2e p.	oís	habéis oído	oigáis	hayáis oído
	3e p.	oyen	han oído	oigan	hayan oído
		Imparfait	Plus-que-parfait	Imparfait	Plus-que-parfait
singulier	1re p.	oía	había oído	oyera	hubiera oído
	2e p.	oías	habías oído	oyeras	hubieras oído
	3e p.	oía	había oído	oyera	hubiera oído
pluriel	1re p.	oíamos	habíamos oído	oyéramos	hubiéramos oído
	2e p.	oíais	habíais oído	oyerais	hubierais oído
	3e p.	oían	habían oído	oyeran	hubieran oído
		Prétérit	Passé antérieur		
singulier	1re p.	oí	hube oído	oyese	hubiese oído
	2e p.	oíste	hubiste oído	oyeses	hubieses oído
	3e p.	oyó	hubo oído	oyese	hubiese oído
pluriel	1re p.	oímos	hubimos oído	oyésemos	hubiésemos oído
	2e p.	oísteis	hubisteis oído	oyeseis	hubieseis oído
	3e p.	oyeron	hubieron oído	oyesen	hubiesen oído

		Futur simple	Futur antérieur	Futur	Futur antérieur
singulier	1re p.	oiré	habré oído	oyere	hubiere oído
	2e p.	oirás	habrás oído	oyeres	hubieres oído
	3e p.	oirá	habrá oído	oyere	hubiere oído
pluriel	1re p.	oiremos	habremos oído	oyéremos	hubiéremos oído
	2e p.	oiréis	habréis oído	oyereis	hubiereis oído
	3e p.	oirán	habrán oído	oyeren	hubieren oído

		Conditionnel présent	Conditionnel passé
singulier	1re p.	oiría	habría oído
	2e p.	oirías	habrías oído
	3e p.	oiría	habría oído
pluriel	1re p.	oiríamos	habríamos oído
	2e p.	oiríais	habríais oído
	3e p.	oirían	habrían oído

IMPÉRATIF	
Présent	Formes empruntées au subjonctif
oye (tú)	oiga (él, ella, usted)
oíd (vosotros)	oigamos (nosotros)
	oigan (ellos, ellas, ustedes)

59 conducir *conduire*

Mode impersonnel		
	Formes simples	Formes composées
Infinitif	conducir	haber conducido
Gérondif	conduciendo	habiendo conducido
Participe passé	conducido	

Modes personnels					
		INDICATIF		SUBJONCTIF	
		Formes simples	Formes composées	Formes simples	Formes composées
		Présent	Passé composé	Présent	Passé
singulier	1re p.	conduzco	he conducido	conduzca	haya conducido
	2e p.	conduces	has conducido	conduzcas	hayas conducido
	3e p.	conduce	ha conducido	conduzca	haya conducido
pluriel	1re p.	conducimos	hemos conducido	conduzcamos	hayamos conducido
	2e p.	conducís	habéis conducido	conduzcáis	hayáis conducido
	3e p.	conducen	han conducido	conduzcan	hayan conducido
		Imparfait	Plus-que-parfait	Imparfait	Plus-que-parfait
singulier	1re p.	conducía	había conducido	condujera	hubiera conducido
	2e p.	conducías	habías conducido	condujeras	hubieras conducido
	3e p.	conducía	había conducido	condujera	hubiera conducido
pluriel	1re p.	conducíamos	habíamos conducido	condujéramos	hubiéramos conducido
	2e p.	conducíais	habíais conducido	condujerais	hubierais conducido
	3e p.	conducían	habían conducido	condujeran	hubieran conducido

		Prétérit	Passé antérieur		
singulier	1re p.	conduje	hube conducido	condujese	hubiese conducido
	2e p.	condujiste	hubiste conducido	condujeses	hubieses conducido
	3e p.	condujo	hubo conducido	condujese	hubiese conducido
pluriel	1re p.	condujimos	hubimos conducido	condujésemos	hubiésemos conducido
	2e p.	condujisteis	hubisteis conducido	condujeseis	hubieseis conducido
	3e p.	condujeron	hubieron conducido	condujesen	hubiesen conducido
		Futur simple	**Futur antérieur**	**Futur**	**Futur antérieur**
singulier	1re p.	conduciré	habré conducido	condujere	hubiere conducido
	2e p.	conducirás	habrás conducido	condujeres	hubieres conducido
	3e p.	conducirá	habrá conducido	condujere	hubiere conducido
pluriel	1re p.	conduciremos	habremos conducido	condujéremos	hubiéremos conducido
	2e p.	conduciréis	habréis conducido	condujereis	hubiereis conducido
	3e p.	conducirán	habrán conducido	condujeren	hubieren conducido

		Conditionnel présent	Conditionnel passé
singulier	1re p.	conduciría	habría conducido
	2e p.	conducirías	habrías conducido
	3e p.	conduciría	habría conducido
pluriel	1re p.	conduciríamos	habríamos conducido
	2e p.	conduciríais	habríais conducido
	3e p.	conducirían	habrían conducido

IMPÉRATIF

Présent	Formes empruntées au subjonctif
conduce (tú)	conduzca (él, ella, usted)
conducid (vosotros)	conduzcamos (nosotros)
	conduzcan (ellos, ellas, ustedes)

60 traer *apporter*

Mode impersonnel	Formes simples	Formes composées
Infinitif	traer	haber traído
Gérondif	trayendo	habiendo traído
Participe passé	traído	

Modes personnels

		INDICATIF		SUBJONCTIF	
		Formes simples	Formes composées	Formes simples	Formes composées
		Présent	Passé composé	Présent	Passé
singulier	1re p.	traigo	he traído	traiga	haya traído
	2e p.	traes	has traído	traigas	hayas traído
	3e p.	trae	ha traído	traiga	haya traído
pluriel	1re p.	traemos	hemos traído	traigamos	hayamos traído
	2e p.	traéis	habéis traído	traigáis	hayáis traído
	3e p.	traen	han traído	traigan	hayan traído
		Imparfait	Plus-que-parfait	Imparfait	Plus-que-parfait
singulier	1re p.	traía	había traído	trajera	hubiera traído
	2e p.	traías	habías traído	trajeras	hubieras traído
	3e p.	traía	había traído	trajera	hubiera traído
pluriel	1re p.	traíamos	habíamos traído	trajéramos	hubiéramos traído
	2e p.	traíais	habíais traído	trajerais	hubierais traído
	3e p.	traían	habían traído	trajeran	hubieran traído
		Prétérit	Passé antérieur		
singulier	1re p.	traje	hube traído	trajese	hubiese traído
	2e p.	trajiste	hubiste traído	trajeses	hubieses traído
	3e p.	trajo	hubo traído	trajese	hubiese traído
pluriel	1re p.	trajimos	hubimos traído	trajésemos	hubiésemos traído
	2e p.	trajisteis	hubisteis traído	trajeseis	hubieseis traído
	3e p.	trajeron	hubieron traído	trajesen	hubiesen traído

		Futur simple	Futur antérieur	Futur	Futur antérieur
singulier	1re p.	traeré	habré traído	trajere	hubiere traído
	2e p.	traerás	habrás traído	trajeres	hubieres traído
	3e p.	traerá	habrá traído	trajere	hubiere traído
pluriel	1re p.	traeremos	habremos traído	trajéremos	hubiéremos traído
	2e p.	traeréis	habréis traído	trajereis	hubiereis traído
	3e p.	traerán	habrán traído	trajeren	hubieren traído

		Conditionnel présent	Conditionnel passé
singulier	1re p.	traería	habría traído
	2e p.	traerías	habrías traído
	3e p.	traería	habría traído
pluriel	1re p.	traeríamos	habríamos traído
	2e p.	traeríais	habríais traído
	3e p.	traerían	habrían traído

IMPÉRATIF	
Présent	Formes empruntées au subjonctif
trae (tú)	traiga (él, ella, usted)
traed (vosotros)	traigamos (nosotros)
	traigan (ellos, ellas, ustedes)

61 placer *faire plaisir*

Mode impersonnel		
	Formes simples	Formes composées
Infinitif	placer	haber placido
Gérondif	placiendo	habiendo placido
Participe passé	placido	

Modes personnels

		INDICATIF		SUBJONCTIF	
		Formes simples	Formes composées	Formes simples	Formes composées
		Présent	Passé composé	Présent	Passé
singulier	1re p.	plazco	he placido	plazca	haya placido
	2e p.	places	has placido	plazcas	hayas placido
	3e p.	place	ha placido	plazca o plegue	haya placido
pluriel	1re p.	placemos	hemos placido	plazcamos	hayamos placido
	2e p.	placéis	habéis placido	plazcáis	hayáis placido
	3e p.	placen	han placido	plazcan	hayan placido
		Imparfait	Plus-que-parfait	Imparfait	Plus-que-parfait
singulier	1re p.	placía	había placido	placiera	hubiera placido
	2e p.	placías	habías placido	placieras	hubieras placido
	3e p.	placía	había placido	placiera o pluguiera	hubiera placido
pluriel	1re p.	placíamos	habíamos placido	placiéramos	hubiéramos placido
	2e p.	placíais	habíais placido	placierais	hubierais placido
	3e p.	placían	habían placido	placieran	hubieran placido

		Prétérit	Passé antérieur		
singulier	1re p.	plací	hube placido	placiese	hubiese placido
	2e p.	placiste	hubiste placido	placieses	hubieses placido
	3e p.	plació o plugo	hubo placido	placiese o pluguiese	hubiese placido
pluriel	1re p.	placimos	hubimos placido	placiésemos	hubiésemos placido
	2e p.	placisteis	hubisteis placido	placieseis	hubieseis placido
	3e p.	placieron o pluguieron	hubieron placido	placiesen	hubiesen placido
		Futur simple	Futur antérieur	Futur	Futur antérieur
singulier	1re p.	placeré	habré placido	placiere	hubiere placido
	2e p.	placerás	habrás placido	placieres	hubieres placido
	3e p.	placerá	habrá placido	placiere o pluguiere	hubiere placido
pluriel	1re p.	placeremos	habremos placido	placiéremos	hubiéremos placido
	2e p.	placeréis	habréis placido	placiereis	hubiereis placido
	3e p.	placerán	habrán placido	placieren	hubieren placido

		Conditionnel présent	Conditionnel passé
singulier	1re p.	placería	habría placido
	2e p.	placerías	habrías placido
	3e p.	placería	habría placido
pluriel	1re p.	placeríamos	habríamos placido
	2e p.	placeríais	habríais placido
	3e p.	placerían	habrían placido

IMPÉRATIF	
Présent	Formes empruntées au subjonctif
place (tú)	plazca (él, ella, usted)
placed (vosotros)	plazcamos (nosotros)
	plazcan (ellos, ellas, ustedes)

62 valer *valoir*

Mode impersonnel

	Formes simples	Formes composées
Infinitif	valer	haber valido
Gérondif	valiendo	habiendo valido
Participe passé	valido	

Modes personnels

		INDICATIF		SUBJONCTIF	
		Formes simples	Formes composées	Formes simples	Formes composées
		Présent	Passé composé	Présent	Passé
singulier	1re p.	valgo	he valido	valga	haya valido
	2e p.	vales	has valido	valgas	hayas valido
	3e p.	vale	ha valido	valga	haya valido
pluriel	1re p.	valemos	hemos valido	valgamos	hayamos valido
	2e p.	valéis	habéis valido	valgáis	hayáis valido
	3e p.	valen	han valido	valgan	hayan valido
		Imparfait	Plus-que-parfait	Imparfait	Plus-que-parfait
singulier	1re p.	valía	había valido	valiera	hubiera valido
	2e p.	valías	habías valido	valieras	hubieras valido
	3e p.	valía	había valido	valiera	hubiera valido
pluriel	1re p.	valíamos	habíamos valido	valiéramos	hubiéramos valido
	2e p.	valíais	habíais valido	valierais	hubierais valido
	3e p.	valían	habían valido	valieran	hubieran valido
		Prétérit	Passé antérieur		
singulier	1re p.	valí	hube valido	valiese	hubiese valido
	2e p.	valiste	hubiste valido	valieses	hubieses valido
	3e p.	valió	hubo valido	valiese	hubiese valido
pluriel	1re p.	valimos	hubimos valido	valiésemos	hubiésemos valido
	2e p.	valisteis	hubisteis valido	valieseis	hubieseis valido
	3e p.	valieron	hubieron valido	valiesen	hubiesen valido

		Futur simple	Futur antérieur	Futur	Futur antérieur
singulier	1re p.	valdré	habré valido	valiere	hubiere valido
	2e p.	valdrás	habrás valido	valieres	hubieres valido
	3e p.	valdrá	habrá valido	valiere	hubiere valido
pluriel	1re p.	valdremos	habremos valido	valiéremos	hubiéremos valido
	2e p.	valdréis	habréis valido	valiereis	hubiereis valido
	3e p.	valdrán	habrán valido	valieren	hubieren valido

		Conditionnel présent	Conditionnel passé
singulier	1re p.	valdría	habría valido
	2e p.	valdrías	habrías valido
	3e p.	valdría	habría valido
pluriel	1re p.	valdríamos	habríamos valido
	2e p.	valdríais	habríais valido
	3e p.	valdrían	habrían valido

IMPÉRATIF	
Présent	Formes empruntées au subjonctif
vale (tú)	valga (él, ella, usted)
valed (vosotros)	valgamos (nosotros)
	valgan (ellos, ellas, ustedes)

63 dar *donner*

Mode impersonnel	Formes simples	Formes composées
Infinitif	dar	haber dado
Gérondif	dando	habiendo dado
Participe passé	dado	

Modes personnels

		INDICATIF		SUBJONCTIF	
		Formes simples	Formes composées	Formes simples	Formes composées
		Présent	Passé composé	Présent	Passé
singulier	1re p.	doy	he dado	dé	haya dado
	2e p.	das	has dado	des	hayas dado
	3e p.	da	ha dado	dé	haya dado
pluriel	1re p.	damos	hemos dado	demos	hayamos dado
	2e p.	dais	habéis dado	deis	hayáis dado
	3e p.	dan	han dado	den	hayan dado
		Imparfait	Plus-que-parfait	Imparfait	Plus-que-parfait
singulier	1re p.	daba	había dado	diera	hubiera dado
	2e p.	dabas	habías dado	dieras	hubieras dado
	3e p.	daba	había dado	diera	hubiera dado
pluriel	1re p.	dábamos	habíamos dado	diéramos	hubiéramos dado
	2e p.	dabais	habíais dado	dierais	hubierais dado
	3e p.	daban	habían dado	dieran	hubieran dado
		Prétérit	Passé antérieur		
singulier	1re p.	di	hube dado	diese	hubiese dado
	2e p.	diste	hubiste dado	dieses	hubieses dado
	3e p.	dio	hubo dado	diese	hubiese dado
pluriel	1re p.	dimos	hubimos dado	diésemos	hubiésemos dado
	2e p.	disteis	hubisteis dado	dieseis	hubieseis dado
	3e p.	dieron	hubieron dado	diesen	hubiesen dado

Verbe irrégulier

		Futur simple	Futur antérieur	Futur	Futur antérieur
singulier	1re p.	daré	habré dado	diere	hubiere dado
	2e p.	darás	habrás dado	dieres	hubieres dado
	3e p.	dará	habrá dado	diere	hubiere dado
pluriel	1re p.	daremos	habremos dado	diéremos	hubiéremos dado
	2e p.	daréis	habréis dado	diereis	hubiereis dado
	3e p.	darán	habrán dado	dieren	hubieren dado

		Conditionnel présent	Conditionnel passé
singulier	1re p.	daría	habría dado
	2e p.	darías	habrías dado
	3e p.	daría	habría dado
pluriel	1re p.	daríamos	habríamos dado
	2e p.	daríais	habríais dado
	3e p.	darían	habrían dado

IMPÉRATIF	
Présent	Formes empruntées au subjonctif
da (tú)	dé (él, ella, usted)
dad (vosotros)	demos (nosotros)
	den (ellos, ellas, ustedes)

64 estar *être*

Mode impersonnel		
	Formes simples	Formes composées
Infinitif	estar	haber estado
Gérondif	estando	habiendo estado
Participe passé	estado	

Modes personnels					
		INDICATIF		SUBJONCTIF	
		Formes simples	Formes composées	Formes simples	Formes composées
		Présent	Passé composé	Présent	Passé
singulier	1re p.	estoy	he estado	esté	haya estado
	2e p.	estás	has estado	estés	hayas estado
	3e p.	está	ha estado	esté	haya estado
pluriel	1re p.	estamos	hemos estado	estemos	hayamos estado
	2e p.	estáis	habéis estado	estéis	hayáis estado
	3e p.	están	han estado	estén	hayan estado
		Imparfait	Plus-que-parfait	Imparfait	Plus-que-parfait
singulier	1re p.	estaba	había estado	estuviera	hubiera estado
	2e p.	estabas	habías estado	estuvieras	hubieras estado
	3e p.	estaba	había estado	estuviera	hubiera estado
pluriel	1re p.	estábamos	habíamos estado	estuviéramos	hubiéramos estado
	2e p.	estabais	habíais estado	estuvierais	hubierais estado
	3e p.	estaban	habían estado	estuvieran	hubieran estado
		Prétérit	Passé antérieur		
singulier	1re p.	estuve	hube estado	estuviese	hubiese estado
	2e p.	estuviste	hubiste estado	estuvieses	hubieses estado
	3e p.	estuvo	hubo estado	estuviese	hubiese estado
pluriel	1re p.	estuvimos	hubimos estado	estuviésemos	hubiésemos estado
	2e p.	estuvisteis	hubisteis estado	estuvieseis	hubieseis estado
	3e p.	estuvieron	hubieron estado	estuviesen	hubiesen estado

		Futur simple	Futur antérieur	Futur	Futur antérieur
singulier	1re p.	estaré	habré estado	estuviere	hubiere estado
	2e p.	estarás	habrás estado	estuvieres	hubieres estado
	3e p.	estará	habrá estado	estuviere	hubiere estado
pluriel	1re p.	estaremos	habremos estado	estuviéremos	hubiéremos estado
	2e p.	estaréis	habréis estado	estuviereis	hubiereis estado
	3e p.	estarán	habrán estado	estuvieren	hubieren estado

		Conditionnel présent	Conditionnel passé
singulier	1re p.	estaría	habría estado
	2e p.	estarías	habrías estado
	3e p.	estaría	habría estado
pluriel	1re p.	estaríamos	habríamos estado
	2e p.	estaríais	habríais estado
	3e p.	estarían	habrían estado

IMPÉRATIF	
Présent	Formes empruntées au subjonctif
está (tú)	esté (él, ella, usted)
estad (vosotros)	estemos (nosotros)
	estén (ellos, ellas, ustedes)

65 salir *sortir*

Mode impersonnel		
	Formes simples	Formes composées
Infinitif	salir	haber salido
Gérondif	saliendo	habiendo salido
Participe passé	salido	

Modes personnels						
		INDICATIF		SUBJONCTIF	
		Formes simples	Formes composées	Formes simples	Formes composées
		Présent	Passé composé	Présent	Passé
singulier	1re p.	salgo	he salido	salga	haya salido
	2e p.	sales	has salido	salgas	hayas salido
	3e p.	sale	ha salido	salga	haya salido
pluriel	1re p.	salimos	hemos salido	salgamos	hayamos salido
	2e p.	salís	habéis salido	salgáis	hayáis salido
	3e p.	salen	han salido	salgan	hayan salido
		Imparfait	Plus-que-parfait	Imparfait	Plus-que-parfait
singulier	1re p.	salía	había salido	saliera	hubiera salido
	2e p.	salías	habías salido	salieras	hubieras salido
	3e p.	salía	había salido	saliera	hubiera salido
pluriel	1re p.	salíamos	habíamos salido	saliéramos	hubiéramos salido
	2e p.	salíais	habíais salido	salierais	hubierais salido
	3e p.	salían	habían salido	salieran	hubieran salido
		Prétérit	Passé antérieur		
singulier	1re p.	salí	hube salido	saliese	hubiese salido
	2e p.	saliste	hubiste salido	salieses	hubieses salido
	3e p.	salió	hubo salido	saliese	hubiese salido
pluriel	1re p.	salimos	hubimos salido	saliésemos	hubiésemos salido
	2e p.	salisteis	hubisteis salido	salieseis	hubieseis salido
	3e p.	salieron	hubieron salido	saliesen	hubiesen salido

		Futur simple	Futur antérieur	Futur	Futur antérieur
singulier	1re p.	saldré	habré salido	saliere	hubiere salido
	2e p.	saldrás	habrás salido	salieres	hubieres salido
	3e p.	saldrá	habrá salido	saliere	hubiere salido
pluriel	1re p.	saldremos	habremos salido	saliéremos	hubiéremos salido
	2e p.	saldréis	habréis salido	saliereis	hubiereis salido
	3e p.	saldrán	habrán salido	salieren	hubieren salido

		Conditionnel présent	Conditionnel passé
singulier	1re p.	saldría	habría salido
	2e p.	saldrías	habrías salido
	3e p.	saldría	habría salido
pluriel	1re p.	saldríamos	habríamos salido
	2e p.	saldríais	habríais salido
	3e p.	saldrían	habrían salido

IMPÉRATIF

Présent	Formes empruntées au subjonctif
sal (tú)	salga (él, ella, usted)
salid (vosotros)	salgamos (nosotros)
	salgan (ellos, ellas, ustedes)

66 caber *tenir-rentrer*

Mode impersonnel		
	Formes simples	Formes composées
Infinitif	caber	haber cabido
Gérondif	cabiendo	habiendo cabido
Participe passé	cabido	

Modes personnels					
		INDICATIF		SUBJONCTIF	
		Formes simples	Formes composées	Formes simples	Formes composées
		Présent	Passé composé	Présent	Passé
singulier	1re p.	quepo	he cabido	quepa	haya cabido
	2e p.	cabes	has cabido	quepas	hayas cabido
	3e p.	cabe	ha cabido	quepa	haya cabido
pluriel	1re p.	cabemos	hemos cabido	quepamos	hayamos cabido
	2e p.	cabéis	habéis cabido	quepáis	hayáis cabido
	3e p.	caben	han cabido	quepan	hayan cabido
		Imparfait	Plus-que-parfait	Imparfait	Plus-que-parfait
singulier	1re p.	cabía	había cabido	cupiera	hubiera cabido
	2e p.	cabías	habías cabido	cupieras	hubieras cabido
	3e p.	cabía	había cabido	cupiera	hubiera cabido
pluriel	1re p.	cabíamos	habíamos cabido	cupiéramos	hubiéramos cabido
	2e p.	cabíais	habíais cabido	cupierais	hubierais cabido
	3e p.	cabían	habían cabido	cupieran	hubieran cabido
		Prétérit	Passé antérieur		
singulier	1re p.	cupe	hube cabido	cupiese	hubiese cabido
	2e p.	cupiste	hubiste cabido	cupieses	hubieses cabido
	3e p.	cupo	hubo cabido	cupiese	hubiese cabido
pluriel	1re p.	cupimos	hubimos cabido	cupiésemos	hubiésemos cabido
	2e p.	cupisteis	hubisteis cabido	cupieseis	hubieseis cabido
	3e p.	cupieron	hubieron cabido	cupiesen	hubiesen cabido

		Futur simple	Futur antérieur	Futur	Futur antérieur
singulier	1re p.	cabré	habré cabido	cupiere	hubiere cabido
	2e p.	cabrás	habrás cabido	cupieres	hubieres cabido
	3e p.	cabrá	habrá cabido	cupiere	hubiere cabido
pluriel	1re p.	cabremos	habremos cabido	cupiéremos	hubiéremos cabido
	2e p.	cabréis	habréis cabido	cupiereis	hubiereis cabido
	3e p.	cabrán	habrán cabido	cupieren	hubieren cabido

		Conditionnel présent	Conditionnel passé
singulier	1re p.	cabría	habría cabido
	2e p.	cabrías	habrías cabido
	3e p.	cabría	habría cabido
pluriel	1re p.	cabríamos	habríamos cabido
	2e p.	cabríais	habríais cabido
	3e p.	cabrían	habrían cabido

IMPÉRATIF	
Présent	Formes empruntées au subjonctif
cabe (tú)	quepa (él, ella, usted)
cabed (vosotros)	quepamos (nosotros)
	quepan (ellos, ellas, ustedes)

67 saber *savoir*

Mode impersonnel		
	Formes simples	Formes composées
Infinitif	saber	haber sabido
Gérondif	sabiendo	habiendo sabido
Participe passé	sabido	

Modes personnels						
		INDICATIF		SUBJONCTIF		
		Formes simples	Formes composées	Formes simples	Formes composées
		Présent	Passé composé	Présent	Passé
singulier	1re p.	sé	he sabido	sepa	haya sabido
	2e p.	sabes	has sabido	sepas	hayas sabido
	3e p.	sabe	ha sabido	sepa	haya sabido
pluriel	1re p.	sabemos	hemos sabido	sepamos	hayamos sabido
	2e p.	sabéis	habéis sabido	sepáis	hayáis sabido
	3e p.	saben	han sabido	sepan	hayan sabido
		Imparfait	Plus-que-parfait	Imparfait	Plus-que-parfait
singulier	1re p.	sabía	había sabido	supiera	hubiera sabido
	2e p.	sabías	habías sabido	supieras	hubieras sabido
	3e p.	sabía	había sabido	supiera	hubiera sabido
pluriel	1re p.	sabíamos	habíamos sabido	supiéramos	hubiéramos sabido
	2e p.	sabíais	habíais sabido	supierais	hubierais sabido
	3e p.	sabían	habían sabido	supieran	hubieran sabido
		Prétérit	Passé antérieur		
singulier	1re p.	supe	hube sabido	supiese	hubiese sabido
	2e p.	supiste	hubiste sabido	supieses	hubieses sabido
	3e p.	supo	hubo sabido	supiese	hubiese sabido
pluriel	1re p.	supimos	hubimos sabido	supiésemos	hubiésemos sabido
	2e p.	supisteis	hubisteis sabido	supieseis	hubieseis sabido
	3e p.	supieron	hubieron sabido	supiesen	hubiesen sabido

Verbe irrégulier

		Futur simple	Futur antérieur	Futur	Futur antérieur
singulier	1re p.	sabré	habré sabido	supiere	hubiere sabido
	2e p.	sabrás	habrás sabido	supieres	hubieres sabido
	3e p.	sabrá	habrá sabido	supiere	hubiere sabido
pluriel	1re p.	sabremos	habremos sabido	supiéremos	hubiéremos sabido
	2e p.	sabréis	habréis sabido	supiereis	hubiereis sabido
	3e p.	sabrán	habrán sabido	supieren	hubieren sabido

		Conditionnel présent	Conditionnel passé
singulier	1re p.	sabría	habría sabido
	2e p.	sabrías	habrías sabido
	3e p.	sabría	habría sabido
pluriel	1re p.	sabríamos	habríamos sabido
	2e p.	sabríais	habríais sabido
	3e p.	sabrían	habrían sabido

IMPÉRATIF	
Présent	Formes empruntées au subjonctif
sabe (tú)	sepa (él, ella, usted)
sabed (vosotros)	sepamos (nosotros)
	sepan (ellos, ellas, ustedes)

68 hacer *faire*

Mode impersonnel

	Formes simples	Formes composées
Infinitif	hacer	haber hecho
Gérondif	haciendo	habiendo hecho
Participe passé	hecho	

Modes personnels

		INDICATIF		SUBJONCTIF	
		Formes simples	Formes composées	Formes simples	Formes composées
		Présent	Passé composé	Présent	Passé
singulier	1re p.	hago	he hecho	haga	haya hecho
	2e p.	haces	has hecho	hagas	hayas hecho
	3e p.	hace	ha hecho	haga	haya hecho
pluriel	1re p.	hacemos	hemos hecho	hagamos	hayamos hecho
	2e p.	hacéis	habéis hecho	hagáis	hayáis hecho
	3e p.	hacen	han hecho	hagan	hayan hecho
		Imparfait	Plus-que-parfait	Imparfait	Plus-que-parfait
singulier	1re p.	hacía	había hecho	hiciera	hubiera hecho
	2e p.	hacías	habías hecho	hicieras	hubieras hecho
	3e p.	hacía	había hecho	hiciera	hubiera hecho
pluriel	1re p.	hacíamos	habíamos hecho	hiciéramos	hubiéramos hecho
	2e p.	hacíais	habíais hecho	hicierais	hubierais hecho
	3e p.	hacían	habían hecho	hicieran	hubieran hecho
		Prétérit	Passé antérieur		
singulier	1re p.	hice	hube hecho	hiciese	hubiese hecho
	2e p.	hiciste	hubiste hecho	hicieses	hubieses hecho
	3e p.	hizo	hubo hecho	hiciese	hubiese hecho
pluriel	1re p.	hicimos	hubimos hecho	hiciésemos	hubiésemos hecho
	2e p.	hicisteis	hubisteis hecho	hicieseis	hubieseis hecho
	3e p.	hicieron	hubieron hecho	hiciesen	hubiesen hecho

CONJUGAISON

Verbe irrégulier

		Futur simple	Futur antérieur	Futur	Futur antérieur
singulier	1re p.	haré	habré hecho	hiciere	hubiere hecho
	2e p.	harás	habrás hecho	hicieres	hubieres hecho
	3e p.	hará	habrá hecho	hiciere	hubiere hecho
pluriel	1re p.	haremos	habremos hecho	hiciéremos	hubiéremos hecho
	2e p.	haréis	habréis hecho	hiciereis	hubiereis hecho
	3e p.	harán	habrán hecho	hicieren	hubieren hecho

		Conditionnel présent	Conditionnel passé
singulier	1re p.	haría	habría hecho
	2e p.	harías	habrías hecho
	3e p.	haría	habría hecho
pluriel	1re p.	haríamos	habríamos hecho
	2e p.	haríais	habríais hecho
	3e p.	harían	habrían hecho

IMPÉRATIF	
Présent	Formes empruntées au subjonctif
haz (tú)	haga (él, ella, usted)
haced (vosotros)	hagamos (nosotros)
	hagan (ellos, ellas, ustedes)

69 poner *mettre*

Mode impersonnel		
	Formes simples	Formes composées
Infinitif	poner	haber puesto
Gérondif	poniendo	habiendo puesto
Participe passé	puesto	

Modes personnels						
		INDICATIF		SUBJONCTIF		
		Formes simples	Formes composées	Formes simples	Formes composées
		Présent	Passé composé	Présent	Passé
singulier	1re p.	pongo	he puesto	ponga	haya puesto
	2e p.	pones	has puesto	pongas	hayas puesto
	3e p.	pone	ha puesto	ponga	haya puesto
pluriel	1re p.	ponemos	hemos puesto	pongamos	hayamos puesto
	2e p.	ponéis	habéis puesto	pongáis	hayáis puesto
	3e p.	ponen	han puesto	pongan	hayan puesto
		Imparfait	Plus-que-parfait	Imparfait	Plus-que-parfait
singulier	1re p.	ponía	había puesto	pusiera	hubiera puesto
	2e p.	ponías	habías puesto	pusieras	hubieras puesto
	3e p.	ponía	había puesto	pusiera	hubiera puesto
pluriel	1re p.	poníamos	habíamos puesto	pusiéramos	hubiéramos puesto
	2e p.	poníais	habíais puesto	pusierais	hubierais puesto
	3e p.	ponían	habían puesto	pusieran	hubieran puesto
		Prétérit	Passé antérieur		
singulier	1re p.	puse	hube puesto	pusiese	hubiese puesto
	2e p.	pusiste	hubiste puesto	pusieses	hubieses puesto
	3e p.	puso	hubo puesto	pusiese	hubiese puesto
pluriel	1re p.	pusimos	hubimos puesto	pusiésemos	hubiésemos puesto
	2e p.	pusisteis	hubisteis puesto	pusieseis	hubieseis puesto
	3e p.	pusieron	hubieron puesto	pusiesen	hubiesen puesto

		Futur simple	Futur antérieur	Futur	Futur antérieur
singulier	1re p.	pondré	habré puesto	pusiere	hubiere puesto
	2e p.	pondrás	habrás puesto	pusieres	hubieres puesto
	3e p.	pondrá	habrá puesto	pusiere	hubiere puesto
pluriel	1re p.	pondremos	habremos puesto	pusiéremos	hubiéremos puesto
	2e p.	pondréis	habréis puesto	pusiereis	hubiereis puesto
	3e p.	pondrán	habrán puesto	pusieren	hubieren puesto

		Conditionnel présent	Conditionnel passé
singulier	1re p.	pondría	habría puesto
	2e p.	pondrías	habrías puesto
	3e p.	pondría	habría puesto
pluriel	1re p.	pondríamos	habríamos puesto
	2e p.	pondríais	habríais puesto
	3e p.	pondrían	habrían puesto

IMPÉRATIF	
Présent	Formes empruntées au subjonctif
pon (tú)	ponga (él, ella, usted)
poned (vosotros)	pongamos (nosotros)
	pongan (ellos, ellas, ustedes)

70 querer *vouloir*

Mode impersonnel	Formes simples	Formes composées
Infinitif	querer	haber querido
Gérondif	queriendo	habiendo querido
Participe passé	querido	

Modes personnels

		INDICATIF		SUBJONCTIF	
		Formes simples	Formes composées	Formes simples	Formes composées
		Présent	Passé composé	Présent	Passé
singulier	1re p.	quiero	he querido	quiera	haya querido
	2e p.	quieres	has querido	quieras	hayas querido
	3e p.	quiere	ha querido	quiera	haya querido
pluriel	1re p.	queremos	hemos querido	queramos	hayamos querido
	2e p.	queréis	habéis querido	queráis	hayáis querido
	3e p.	quieren	han querido	quieran	hayan querido
		Imparfait	Plus-que-parfait	Imparfait	Plus-que-parfait
singulier	1re p.	quería	había querido	quisiera	hubiera querido
	2e p.	querías	habías querido	quisieras	hubieras querido
	3e p.	quería	había querido	quisiera	hubiera querido
pluriel	1re p.	queríamos	habíamos querido	quisiéramos	hubiéramos querido
	2e p.	queríais	habíais querido	quisierais	hubierais querido
	3e p.	querían	habían querido	quisieran	hubieran querido
		Prétérit	Passé antérieur		
singulier	1re p.	quise	hube querido	quisiese	hubiese querido
	2e p.	quisiste	hubiste querido	quisieses	hubieses querido
	3e p.	quiso	hubo querido	quisiese	hubiese querido
pluriel	1re p.	quisimos	hubimos querido	quisiésemos	hubiésemos querido
	2e p.	quisisteis	hubisteis querido	quisieseis	hubieseis querido
	3e p.	quisieron	hubieron querido	quisiesen	hubiesen querido

Verbe à irrégularités multiples

		Futur simple	Futur antérieur	Futur	Futur antérieur
singulier	1re p.	querré	habré querido	quisiere	hubiere querido
	2e p.	querrás	habrás querido	quisieres	hubieres querido
	3e p.	querrá	habrá querido	quisiere	hubiere querido
pluriel	1re p.	querremos	habremos querido	quisiéremos	hubiéremos querido
	2e p.	querréis	habréis querido	quisiereis	hubiereis querido
	3e p.	querrán	habrán querido	quisieren	hubieren querido

		Conditionnel présent	Conditionnel passé
singulier	1re p.	querría	habría querido
	2e p.	querrías	habrías querido
	3e p.	querría	habría querido
pluriel	1re p.	querríamos	habríamos querido
	2e p.	querríais	habríais querido
	3e p.	querrían	habrían querido

IMPÉRATIF	
Présent	Formes empruntées au subjonctif
quiere (tú)	quiera (él, ella, usted)
quered (vosotros)	queramos (nosotros)
	quieran (ellos, ellas, ustedes)

71 poder *pouvoir*

Mode impersonnel		
	Formes simples	Formes composées
Infinitif	poder	haber podido
Gérondif	pudiendo	habiendo podido
Participe passé	podido	

Modes personnels						
		INDICATIF		SUBJONCTIF	
		Formes simples	Formes composées	Formes simples	Formes composées
		Présent	Passé composé	Présent	Passé
singulier	1re p.	puedo	he podido	pueda	haya podido
	2e p.	puedes	has podido	puedas	hayas podido
	3e p.	puede	ha podido	pueda	haya podido
pluriel	1re p.	podemos	hemos podido	podamos	hayamos podido
	2e p.	podéis	habéis podido	podáis	hayáis podido
	3e p.	pueden	han podido	puedan	hayan podido
		Imparfait	Plus-que-parfait	Imparfait	Plus-que-parfait
singulier	1re p.	podía	había podido	pudiera	hubiera podido
	2e p.	podías	habías podido	pudieras	hubieras podido
	3e p.	podía	había podido	pudiera	hubiera podido
pluriel	1re p.	podíamos	habíamos podido	pudiéramos	hubiéramos podido
	2e p.	podíais	habíais podido	pudierais	hubierais podido
	3e p.	podían	habían podido	pudieran	hubieran podido
		Prétérit	Passé antérieur		
singulier	1re p.	pude	hube podido	pudiese	hubiese podido
	2e p.	pudiste	hubiste podido	pudieses	hubieses podido
	3e p.	pudo	hubo podido	pudiese	hubiese podido
pluriel	1re p.	pudimos	hubimos podido	pudiésemos	hubiésemos podido
	2e p.	pudisteis	hubisteis podido	pudieseis	hubieseis podido
	3e p.	pudieron	hubieron podido	pudiesen	hubiesen podido

Verbe irrégulier

		Futur simple	Futur antérieur	Futur	Futur antérieur
singulier	1re p.	podré	habré podido	pudiere	hubiere podido
	2e p.	podrás	habrás podido	pudieres	hubieres podido
	3e p.	podrá	habrá podido	pudiere	hubiere podido
pluriel	1re p.	podremos	habremos podido	pudiéremos	hubiéremos podido
	2e p.	podréis	habréis podido	pudiereis	hubiereis podido
	3e p.	podrán	habrán podido	pudieren	hubieren podido

		Conditionnel présent	Conditionnel passé
singulier	1re p.	podría	habría podido
	2e p.	podrías	habrías podido
	3e p.	podría	habría podido
pluriel	1re p.	podríamos	habríamos podido
	2e p.	podríais	habríais podido
	3e p.	podrían	habrían podido

IMPÉRATIF

Présent	Formes empruntées au subjonctif
puede (tú)	pueda (él, ella, usted)
poded (vosotros)	podamos (nosotros)
	puedan (ellos, ellas, ustedes)

72 tener *avoir*

Mode impersonnel

	Formes simples	Formes composées
Infinitif	tener	haber tenido
Gérondif	teniendo	habiendo tenido
Participe passé	tenido	

Modes personnels

		INDICATIF		SUBJONCTIF	
		Formes simples	Formes composées	Formes simples	Formes composées
		Présent	Passé composé	Présent	Passé
singulier	1re p.	tengo	he tenido	tenga	haya tenido
	2e p.	tienes	has tenido	tengas	hayas tenido
	3e p.	tiene	ha tenido	tenga	haya tenido
pluriel	1re p.	tenemos	hemos tenido	tengamos	hayamos tenido
	2e p.	tenéis	habéis tenido	tengáis	hayáis tenido
	3e p.	tienen	han tenido	tengan	hayan tenido
		Imparfait	Plus-que-parfait	Imparfait	Plus-que-parfait
singulier	1re p.	tenía	había tenido	tuviera	hubiera tenido
	2e p.	tenías	habías tenido	tuvieras	hubieras tenido
	3e p.	tenía	había tenido	tuviera	hubiera tenido
pluriel	1re p.	teníamos	habíamos tenido	tuviéramos	hubiéramos tenido
	2e p.	teníais	habíais tenido	tuvierais	hubierais tenido
	3e p.	tenían	habían tenido	tuvieran	hubieran tenido
		Prétérit	Passé antérieur		
singulier	1re p.	tuve	hube tenido	tuviese	hubiese tenido
	2e p.	tuviste	hubiste tenido	tuvieses	hubieses tenido
	3e p.	tuvo	hubo tenido	tuviese	hubiese tenido
pluriel	1re p.	tuvimos	hubimos tenido	tuviésemos	hubiésemos tenido
	2e p.	tuvisteis	hubisteis tenido	tuvieseis	hubieseis tenido
	3e p.	tuvieron	hubieron tenido	tuviesen	hubiesen tenido

		Futur simple	Futur antérieur	Futur	Futur antérieur
singulier	1re p.	tendré	habré tenido	tuviere	hubiere tenido
	2e p.	tendrás	habrás tenido	tuvieres	hubieres tenido
	3e p.	tendrá	habrá tenido	tuviere	hubiere tenido
pluriel	1re p.	tendremos	habremos tenido	tuviéremos	hubiéremos tenido
	2e p.	tendréis	habréis tenido	tuviereis	hubiereis tenido
	3e p.	tendrán	habrán tenido	tuvieren	hubieren tenido

		Conditionnel présent	Conditionnel passé
singulier	1re p.	tendría	habría tenido
	2e p.	tendrías	habrías tenido
	3e p.	tendría	habría tenido
pluriel	1re p.	tendríamos	habríamos tenido
	2e p.	tendríais	habríais tenido
	3e p.	tendrían	habrían tenido

IMPÉRATIF

Présent	Formes empruntées au subjonctif
ten (tú)	tenga (él, ella, usted)
tened (vosotros)	tengamos (nosotros)
	tengan (ellos, ellas, ustedes)

73 venir *venir*

Mode impersonnel

	Formes simples	Formes composées
Infinitif	venir	haber venido
Gérondif	viniendo	habiendo venido
Participe passé	venido	

Modes personnels

		INDICATIF		SUBJONCTIF	
		Formes simples	Formes composées	Formes simples	Formes composées
		Présent	Passé composé	Présent	Passé
singulier	1re p.	vengo	he venido	venga	haya venido
	2e p.	vienes	has venido	vengas	hayas venido
	3e p.	viene	ha venido	venga	haya venido
pluriel	1re p.	venimos	hemos venido	vengamos	hayamos venido
	2e p.	venís	habéis venido	vengáis	hayáis venido
	3e p.	vienen	han venido	vengan	hayan venido
		Imparfait	Plus-que-parfait	Imparfait	Plus-que-parfait
singulier	1re p.	venía	había venido	viniera	hubiera venido
	2e p.	venías	habías venido	vinieras	hubieras venido
	3e p.	venía	había venido	viniera	hubiera venido
pluriel	1re p.	veníamos	habíamos venido	viniéramos	hubiéramos venido
	2e p.	veníais	habíais venido	vinierais	hubierais venido
	3e p.	venían	habían venido	vinieran	hubieran venido
		Prétérit	Passé antérieur		
singulier	1re p.	vine	hube venido	viniese	hubiese venido
	2e p.	viniste	hubiste venido	vinieses	hubieses venido
	3e p.	vino	hubo venido	viniese	hubiese venido
pluriel	1re p.	vinimos	hubimos venido	viniésemos	hubiésemos venido
	2e p.	vinisteis	hubisteis venido	vinieseis	hubieseis venido
	3e p.	vinieron	hubieron venido	viniesen	hubiesen venido

Verbe irrégulier

		Futur simple	Futur antérieur	Futur	Futur antérieur
singulier	1re p.	vendré	habré venido	viniere	hubiere venido
	2e p.	vendrás	habrás venido	vinieres	hubieres venido
	3e p.	vendrá	habrá venido	viniere	hubiere venido
pluriel	1re p.	vendremos	habremos venido	viniéremos	hubiéremos venido
	2e p.	vendréis	habréis venido	viniereis	hubiereis venido
	3e p.	vendrán	habrán venido	vinieren	hubieren venido

		Conditionnel présent	Conditionnel passé
singulier	1re p.	vendría	habría venido
	2e p.	vendrías	habrías venido
	3e p.	vendría	habría venido
pluriel	1re p.	vendríamos	habríamos venido
	2e p.	vendríais	habríais venido
	3e p.	vendrían	habrían venido

IMPÉRATIF

Présent	Formes empruntées au subjonctif
ven (tú)	venga (él, ella, usted)
venid (vosotros)	vengamos (nosotros)
	vengan (ellos, ellas, ustedes)

74 decir *dire*

Mode impersonnel	Formes simples	Formes composées
Infinitif	decir	haber dicho
Gérondif	diciendo	habiendo dicho
Participe passé	dicho	

Modes personnels

		INDICATIF		SUBJONCTIF	
		Formes simples	Formes composées	Formes simples	Formes composées
		Présent	Passé composé	Présent	Passé
singulier	1re p.	digo	he dicho	diga	haya dicho
	2e p.	dices	has dicho	digas	hayas dicho
	3e p.	dice	ha dicho	diga	haya dicho
pluriel	1re p.	decimos	hemos dicho	digamos	hayamos dicho
	2e p.	decís	habéis dicho	digáis	hayáis dicho
	3e p.	dicen	han dicho	digan	hayan dicho
		Imparfait	Plus-que-parfait	Imparfait	Plus-que-parfait
singulier	1re p.	decía	había dicho	dijera	hubiera dicho
	2e p.	decías	habías dicho	dijeras	hubieras dicho
	3e p.	decía	había dicho	dijera	hubiera dicho
pluriel	1re p.	decíamos	habíamos dicho	dijéramos	hubiéramos dicho
	2e p.	decíais	habíais dicho	dijerais	hubierais dicho
	3e p.	decían	habían dicho	dijeran	hubieran dicho
		Prétérit	Passé antérieur		
singulier	1re p.	dije	hube dicho	dijese	hubiese dicho
	2e p.	dijiste	hubiste dicho	dijeses	hubieses dicho
	3e p.	dijo	hubo dicho	dijese	hubiese dicho
pluriel	1re p.	dijimos	hubimos dicho	dijésemos	hubiésemos dicho
	2e p.	dijisteis	hubisteis dicho	dijeseis	hubieseis dicho
	3e p.	dijeron	hubieron dicho	dijesen	hubiesen dicho

		Futur simple	Futur antérieur	Futur	Futur antérieur
singulier	1re p.	diré	habré dicho	dijere	hubiere dicho
	2e p.	dirás	habrás dicho	dijeres	hubieres dicho
	3e p.	dirá	habrá dicho	dijere	hubiere dicho
pluriel	1re p.	diremos	habremos dicho	dijéremos	hubiéremos dicho
	2e p.	diréis	habréis dicho	dijereis	hubiereis dicho
	3e p.	dirán	habrán dicho	dijeren	hubieren dicho

		Conditionnel présent	Conditionnel passé
singulier	1re p.	diría	habría dicho
	2e p.	dirías	habrías dicho
	3e p.	diría	habría dicho
pluriel	1re p.	diríamos	habríamos dicho
	2e p.	diríais	habríais dicho
	3e p.	dirían	habrían dicho

IMPÉRATIF

Présent	Formes empruntées au subjonctif
di (tú)	diga (él, ella, usted)
decid (vosotros)	digamos (nosotros)
	digan (ellos, ellas, ustedes)

75 ver *voir*

Mode impersonnel

	Formes simples	Formes composées
Infinitif	ver	haber visto
Gérondif	viendo	habiendo visto
Participe passé	visto	

Modes personnels

		INDICATIF		SUBJONCTIF	
		Formes simples	Formes composées	Formes simples	Formes composées
		Présent	Passé composé	Présent	Passé
singulier	1re p.	veo	he visto	vea	haya visto
	2e p.	ves	has visto	veas	hayas visto
	3e p.	ve	ha visto	vea	haya visto
pluriel	1re p.	vemos	hemos visto	veamos	hayamos visto
	2e p.	veis	habéis visto	veáis	hayáis visto
	3e p.	ven	han visto	vean	hayan visto
		Imparfait	Plus-que-parfait	Imparfait	Plus-que-parfait
singulier	1re p.	veía	había visto	viera	hubiera visto
	2e p.	veías	habías visto	vieras	hubieras visto
	3e p.	veía	había visto	viera	hubiera visto
pluriel	1re p.	veíamos	habíamos visto	viéramos	hubiéramos visto
	2e p.	veíais	habíais visto	vierais	hubierais visto
	3e p.	veían	habían visto	vieran	hubieran visto
		Prétérit	Passé antérieur		
singulier	1re p.	vi	hube visto	viese	hubiese visto
	2e p.	viste	hubiste visto	vieses	hubieses visto
	3e p.	vio	hubo visto	viese	hubiese visto
pluriel	1re p.	vimos	hubimos visto	viésemos	hubiésemos visto
	2e p.	visteis	hubisteis visto	vieseis	hubieseis visto
	3e p.	vieron	hubieron visto	viesen	hubiesen visto

Verbe irrégulier

		Futur simple	Futur antérieur	Futur	Futur antérieur
singulier	1re p.	veré	habré visto	viere	hubiere visto
	2e p.	verás	habrás visto	vieres	hubieres visto
	3e p.	verá	habrá visto	viere	hubiere visto
pluriel	1re p.	veremos	habremos visto	viéremos	hubiéremos visto
	2e p.	veréis	habréis visto	viereis	hubiereis visto
	3e p.	verán	habrán visto	vieren	hubieren visto

		Conditionnel présent	Conditionnel passé
singulier	1re p.	vería	habría visto
	2e p.	verías	habrías visto
	3e p.	vería	habría visto
pluriel	1re p.	veríamos	habríamos visto
	2e p.	veríais	habríais visto
	3e p.	verían	habrían visto

IMPÉRATIF

Présent	Formes empruntées au subjonctif
ve (tú)	vea (él, ella, usted)
ved (vosotros)	veamos (nosotros)
	vean (ellos, ellas, ustedes)

76 haber *avoir, y avoir*

Mode impersonnel	Formes simples	Formes composées
Infinitif	haber	haber habido
Gérondif	habiendo	habiendo habido
Participe passé	habido	

Modes personnels

		INDICATIF		SUBJONCTIF	
		Formes simples	Formes composées	Formes simples	Formes composées
		Présent	Passé composé	Présent	Passé
singulier	1re p.	he	he habido	haya	haya habido
	2e p.	has	has habido	hayas	hayas habido
	3e p.	ha (hay)	ha habido	haya	haya habido
pluriel	1re p.	hemos	hemos habido	hayamos	hayamos habido
	2e p.	habéis	habéis habido	hayáis	hayáis habido
	3e p.	han	han habido	hayan	hayan habido
		Imparfait	Plus-que-parfait	Imparfait	Plus-que-parfait
singulier	1re p.	había	había habido	hubiera	hubiera habido
	2e p.	habías	habías habido	hubieras	hubieras habido
	3e p.	había	había habido	hubiera	hubiera habido
pluriel	1re p.	habíamos	habíamos habido	hubiéramos	hubiéramos habido
	2e p.	habíais	habíais habido	hubierais	hubierais habido
	3e p.	habían	habían habido	hubieran	hubierano habido
		Prétérit	Passé antérieur		
singulier	1re p.	hube	hube habido	hubiese	hubiese habido
	2e p.	hubiste	hubiste habido	hubieses	hubieses habido
	3e p.	hubo	hubo habido	hubiese	hubiese habido
pluriel	1re p.	hubimos	hubimos habido	hubiésemos	hubiésemos habido
	2e p.	hubisteis	hubisteis habido	hubieseis	hubieseis habido
	3e p.	hubieron	hubieron habido	hubiesen	hubiesen habid

Verbe irrégulier

		Futur simple	Futur antérieur	Futur	Futur antérieur
singulier	1re p.	habré	habré habido	hubiere	hubiere habido
	2e p.	habrás	habrás habido	hubieres	hubieres habido
	3e p.	habrá	habrá habido	hubiere	hubiere habido
pluriel	1re p.	habremos	habremos habido	hubiéremos	hubiéremos habido
	2e p.	habréis	habréis habido	hubiereis	hubiereis habido
	3e p.	habrán	habrán habido	hubieren	hubieren habido

		Conditionnel présent	Conditionnel passé
singulier	1re p.	habría	habría habido
	2e p.	habrías	habrías habido
	3e p.	habría	habría habido
pluriel	1re p.	habríamos	habríamos habido
	2e p.	habríais	habríais habido
	3e p.	habrían	habrían habido

IMPÉRATIF	
Présent	Formes empruntées au subjonctif
he (tú)	haya (él, ella, usted)
habed (vosotros)	hayamos (nosotros)
	hayan (ellos, ellas, ustedes)

77 ir *aller*

Mode impersonnel		
	Formes simples	Formes composées
Infinitif	ir	haber ido
Gérondif	yendo	habiendo ido
Participe passé	ido	

Modes personnels						
		INDICATIF		SUBJONCTIF	
		Formes simples	Formes composées	Formes simples	Formes composées
		Présent	Passé composé	Présent	Passé
singulier	1re p.	voy	he ido	vaya	haya ido
	2e p.	vas	has ido	vayas	hayas ido
	3e p.	va	ha ido	vaya	haya ido
pluriel	1re p.	vamos	hemos ido	vayamos	hayamos ido
	2e p.	vais	habéis ido	vayáis	hayáis ido
	3e p.	van	han ido	vayan	hayan ido
		Imparfait	Plus-que-parfait	Imparfait	Plus-que-parfait
singulier	1re p.	iba	había ido	fuera	hubiera ido
	2e p.	ibas	habías ido	fueras	hubieras ido
	3e p.	iba	había ido	fuera	hubiera ido
pluriel	1re p.	íbamos	habíamos ido	fuéramos	hubiéramos ido
	2e p.	ibais	habíais ido	fuerais	hubierais ido
	3e p.	iban	habían ido	fueran	hubieran ido
		Prétérit	Passé antérieur		
singulier	1re p.	fui	hube ido	fuese	hubiese ido
	2e p.	fuiste	hubiste ido	fueses	hubieses ido
	3e p.	fue	hubo ido	fuese	hubiese ido
pluriel	1re p.	fuimos	hubimos ido	fuésemos	hubiésemos ido
	2e p.	fuisteis	hubisteis ido	fueseis	hubieseis ido
	3e p.	fueron	hubieron ido	fuesen	hubiesen ido

Verbe irrégulier

		Futur simple	Futur antérieur	Futur	Futur antérieur
singulier	1re p.	iré	habré ido	fuere	hubiere ido
	2e p.	irás	habrás ido	fueres	hubieres ido
	3e p.	irá	habrá ido	fuere	hubiere ido
pluriel	1re p.	iremos	habremos ido	fuéremos	hubiéremos ido
	2e p.	iréis	habréis ido	fuereis	hubiereis ido
	3e p.	irán	habrán ido	fueren	hubieren ido

		Conditionnel présent	Conditionnel passé
singulier	1re p.	iría	habría ido
	2e p.	irías	habrías ido
	3e p.	iría	habría ido
pluriel	1re p.	iríamos	habríamos ido
	2e p.	iríais	habríais ido
	3e p.	irían	habrían ido

IMPÉRATIF

Présent	Formes empruntées au subjonctif
ve (tú)	vaya (él, ella, usted)
id (vosotros)	vayamos (nosotros)
	vayan (ellos, ellas, ustedes)

78 ser *être*

Mode impersonnel	Formes simples	Formes composées
Infinitif	ser	haber sido
Gérondif	siendo	habiendo sido
Participe passé	sido	

Modes personnels

		INDICATIF		SUBJONCTIF	
		Formes simples	Formes composées	Formes simples	Formes composées
		Présent	Passé composé	Présent	Passé
singulier	1re p.	soy	he sido	sea	haya sido
	2e p.	eres	has sido	seas	hayas sido
	3e p.	es	ha sido	sea	haya sido
pluriel	1re p.	somos	hemos sido	seamos	hayamos sido
	2e p.	sois	habéis sido	seáis	hayáis sido
	3e p.	son	han sido	sean	hayan sido
		Imparfait	Plus-que-parfait	Imparfait	Plus-que-parfait
singulier	1re p.	era	había sido	fuera	hubiera sido
	2e p.	eras	habías sido	fueras	hubieras sido
	3e p.	era	había sido	fuera	hubiera sido
pluriel	1re p.	éramos	habíamos sido	fuéramos	hubiéramos sido
	2e p.	erais	habíais sido	fuerais	hubierais sido
	3e p.	eran	habían sido	fueran	hubieran sido
		Prétérit	Passé antérieur		
singulier	1re p.	fui	hube sido	fuese	hubiese sido
	2e p.	fuiste	hubiste sido	fueses	hubieses sido
	3e p.	fue	hubo sido	fuese	hubiese sido
pluriel	1re p.	fuimos	hubimos sido	fuésemos	hubiésemos sido
	2e p.	fuisteis	hubisteis sido	fueseis	hubieseis sido
	3e p.	fueron	hubieron sido	fuesen	hubiesen sido

		Futur simple	Futur antérieur	Futur	Futur antérieur
singulier	1re p.	seré	habré sido	fuere	hubiere sido
	2e p.	serás	habrás sido	fueres	hubieres sido
	3e p.	será	habrá sido	fuere	hubiere sido
pluriel	1re p.	seremos	habremos sido	fuéremos	hubiéremos sido
	2e p.	seréis	habréis sido	fuereis	hubiereis sido
	3e p.	serán	habrán sido	fueren	hubieren sido

		Conditionnel présent	Conditionnel passé
singulier	1re p.	sería	habría sido
	2e p.	serías	habrías sido
	3e p.	sería	habría sido
pluriel	1re p.	seríamos	habríamos sido
	2e p.	seríais	habríais sido
	3e p.	serían	habrían sido

IMPÉRATIF

Présent	Formes empruntées au subjonctif
sé (tú)	sea (él, ella, usted)
sed (vosotros)	seamos (nosotros)
	sean (ellos, ellas, ustedes)

79 abolir *abolir*

Mode impersonnel		
	Formes simples	Formes composées
Infinitif	abolir	haber abolido
Gérondif	aboliendo	habiendo abolido
Participe passé	abolido	

Modes personnels					
		INDICATIF		SUBJONCTIF	
		Formes simples	Formes composées	Formes simples	Formes composées
		Présent	Passé composé	Présent	Passé
singulier	1re p.	-	he abolido	-	haya abolido
	2e p.	-	has abolido	-	hayas abolido
	3e p.	-	ha abolido	-	haya abolido
pluriel	1re p.	abolimos	hemos abolido	-	hayamos abolido
	2e p.	abolís	habéis abolido	-	hayáis abolido
	3e p.	-	han abolido	-	hayan abolido
		Imparfait	Plus-que-parfait	Imparfait	Plus-que-parfait
singulier	1re p.	abolía	había abolido	aboliera	hubiera abolido
	2e p.	abolías	habías abolido	abolieras	hubieras abolido
	3e p.	abolía	había abolido	aboliera	hubiera abolido
pluriel	1re p.	abolíamos	habíamos abolido	aboliéramos	hubiéramos abolido
	2e p.	abolíais	habíais abolido	abolierais	hubierais abolido
	3e p.	abolían	habían abolido	abolieran	hubieran abolido
		Prétérit	Passé antérieur		
singulier	1re p.	abolí	hube abolido	aboliese	hubiese abolido
	2e p.	aboliste	hubiste abolido	abolieses	hubieses abolido
	3e p.	abolió	hubo abolido	aboliese	hubiese abolido
pluriel	1re p.	abolimos	hubimos abolido	aboliésemos	hubiésemos abolido
	2e p.	abolisteis	hubisteis abolido	abolieseis	hubieseis abolido
	3e p.	abolieron	hubieron abolido	aboliesen	hubiesen abolido

		Futur simple	Futur antérieur	Futur	Futur antérieur
singulier	1re p.	aboliré	habré abolido	aboliere	hubiere abolido
	2e p.	abolirás	habrás abolido	abolieres	hubieres abolido
	3e p.	abolirá	habrá abolido	aboliere	hubiere abolido
pluriel	1re p.	aboliremos	habremos abolido	aboliéremos	hubiéremos abolido
	2e p.	aboliréis	habréis abolido	aboliereis	hubiereis abolido
	3e p.	abolirán	habrán abolido	abolieren	hubieren abolido

		Conditionnel présent	Conditionnel passé
singulier	1re p.	aboliría	habría abolido
	2e p.	abolirías	habrías abolido
	3e p.	aboliría	habría abolido
pluriel	1re p.	aboliríamos	habríamos abolido
	2e p.	aboliríais	habríais abolido
	3e p.	abolirían	habrían abolido

IMPÉRATIF	
Présent	Formes empruntées au subjonctif
-	-
abolid (vosotros)	-
	-

80 balbucir *balbutier*

Mode impersonnel	Formes simples	Formes composées
Infinitif	balbucir	haber balbucido
Gérondif	balbuciendo	habiendo balbucido
Participe passé	balbucido	

Modes personnels

		INDICATIF		SUBJONCTIF	
		Formes simples	Formes composées	Formes simples	Formes composées
		Présent	Passé composé	Présent	Passé
singulier	1re p.	balbuceo	he balbucido	balbucee	haya balbucido
	2e p.	balbuces	has balbucido	balbucees	hayas balbucido
	3e p.	balbuce	ha balbucido	balbucee	haya balbucido
pluriel	1re p.	balbucimos	hemos balbucido	balbuceemos	hayamos balbucido
	2e p.	balbucís	habéis balbucido	balbuceéis	hayáis balbucido
	3e p.	balbucen	han balbucido	balbuceen	hayan balbucido
		Imparfait	Plus-que-parfait	Imparfait	Plus-que-parfait
singulier	1re p.	balbucía	había balbucido	balbuciera	hubiera balbucido
	2e p.	balbucías	habías balbucido	balbucieras	hubieras balbucido
	3e p.	balbucía	había balbucido	balbuciera	hubiera balbucido
pluriel	1re p.	balbucíamos	habíamos balbucido	balbuciéramos	hubiéramos balbucido
	2e p.	balbucíais	habíais balbucido	balbucierais	hubierais balbucido
	3e p.	balbucían	habían balbucido	balbucieran	hubieran balbucido
		Prétérit	Passé antérieur		
singulier	1re p.	balbucí	hube balbucido	balbuciese	hubiese balbucido
	2e p.	balbuciste	hubiste balbucido	balbucieses	hubieses balbucido
	3e p.	balbució	hubo balbucido	balbuciese	hubiese balbucido
pluriel	1re p.	balbucimos	hubimos balbucido	balbuciésemos	hubiésemos balbucido
	2e p.	balbucisteis	hubisteis balbucido	balbucieseis	hubieseis balbucido
	3e p.	balbucieron	hubieron balbucido	balbuciesen	hubiesen balbucido

Verbe défectif régulier

		Futur simple	Futur antérieur	Futur	Futur antérieur
singulier	1re p.	balbuciré	habré balbucido	balbuciere	hubiere balbucido
	2e p.	balbucirás	habrás balbucido	balbucieres	hubieres balbucido
	3e p.	balbucirá	habrá balbucido	balbuciere	hubiere balbucido
pluriel	1re p.	balbuciremos	habremos balbucido	balbuciéremos	hubiéremos balbucido
	2e p.	balbuciréis	habréis balbucido	balbuciereis	hubiereis balbucido
	3e p.	balbucirán	habrán balbucido	balbucieren	hubieren balbucido

		Conditionnel présent	Conditionnel passé
singulier	1re p.	balbuciría	habría balbucido
	2e p.	balbucirías	habrías balbucido
	3e p.	balbuciría	habría balbucido
pluriel	1re p.	balbuciríamos	habríamos balbucido
	2e p.	balbuciríais	habríais balbucido
	3e p.	balbucirían	habrían balbucido

IMPÉRATIF	
Présent	Formes empruntées au subjonctif
balbuce (tú)	–
balbucid (vosotros)	–
	–

81 desolar *dévaster*

Mode impersonnel		
	Formes simples	Formes composées
Infinitif	desolar	haber desolado
Gérondif	desolando	habiendo desolado
Participe passé	desolado	

Modes personnels						
		INDICATIF		SUBJONCTIF		
		Formes simples	Formes composées	Formes simples	Formes composées
		Présent	Passé composé	Présent	Passé
singulier	1re p.	desuelo	he desolado	desuele	haya desolado
	2e p.	desuelas	has desolado	desueles	hayas desolado
	3e p.	desuela	ha desolado	desuele	haya desolado
pluriel	1re p.	desolamos	hemos desolado	desolemos	hayamos desolado
	2e p.	desoláis	habéis desolado	desoléis	hayáis desolado
	3e p.	desuelan	han desolado	desuelen	hayan desolado
		Imparfait	Plus-que-parfait	Imparfait	Plus-que-parfait
singulier	1re p.	desolaba	había desolado	desolara	hubiera desolado
	2e p.	desolabas	habías desolado	desolaras	hubieras desolado
	3e p.	desolaba	había desolado	desolara	hubiera desolado
pluriel	1re p.	desolábamos	habíamos desolado	desoláramos	hubiéramos desolado
	2e p.	desolabais	habíais desolado	desolarais	hubierais desolado
	3e p.	desolaban	habían desolado	desolaran	hubieran desolado
		Prétérit	Passé antérieur		
singulier	1re p.	desolé	hube desolado	desolase	hubiese desolado
	2e p.	desolaste	hubiste desolado	desolases	hubieses desolado
	3e p.	desoló	hubo desolado	desolase	hubiese desolado
pluriel	1re p.	desolamos	hubimos desolado	desolásemos	hubiésemos desolado
	2e p.	desolasteis	hubisteis desolado	desolaseis	hubieseis desolado
	3e p.	desolaron	hubieron desolado	desolasen	hubiesen desolado

		Futur simple	Futur antérieur	Futur	Futur antérieur
singulier	1re p.	desolaré	habré desolado	desolare	hubiere desolado
	2e p.	desolarás	habrás desolado	desolares	hubieres desolado
	3e p.	desolará	habrá desolado	desolare	hubiere desolado
pluriel	1re p.	desolaremos	habremos desolado	desoláremos	hubiéremos desolado
	2e p.	desolaréis	habréis desolado	desolareis	hubiereis desolado
	3e p.	desolarán	habrán desolado	desolaren	hubieren desolado

		Conditionnel présent	Conditionnel passé
singulier	1re p.	desolaría	habría desolado
	2e p.	desolarías	habrías desolado
	3e p.	desolaría	habría desolado
pluriel	1re p.	desolaríamos	habríamos desolado
	2e p.	desolaríais	habríais desolado
	3e p.	desolarían	habrían desolado

IMPÉRATIF

Présent	Formes empruntées au subjonctif
desuela (tú)	desuele (él, ella, usted)
desolad (vosotros)	desolemos (nosotros)
	desuelen (ellos, ellas, ustedes)

82 soler *avoir l'habitude de* — Verbe défectif

Mode impersonnel	Formes simples	Formes composées
Infinitif	soler	haber solido
Gérondif	soliendo	habiendo solido
Participe passé	-	

Modes personnels

		INDICATIF		SUBJONCTIF	
		Formes simples	Formes composées	Formes simples	Formes composées
		Présent	Passé composé	Présent	Passé
singulier	1re p.	suelo	he solido	suela	-
	2e p.	sueles	has solido	suelas	-
	3e p.	suele	ha solido	suela	-
pluriel	1re p.	solemos	hemos solido	solamos	-
	2e p.	soléis	habéis solido	soláis	-
	3e p.	suelen	han solido	suelan	-
		Imparfait	Plus-que-parfait	Imparfait	Plus-que-parfait
singulier	1re p.	solía	-	soliera	-
	2e p.	solías	-	solieras	-
	3e p.	solía	-	soliera	-
pluriel	1re p.	solíamos	-	soliéramos	-
	2e p.	solíais	-	solierais	-
	3e p.	solían	-	solieran	-
		Prétérit	Passé antérieur		
singulier	1re p.	-	-	soliese	-
	2e p.	-	-	solieses	-
	3e p.	-	-	soliese	-
pluriel	1re p.	-	-	soliésemos	-
	2e p.	-	-	solieseis	-
	3e p.	-	-	soliesen	-

INDEX DES VERBES

A

abacorar 01 *vt Car, Pérou* harceler
abalear 01 *vt* AGRIC cribler - *AmC, Andes, Ven* cribler (de coups de feu)
abandonar 01 *vt* abandonner - quitter
abanicar 13 *vt* éventer (avec un éventail)
abarcar 13 *vt* comprendre - embrasser du regard
abastecer 45 *vt* approvisionner - ravitailler
abatir 03 *vt/vi* abattre
abdicar 13 *vt/vi* abdiquer
ablandar 01 *vt* ramollir ; *vi* tomber (vent)
abofetear 01 *vt* gifler - bafouer
abolir 79 *vt* abolir
abollar 01 *vt* cabosser
abonar 01 *vt* régler - abonner
abordar 01 *vt* aborder
aborrecer 45 *vt* abhorrer - abandonner (son nid, ses petits)
abortar 01 *vi* avorter ; *vt* déjouer
abrasar 01 *vt* embraser ; *vi* brûler
abrazar 16 *vt* étreindre - entourer
abreviar 08 *vt/vi* abréger
abrigar 19 *vt* couvrir ; *vi* tenir chaud
abrillantar 01 *vt* lustrer - polir
abrir 03 *vt/vi* ouvrir
abrochar 01 *vt* boutonner - agrafer
abrumar 01 *vt* écraser - gêner
absolver 35 *vt* innocenter - absoudre de
absorber 02 *vt* absorber - accaparer
abultar 01 *vt* gonfler ; *vi* prendre de la place
aburrir 03 *vt* ennuyer
abusar 01 *vi* exagérer
acabar 01 *vt/vi* finir
acalorarse 01 *vp* s'échauffer (avoir chaud)
acampar 01 *vi* camper ; *vt* bivouaquer
acaparar 01 *vt* accaparer
acariciar 08 *vt* caresser - fig nourrir
acatarrar 01 *vt Mex* ennuyer - fatiguer
acechar 01 *vt* guetter
acelerar 01 *vt/vi* accélérer
acentuar 09 *vt* accentuer - souligner
aceptar 01 *vt* accepter
acercar 13 *vt* rapprocher - accompagner, ramener
acertar 22 *vt* deviner ; *vi* mettre dans le mille
aclamar 01 *vt* acclamer - nommer
aclarar 01 *vt* éclaircir ; *vi* s'éclaircir
aclimatar 01 *vt* acclimater
acoger 17 *vt* accueillir
acomodar 01 *vt* installer - placer
acompañar 01 *vt* accompagner ; *vi* tenir compagnie

acondicionar 01 *vt* aménager – climatiser
aconsejar 01 *vt* conseiller – engager à
acontecer 45 *vi* arriver – avoir lieu
acoplar 01 *vt* ajuster – adapter
acordar 28 *vt* se mettre d'accord pour – décider de
acortar 01 *vt* raccourcir ; *vi* couper (par)
acosar 01 *vt* poursuivre – traquer
acostar 28 *vt* coucher ; *vi* NAUT aborder
acostumbrar 01 *vi* avoir l'habitude de
acreditar 01 *vt* accréditer – confirmer
activar 01 *vt* déclencher – activer
actualizar 16 *vt* actualiser – mettre à jour
actuar 09 *vi* agir – jouer (spectacle)
acumular 01 *vt* accumuler – cumuler
acusar 01 *vt* accuser – reprocher
adaptar 01 *vt* adapter
adecuar 10 *vt* adapter – accommoder
adelantar 01 *vt* doubler ; *vi* avancer (montre, argent, date)
adelgazar 16 *vi* maigrir ; *vt* faire maigrir
adherir 55 *vt* coller
adivinar 01 *vt* voir – deviner
adjuntar 01 *vt* joindre
administrar 01 *vt* administrer – gérer
admirar 01 *vt* admirer – étonner
admitir 03 *vt* admettre – accepter
adoptar 01 *vt* adopter – prendre (nationalité, nom)
adorar 01 *vt* adorer
adornar 01 *vt* orner ; *vi* décorer
adquirir 38 *vt* acquérir
advertir 55 *vt* avertir – remarquer
afear 01 *vt* enlaidir – reprocher
afectar 01 *vt* affecter – feindre
afeitarse 01 *vp* se raser
afilar 01 *vt* affiler – aiguiser
afinar 01 *vt* accorder (instrument) ; *vi* chanter ou jouer juste
afirmar 01 *vt* affirmer ; *vi* confirmer
afligir 18 *vt* affliger
aflojar 01 *vt* desserrer ; *vi* diminuer
agarrar 01 *vt* saisir ; *vi* prendre (plante, teinture)
agitar 01 *vt* agiter – troubler
agobiar 08 *vt* accabler – stresser
agorar 31 *vt* prédire
agotar 01 *vt* épuiser – vider
agradar 01 *vi* plaire
agradecer 45 *vt* remercier – avoir besoin de
agredir 79 *vt* attaquer – agresser
agregar 19 *vt* ajouter – affecter (employé)
agrupar 01 *vt* regrouper – réunir
aguantar 01 *vt* tenir ; *vi* résister

aguardar 01 *vt/vi* attendre
agujerear 01 *vt* percer - faire des trous dans
ahincar 06 *vt* insister
ahogar 19 *vt* noyer - étouffer
ahorcar13 *vt* pendre (personne) - abandonner (études)
ahorrar 01 *vt* économiser ; *vi* faire des économies
ahuecar 13 *vt* creuser ; *vi* se casser (partir)
airear 01 *vt* aérer - rendre public
aislar 04 *vt* isoler
ajustar 01 *vt* ajuster ; *vi* bien fermer
alabar 01 *vt* louer - faire des éloges à
alargar 19 *vt/vi* allonger
alarmar 01 *vt* alarmer - prévenir
albergar 19 *vt* héberger - abriter
alborotar 01 *vi* faire du tapage ; *vt* troubler
alcanzar 16 *vt* atteindre ; *vi* y arriver
alegrar 01 *vt* réjouir - égayer
alejar 01 *vt* éloigner
alfabetizar 16 *vt* alphabétiser - classer par ordre alphabétique
aligerar 01 *vt* alléger ; *vi* se dépêcher
alimentar 01 *vt* nourrir ; *vi* nourrir
alinear 01 *vt* aligner
aliñar 01 *vt* assaisonner
aliviar 08 *vt/vi* soulager
almacenar 01 *vt* emmagasiner - accumuler
almidonar 01 *vt* empeser - amidonner
almorzar 33 *vi* déjeuner ; *vt* manger au déjeuner
alojar 01 *vt* loger - contenir
alquilar 01 *vt* louer - *RP* tfam faire marcher (quelqu'un)
alterar 01 *vt* changer - troubler
alternar 01 *vt/vi* alterner
alucinar 01 *vi* halluciner ; *vt* séduire
alumbrar 01 *vt/vi* éclairer
alzar 16 *vt* lever ; *vi* élever l'hostie
amaestrar 01 *vt* dresser
amamantar 01 *vt* allaiter - nourrir au sein
amanecer 45 *v impers* faire jour ; *vi* se réveiller (le matin)
amansar 01 *vt* dompter (animal) - calmer (personne)
amar 01 *vt* aimer
amargar 19 *vi* être amer ; *vt* rendre amer
amarillear 03 *vi* jaunir - pâlir
amarrar 01 *vt* amarrer - attacher
amasar 01 *vt* pétrir - amasser (argent)
amenazar 16 *vt* menacer ; *v impers* menacer de
amenizar 16 *vt* animer - égayer
ametrallar 01 *vt* mitrailler
amontonar 01 *vt* entasser - amonceler
amordazar 16 *vt* bâillonner (personne) - museler (animal)

amortiguar 11 *vt* amortir – atténuer
amparar 01 *vt* protéger
ampliar 07 *vt* agrandir – étendre
amueblar 01 *vt* meubler
amuermar 01 *vt fam* assommer – embêter
amurallar 01 *vt* entourer de murailles – fortifier
analizar 16 *vt* analyser
andar 54 *vi* marcher ; *vt* parcourir
angustiar 08 *vt* angoisser – affliger
anhelar 01 *vt* souhaiter ardemment – aspirer à
anidar 01 *vi* nicher (oiseau) - se loger (sentiment, pensée)
animar 01 *vt* encourager – remonter (moral)
aniquilar 01 *vt* anéantir – écraser (adversaire)
anochecer 45 *vi* arriver ou se trouver dans un endroit à la tombée de la nuit
anotar 01 *vt* noter – annoter
anteceder 02 *vi* précéder
anticipar 01 *vt* anticiper – avancer
anular 01 *vt* décommander – annuler
anunciar 08 *vt* annoncer – faire de la publicité pour
añadir 03 *vt* ajouter
añorar 01 *vt* regretter – avoir la nostalgie de
apadrinar 01 *vt* être le parrain de fig défendre

apagar 19 *vt* éteindre – gâcher
apalabrar 01 *vt* s'entendre sur – engager
apanar 01 *vt AmC, Andes, RP* paner
apapachar 01 *vt Mex* fam cajoler – câliner
aparcar 13 *vt* garer ; *vi* se garer
aparecer 45 *vi* apparaître ; *vt Mex* sortir
aparejar 01 *vt* apprêter – harnacher
aparentar 01 *vt* feindre ; *vi* se donner des airs
apartar 01 *vt* écarter ; *vi* se pousser
apasionar 01 *vt* passionner
apellidar 01 *vt* appeler – surnommer
apenar 01 *vt* peiner – faire de la peine
apestar 01 *vt* empester ; *vi* puer
apetecer 45 *vt* désirer ; *vi* avoir envie de
apiñar 01 *vt* entasser – empiler
aplanar 01 *vt* aplanir – niveler
aplastar 01 *vt* aplatir – écraser
aplaudir 03 *vt/vi* applaudir
aplazar 16 *vt* ajourner – différer
aplicar 13 *vt* appliquer
aportar 01 *vt* apporter ; *vi* arriver à
apostar 28 *vt/vi* parier
apoyar 01 *vt* poser – appuyer
apreciar 08 *vt* apprécier – discerner

apremiar 08 *vt/vi* presser
aprender 02 *vt/vi* apprendre
apresurar 01 *vt* presser - avancer (réunion)
apretar 22 *vt* serrer ; *vi* être vif
apretujar 01 *vt* compresser
aprobar 28 *vt* approuver ; *vi* réussir (examen)
aprovechar 01 *vt* profiter de ; *vi* en profiter
aproximar 01 *vt* approcher - rapprocher
apunarse 01 *vp CSud* avoir le mal des montagnes
apuntar 01 *vt* pointer ; *vi* mettre en joue
apuñalar 01 *vt* poignarder
apurar 01 *vt* finir ; *vi Andes* se presser
arañar 01 *vt/vi* griffer
arar 01 *vt* labourer - sillonner
arbitrar 01 *vt/vi* arbitrer
archivar 01 *vt* archiver - enregistrer
arder 02 *vi* brûler - être brûlant (plat, boisson)
argüir 53 *vt* prouver
argumentar 01 *vt* alléguer ; *vi* argumenter
armar 01 *vt* armer - bander
armonizar 16 *vt* harmoniser ; *vi* aller bien ensemble
arraigar 19 *vi* s'enraciner ; *vt* enraciner
arrancar 13 *vt* arracher ; *vi* démarrer
arrastrar 01 *vt* traîner ; *vi* traîner par terre
arrebatar 01 *vt* arracher - séduire complètement
arreglar 01 *vt* réparer ; *vi Am* s'arranger (planifier)
arrepentirse 55 *vp* se repentir - se rétracter
arrestar 01 *vt* arrêter - mettre aux arrêts
arriesgar 19 *vt* risquer - tenter
arrimar 01 *vt* approcher - appuyer
arrodillar 01 *vt* mettre à genoux
arrojar 01 *vt* lancer ; *vi fam* vomir
arrugar 19 *vt* chiffonner - rider
arruinar 01 *vt* ruiner - détruire
articular 01 *vt/vi* articuler
asaltar 01 *vt* assaillir - agresser
asar 01 *vt* rôtir - fig/fam casser les oreilles ou les pieds
ascender 26 *vi* monter ; *vt* promouvoir
asear 01 *vt* faire la toilette - préparer
asegurar 01 *vt* assurer - fixer
asentir 55 *vi* acquiescer
asesinar 01 *vt* assassiner - tuer
asesorar 01 *vt* conseiller
asfaltar 01 *vt* asphalter
asfixiar 08 *vt* asphyxier - étouffer
asimilar 01 *vt* assimiler - digérer
asir 51 *vt* saisir
asistir 03 *vt* assister ; *vi* être présent

asociar 08 *vt* associer - faire de qqn un associé
asolar 28 *vt* dévaster - dessécher
asomar 01 *vi* dépasser ; *vt* montrer
asombrar 01 *vt* étonner - ombrager
asorochar 01 *vt Andes* donner le mal des montagnes
aspirar 01 *vt/vi* aspirer
asumir 03 *vt* assumer - prendre (un tour, des proportions)
asustar 01 *vt* faire peur - effrayer
atacar 13 *vt/vi* attaquer
atar 01 *vt* attacher - lier
atender 26 *vt* satisfaire ; *vi* faire ou prêter attention
aterrizar 16 *vi* atterrir - *fam* débarquer (quelque part)
aterrorizar 16 *vt* terrifier - terroriser
atestiguar 11 *vt/vi* témoigner
atinar 01 *vi* viser juste - taper dans le mille
atolondrar 01 *vt* étourdir
atorar 01 *vt* boucher - obstruer
atracar 13 *vt* attaquer ; *vi* accoster
atraer 60 *vt* exercer une attraction sur - attirer
atragantar 01 *vi* coincer dans la gorge - rester en travers de la gorge
trapar 01 *vt* attraper
trasar 01 *vt/vi* retarder
travesar 22 *vt* traverser ; ne pas supporter
atreverse 02 *vp* oser
atribuir 52 *vt* attribuer
atropellar 01 *vt* écraser - bousculer
aullar 05 *vi* hurler
aumentar 01 *vt* augmenter ; *vi* grossir
autorizar 16 *vt* autoriser - authentifier
auxiliar 08 *vt* aider - assister
avalar 01 *vt* avaliser - appuyer
avanzar 16 *vi/vt* avancer
aventar 22 *vt* éventer - agiter (air, vent)
avergonzar 32 *vt* faire honte
averiar 08 *vt* endommager (véhicule, moteur) - avarier (marchandise)
averiguar 11 *vt* enquêter sur ; *vi AmC, Mex* se disputer
avisar 01 *vt* avertir - appeler
avituallar 01 *vt* ravitailler
ayudar 01 *vt* aider - venir en aide à
ayunar 01 *vi* jeûner

B

bailar 01 *vi/vt* danser
bajar 01 *vi/vt* descendre
balacear 01 *vt Am* tirer
balar 01 *vi* bêler
balbucir 80 *vt/vi* balbutier
bañar 01 *vt* baigner - tremper
barajar 01 *vt/vi* mélanger (cartes)
barnizar 16 *vt* vernir - vernisser (une poterie, une faïence)

barrer 02 *vt/vi* balayer
bastar 01 *vi* suffire
batir 03 *vt* battre (vagues, aliment, rival) ; *vi* taper (soleil, vent)
bautizar 16 *vt* baptiser – asperger
beber 02 *vt/vi* boire
bendecir 74 *vt* bénir – louer
beneficiar 08 *vt* bénéficier à – cultiver
besar 01 *vt* embrasser – toucher
birlar 01 *vt* piquer (argent, objet)
blanquear 01 *vt/vi* blanchir
blindar 01 *vt* blinder
bloquear01 *vt* bloquer – geler
boicotear01 *vt* boycotter
bolear 01 *vi* jouer (au billard, sans engager la partie) ; *vt Mex* cirer
bombardear 01 *vt* bombarder
bonificar 13 *vt* augmenter (financièrement) – faire une réduction à
bordar 01 *vt* broder – fignoler
bordear 01 *vt* border ; *vi* NAUT tirer des bords
borrar 01 *vt* effacer – barrer
bostezar 16 *vi* bâiller
botar 01 *vt* lancer (bateau) ; *vi* rebondir
boxear 01 *vi* boxer
brillar 01 *vi* briller – rayonner
brindar 01 *vi* trinquer ; *vt* TAUROM offrir
bromear 01 *vi* plaisanter
broncear 01 *vt* brunir – bronzer (métal, statue)
brotar 01 *vi* pousser (plante) – jaillir (eau)
bucear 01 *vi* nager sous l'eau – plonger
burlar 01 *vt* échapper à – tromper
buscar 13 *vt/vi* chercher

C

cabalgar 19 *vi* chevaucher ; *vt* monter
cabecear 01 *vi* dodeliner de la tête ; *vt* faire une tête (avec le ballon)
caber 66 *vi* tenir (quelque part) – être possible
cabrear 01 *vt* taper sur les nerfs ; *vi Am* jouer en sautant
cacarear 01 *vi* caqueter ; *vt* se vanter de
cachear 01 *vt* fouiller – *Chili* donner un coup de corne
caducar 13 *vi* être périmé – expirer
caer 49 *vi* tomber – pendre
cagar 19 *vi* tfam faire caca ; *vt* foirer
calar 01 *vt* tremper (personne, vêtement) ; *vi* être perméable
calcar 13 *vt* calquer – décalquer
calcular 01 *vt* calculer – penser
caldear 01 *vt* chauffer – rougir (métaux)
calentar 22 *vt* faire chauffer ; *vi* s'échauffer
calibrar 01 *vt* calibrer – jauger

calificar 13 *vt* qualifier - noter (devoir, élève)

callar 01 *vi* se taire ; *vt* taire

calmar 01 *vt* calmer ; *vi* tomber (vent)

calumniar 08 *vt* calomnier

calzar 16 *vt* chausser ; *vi* porter des chaussures

cambiar 08 *vt/vi* changer

caminar 01 *vi* marcher ; *vt* parcourir

camuflar 01 *vt* camoufler

cancelar 01 *vt* annuler - décommander

canjear 01 *vt* échanger

cansar 01 *vt/vi* fatiguer

cantar 01 *vt/vi* chanter

canturrear 01 *vi* chantonner - fredonner

captar 01 *vt* capter - attirer

capturar 01 *vt* capturer

caracterizar 16 *vt* caractériser - interpréter

carecer 45 *vi* manquer

cargar 19 *vt/vi* charger

cargosear 01 *vt CSud* harceler - importuner

carnear 01 *vt Andes, RP* - abattre, dépecer les animaux de boucherie - escroquer

cartear 01 *vi* se défausser (aux cartes)

casar 01 *vt* marier ; *vi* correspondre

cascar 13 *vt* casser (pot, œuf, amande) ; *vi* papoter

castigar 19 *vt* punir - châtier

castrar 01 *vt* châtrer - tailler

catar 01 *vt* goûter - châtrer

catear 01 *Esp* fam *vt* recaler ; *vi* être recalé

causar 01 *vt* causer - susciter

cautivar 01 *vt* captiver - faire prisonnier

cavar 01 *vt* bêcher ; *vi* creuser

cavilar 01 *vi* fam cogiter ; *vt* penser à

cazar 16 *vt/vi* chasser

cebar 01 *vt* engraisser ; *vi* pénétrer (clou, vis)

cecear 01 *vi* zézayer

ceder 02 *vt/vi* céder

celebrar 01 *vt* célébrer ; *vi* célébrer la messe

cenar 01 *vi* dîner ; *vt* dîner de

censar 01 *vt* recenser ; *vi* effectuer un recensement

censurar 01 *vt* censurer - blâmer

centrar 01 *vt/vi* centrer

centrifugar 19 *vt* centrifuger

ceñir 39 *vt* serrer - mouler

cepillar 01 *vt* brosser - raboter

cercar 13 *vt* clore (terrain) - assiéger

cerrar 22 *vt/vi* fermer

certificar 13 *vt* attester - recommander (lettre)

cesar 01 *vi* cesser ; *vt* démettre de ses fonctions

chafar 01 *vt* aplatir - écraser

chambear 01 *vi Mex* fam bosser

chamuscar 13 *vt* brûler - roussir
chapar 01 *vt* plaquer ; *vi* bosser
charlar 01 *vi* discuter ; *vt* raconter
chatear 01 *vi* INFORM chatter - *Esp* fam boire un coup
chiflar 01 *vi/vt* siffler
chillar 01 *vi* crier ; *vt* gronder
chingar 19 *vt Esp, Mex* tfam enquiquiner
chivar 01 *vt* souffler (réponse) - *Am* casser les pieds
chocar 13 *vi* entrer en collision ; *vt* se serrer (les mains)
chorrear 01 *vi/vt* couler
chupar 01 *vt* sucer ; *vi* jouer personnel (sportif)
chutar 01 *vi* SPORT tirer - marcher (fonctionner)
cicatrizar 16 *vi/vt* cicatriser
circular 01 *vi* circuler
circunscribir 03 *vt* GÉOM circonscrire
citar 01 *vt* donner rendez-vous - citer
clarear 01 *vt* éclaircir ; *vi* poindre
clasificar 13 *vt* classer ; *vi Am* SPORT se qualifier
claudicar 13 *vi* abdiquer - se soumettre
clausurar 01 *vt* clôturer - fermer
clavar 01 *vt* clouer
coaccionar 01 *vt* contraindre
cobijar 01 *vt* abriter - héberger
cobrar 01 *vt* toucher (salaire, chèque) ; *vi* recevoir un paiement
cocear 01 *vi* ruer
cocer 36 *vt* cuire ; *vi* bouillir
cocinar 01 *vt/vi* cuisiner
codiciar 08 *vt* convoiter
coger 17 *vt/vi* prendre
cohabitar 01 *vi* cohabiter
coincidir 03 *vi* coïncider - se rencontrer
cojear 01 *vi* boiter - être bancal
cojudear 01 *Andes vt* fam rouler (quelqu'un) ; *vi* faire l'idiot
colar 28 *vt* passer (liquide) ; *vi* prendre (histoire, excuses)
coleccionar 01 *vt* collectionner
colgar 30 *vt* suspendre ; *vi* pendre
colmar 01 *vt* remplir à ras bord - combler
colocar 13 *vt* mettre ; *vi* fam être fort (alcool, drogue)
colonizar 16 *vt* coloniser
columpiar 08 *vt* balancer (sur une balançoire)
combatir 03 *vt/vi* combattre
combinar 01 *vt* combiner - associer
comentar 01 *vt* commenter - dire
comenzar 23 *vt/vi* commencer
comer 02 *vt/vi* manger
comercializar 16 *vt* commercialiser - rendre commercial
cometer 02 *vt* commettre - faire (faute d'orthographe)
compadecer 45 *vt* plaindre - compatir à

compadrear 01 *vi* sympathiser - se lier
compaginar 01 *vt* concilier - mettre en page
comparar 01 *vt/vi* comparer
compartir 03 *vt* partager
compenetrarse 01 *vp* se compléter - CHIM se mêler
compensar 01 *vt* compenser - dédommager
competir 39 *vi* concourir - se faire concurrence
complacer 61 *vt* se réjouir de - faire plaisir à
complementar 01 *vt* compléter
completar 01 *vt* compléter - terminer
complicar 13 *vt* compliquer - embrouiller
componer 69 *vt/vi* composer
comportar 01 *vt* comporter - supposer
comprar 01 *vt* acheter
comprender 02 *vt* comprendre
comprimir 03 *vt* comprimer - réprimer
comprobar 28 *vt* vérifier - constater
comprometer 02 *vt* mettre en péril - compromettre
comulgar 19 *vi* communier
comunicar 13 *vt* communiquer ; *vi* être occupé (téléphone)
concebir 39 *vt* concevoir ; *vi* tomber enceinte
conceder 02 *vt* accorder - décerner
concentrar 01 *vt* réunir - concentrer
concertar 22 *vt* s'entendre sur ; *vi* GRAM s'accorder
conciliar 08 *vt* concilier - trouver (le sommeil)
concluir 52 *vt* conclure ; *vi* se terminer
concordar 28 *vi* être en accord ou en conformité avec ; *vt* mettre d'accord
concretar 01 *vt* préciser - convenir
concurrir 03 *vi* assister
concursar 01 *vi* concourir ; *vt* ADMIN décider
condenar 01 *vt* condamner - RELIG damner
condensar 01 *vt* condenser - regrouper
condimentar 01 *vt* assaisonner - épicer
conducir 59 *vt/vi* conduire
conectar 01 *vt* connecter - allumer
confesar 22 *vt* avouer - confesser
confiar 07 *vt* confier
configurar 01 *vt* configurer
confirmar 01 *vt* confirmer - RELIG faire sa confirmation
confiscar 13 *vt* confisquer
conformar 01 *vt* constituer
confundir 03 *vt* confondre - embrouiller
congelar 01 *vt* geler - congeler
congregar 19 *vt* réunir - rassembler

conjugar 19 *vt* conjuguer - joindre
conmemorar 01 *vt* commémorer
conmover 35 *vt* émouvoir - toucher
conocer 46 *vt* connaître ; *vi* se représenter mentalement les choses
conquistar 01 *vt* conquérir - décrocher
consagrar 01 *vt* consacrer - établir
conseguir 41 *vt* atteindre - arriver à
consentir 55 *vt* tolérer - permettre
conservar 01 *vt* garder - faire des conserves de
considerar 01 *vt* examiner - considérer
consistir 03 *vi* consister
consolar 28 *vt/vi* consoler
consolidar 01 *vt* consolider - confirmer
conspirar 01 *vi* conspirer
constar 01 *vi* être certain ou sûr - figurer
constiparse 01 *vp* s'enrhumer
constituir 52 *vt* constituer - représenter
construir 52 *vt* construire - bâtir
consultar 01 *vt* consulter - vérifier
consumir 03 *vt/vi* consommer
contactar 01 *vt* contacter - joindre
contagiar 08 *vt* contaminer - transmettre
contaminar 01 *vt* polluer - contaminer
contar 28 *vt/vi* compter
contemplar 01 *vt* contempler - envisager
contener 72 *vt* contenir - équivaloir à
contentar 01 *vt* contenter - COM endosser
contestar 01 *vt* répondre (à) ; *vi* répondre
continuar 09 *vt/vi* continuer
contradecir 74 *vt* contredire
contraer 60 *vt* contracter - INFORM compresser
contrariar 07 *vt* contrarier
contrastar 01 *vt* confronter - poinçonner
contratar 01 *vt* engager - passer un contrat avec
contribuir 52 *vi* participer - payer des impôts
controlar 01 *vt* contrôler ; *vi* fam savoir
convalidar 01 *vt* ÉDUC valider - DR ratifier
convencer 14 *vt/vi* convaincre
convenir 73 *vi/vt* convenir
conversar 01 *vi* parler
convertir 27 *vt* transformer - convertir
convidar 01 *vt* inviter - *Am* partager
convocar 13 *vt* convoquer - appeler (à la grève, aux élections)
convulsionar 01 *vt* convulsionner - secouer (terre, mer)

cooperar 01 *vi* coopérer
coordinar 01 *vt* coordonner ; *vi* se contrôler
copiar 08 *vt* transcrire ; *vi* copier
coquetear 01 *vi* faire la coquette - flirter
coronar 01 *vt* couronner - escalader
corregir 40 *vt* corriger
correr 02 *vi* courir ; *vt* pousser
corresponder 02 *vi* rendre (service, sentiment) - remercier
corromper 02 *vt* détériorer - corrompre
cortar 01 *vt/vi* couper
cosechar 01 *vt* récolter ; *vi* faire la récolte
coser 02 *vt/vi* coudre
costar 28 *vi* coûter - prendre (temps)
cotizar 16 *vt* coter à ; *vi* cotiser
crear 01 *vt* créer - provoquer
crecer 45 *vi* grandir ; *vt* augmenter
creer 12 *vt/vi* croire
criar 07 *vt* allaiter - élever
criticar 13 *vt* critiquer
croar 01 *vi* coasser
cronometrar 01 *vt* chronométrer
cruzar 16 *vt* croiser ; *vi* traverser
cubrir 03 *vt* couvrir
cuidar 01 *vt* soigner - s'occuper de
culpar 01 *vt* inculper - accuser
cultivar 01 *vt* cultiver - élever
cumplir 03 *vt* avoir ; *vi* faire ou remplir son devoir
curar 01 *vi/vt* guérir

D

dactilografiar 07 *vt* dactylographier
danzar 16 *vi/vt* danser
dañar 01 *vt* abîmer - nuire à
dar 63 *vt/vi* donner
debatir 03 *vt* débattre ; *vi* discuter
deber 02 *v aux/vt* devoir
debilitar 01 *vt* affaiblir
decaer 49 *vi* tomber - dépérir
decepcionar 01 *vt* décevoir
decidir 03 *vt/vi* décider
decir 74 *vt* dire
declarar 01 *vt* déclarer ; *vi* déposer
declinar 01 *vt/vi* décliner
decorar 01 *vt/vi* décorer
decretar 01 *vt* décréter
dedicar 13 *vt* consacrer - dédier
deducir 59 *vt* déduire - alléguer
defecar 13 *vi* déféquer
defender 26 *vt/vi* défendre
definir 03 *vt* définir - ART finir
deformar 01 *vt* déformer
defraudar 01 *vt* frauder - décevoir
degenerar 01 *vi* dégénérer - se dégrader
dejar 01 *vt* prêter ; *vi* laisser
delatar 01 *vt* dénoncer - trahir
delegar 19 *vt/vi* déléguer
deletrear 01 *vt* épeler
deliberar 01 *vi* délibérer

delinquir 21 *vi* commettre un délit
delirar 01 *vi* délirer
demandar 01 *vt* DR poursuivre - demander
demoler 35 *vt* démolir - démanteler
demostrar 28 *vt* prouver - montrer
denunciar 08 *vt* dénoncer - révéler
depender 02 *vi* dépendre
depilar 01 *vt* épiler - dépiler
depositar 01 *vt* mettre - entreposer
deprimir 03 *vt* déprimer - appauvrir
depurar 01 *vt* épurer - INFORM déboguer
derramar 01 *vt* renverser - verser
derrapar 01 *vi* déraper
derretir 39 *vt* fondre - gaspiller
derribar 01 *vt* abattre - renverser
derrochar 01 *vt/vi* gaspiller
derrotar 01 *vt* battre ; *vi* TAUROM donner des coups de corne
derrumbar 01 *vt* abattre - démolir
desabrochar 01 *vt* déboutonner - dégrafer
desacreditar 01 *vt* discréditer
desafiar 07 *vt* défier - braver
desafinar 01 *vt* désaccorder ; *vi* chanter faux
desahogar 19 *vt/vi* soulager
desalojar 01 *vt* évacuer ; *vi* déménager
desangrar 01 *vt* saigner - assécher
desanimar 01 *vt* décourager - abattre
desaparecer 45 *vi* disparaître
desaprovechar 01 *vt* gaspiller - manquer (occasion)
desarrollar 01 *vt* développer
desatar 01 *vt* défaire - dénouer
desayunar 01 *vi* prendre son petit-déjeuner
desbaratar 01 *vt* démantibuler - bouleverser
desbloquear 01 *vt* débloquer
desbordar 01 *vt* passer par-dessus - déborder de
descalificar 13 *vt* disqualifier - discréditer
descalzar 16 *vt* déchausser - décaler
descansar 01 *vt* reposer ; *vi* se reposer
descargar 19 *vt* décharger ; *vi* crever (nuage, tempête)
descarrilar 01 *vi* dérailler - échouer (négociation, processus)
descartar 01 *vt* écarter - éliminer
descender 26 *vi* diminuer ; *vt* descendre
descifrar 01 *vt* déchiffrer - décrypter
descolgar 30 *vt/vi* décrocher
descomponer 69 *vt* décomposer - détraquer

descomprimir 03 *vt* décomprimer
desconcertar 22 *vt* déconcerter
desconectar 01 *vt/vi* déconnecter
descongelar 01 *vt* décongeler – dégeler (salaires, négociation)
descongestionar 01 *vt* décongestionner
desconocer 46 *vt* ne pas savoir – ne pas connaître
descontar 28 *vt* déduire – SPORT ajouter du temps supplémentaire
describir 03 *vt* décrire
descuartizar 16 *vt* écarteler (personne) – dépecer (animal)
descubrir 03 *vt* découvrir – dévoiler
descuerar 01 *vt* écorcher (bétail) – *Chili* éreinter (personne)
descuidar 01 *vt* négliger ; *vi* ne pas s'inquiéter
desdoblar 01 *vt* déplier – dédoubler
desear 01 *vt* vouloir – souhaiter
desechar 01 *vt* rejeter – bannir
desembarcar 13 *vt/vi* débarquer
desempeñar 01 *vt* dégager (objet, bijou) – remplir (fonction, mission)
desencadenar 01 *vt* détacher – déclencher
desencajar 01 *vt* déboîter (os) – décrocher (machoire)
desenchufar 01 *vt* débrancher
desengañar 01 *vt* ouvrir les yeux – faire perdre ses illusions à
desenmascarar 01 *vt* démasquer
desenredar 01 *vt* démêler (nœud, pelote, cheveux) – dénouer (problème, question)
desenvolver 35 *vt* défaire (paquet) – dérouler (fil)
desesperar 01 *vt/vi* désespérer
desestatizar *vt* 16 *Am* privatiser
desfallecer 45 *vi* faiblir – s'évanouir
desfigurar 01 *vt* défigurer – déformer
desgastar 01 *vt* user (semelle, roche, personne) – affaiblir (organisation)
desgraciar 08 *vt fam* esquinter – amocher
deshacer 68 *vt* défaire (nœud, lit, couture) – faire fondre (glace, beurre)
desheredar 01 *vt* déshériter
deshidratar 01 *vt* déshydrater
deshuesar 01 *vt* désosser – dénoyauter
designar 01 *vt* désigner – fixer
desilusionar 01 *vt* ôter ses illusions à – décevoir
desinfectar 01 *vt* désinfecter
desinflar 01 *vt* dégonfler – minimiser
deslizar 16 *vt* glisser – passer (avec un mouvement continu)
deslumbrar 01 *vt* éblouir – aveugler
desmadrar 01 *vt* sevrer (animal) ; *vi Mex* tomber en panne
desmaquillar 01 *vt* démaquiller

desmayar 01 *vi* faiblir - s'effacer
desmentir 55 *vt* démentir - desservir
desmontar 01 *vt* démonter ; *vi* mettre pied à terre
desmoralizar 16 *vt* démoraliser
desnudar 01 *vt* déshabiller - dépouiller
desobedecer 45 *vi* désobéir ; *vt* désobéir à
desolar 81 *vt* dévaster
desordenar 01 *vt* mettre en désordre - ébouriffer
desorientar 01 *vt* désorienter - égarer
despachar 01 *vt* vendre ; *vi* se dépêcher
despedir 39 *vt* dire au revoir à - mettre à la porte
despegar 19 *vt/vi* décoller
despeinar 01 *vt* décoiffer
despejar 01 *vt/vi* dégager
desperdiciar 08 *vt* gaspiller - gâcher
desperezarse 16 *vp* s'étirer
despertar 22 *vt* réveiller ; *vi* se réveiller
despistar 01 *vt* semer - mettre sur une fausse piste
desplazar 16 *vt* déplacer - remplacer
desplegar 24 *vt* déplier - déployer
desplomar 01 *vt* démolir (immeuble, mur) - *Am* réprimander
despreciar 08 *vt* mépriser - refuser
desprender 02 *vt* détacher - décoller
destacar 13 *vt* mettre en valeur ; *vi* briller
destapar 01 *vt* déboucher ; *vi Mex* s'emballer (cheval)
desteñir 39 *vt/vi* déteindre
desterrar 22 *vt* exiler - chasser (idées, doutes)
destilar 01 *vt* distiller ; *vi* goutter
destinar 01 *vt* adresser - affecter
destornillar 01 *vt* dévisser
destrozar 16 *vt* casser - abîmer
destruir 52 *vt* détruire - réduire à néant
desvalijar 01 *vt* dévaliser - cambrioler
desvariar 07 *vi* délirer - divaguer
desvelar 01 *vt* empêcher de dormir - dévoiler
desvestir 39 *vt* déshabiller - dévêtir
desviar 07 *vt* dévier - détourner (fonds)
detallar 01 *vt* détailler
detectar 01 *vt* découvrir - déceler
detener 72 *vt* arrêter - détenir
determinar 01 *vt* déterminer - statuer sur
detestar 01 *vt* détester - avoir horreur de
devaluar 09 *vt* dévaluer
devolver 35 *vt* rendre ; *vi* dégobiller
devorar 01 *vt* dévorer - engloutir
diagnosticar 13 *vt* diagnostiquer

dibujar 01 *vt/vi* dessiner
dictar 01 *vt* dicter - donner (conférence, cours)
diferenciar 08 *vt* différencier
diferir 55 *vi/vt* différer
difundir 03 *vt* diffuser - propager
digerir 55 *vt* digérer - assimiler
digitalizar 16 *vt* numériser
dignarse 01 *vp* daigner
diluviar 08 *v impers* pleuvoir à verse ou à torrents
dimitir 03 *vi* démissionner - donner sa démission
dirigir 18 *vt* conduire - diriger
discar 13 *vt Andes, RP* composer (un numéro de téléphone)
discernir 27 *vt* discerner
discriminar 01 *vt* distinguer ; *vi* faire la différence
disculpar 01 *vt/vi* excuser
discurrir 03 *vi* penser - passer (temps)
discutir 03 *vi* parler ; *vt* débattre de
isecar 13 *vt* empailler - isséquer
iseñar 01 *vt* dessiner - élaborer
isfrazar 16 *vt* déguiser - nasquer
isfrutar 01 *vi* s'amuser ; *t* profiter de
isgustar 01 *vt* déplaire à - ontrarier
isimular 01 *vt* cacher ; *vi* feindre
isminuir 52 *vt/vi* diminuer
disolver 35 *vt* dissoudre - disperser
disparar 01 *vt* tirer sur ; *vi* tirer
dispensar 01 *vt* accorder - délivrer (ordonnance)
dispersar 01 *vt* disperser - PHYS propager
disponer 69 *vt* disposer - arranger
disputar 01 *vt* disputer
distanciar 08 *vt* éloigner - distancer
distinguir 20 *vt* distinguer ; *vi* faire la distinction (entre)
distraer 60 *vt* distraire ; *vi* être distrayant
distribuir 52 *vt* distribuer - répartir
divertir 55 *vt* divertir - détourner l'attention de
dividir 03 *vt* diviser ; *vi* faire les divisions
divisar 01 *vt* distinguer - apercevoir
divorciarse 08 *vp* divorcer - se séparer
divulgar 19 *vt* divulguer - vulgariser
doblar 01 *vt* doubler ; *vi* tourner
doctorar 01 *vt* conférer le titre de docteur à
doler 35 *vi* faire mal - faire souffrir
domar 01 *vt* dompter - dresser
domesticar 13 *vt* apprivoiser

dominar 01 *vt* dominer ; *vi* prédominer
dopar 01 *vt* doper
dormir 57 *vt* endormir ; *vi* dormir
dotar 01 *vt* doter - équiper
duchar 01 *vt* doucher - arroser
dudar 01 *vt/vi* douter
duplicar 13 *vt* doubler - dupliquer
durar 01 *vt* durer

E

echar 01 *vt* jeter - poster
edificar 13 *vt* édifier ; *vi* construire
editar 01 *vt* éditer - publier
educar 13 *vt* enseigner à - élever
efectuar 09 *vt* effectuer - faire (achat, visite, voyage)
egresar 01 *vi Am* obtenir son baccalauréat - obtenir sa licence
ejecutar 01 *vt* exécuter - DR saisir
ejercer 14 *vt/vi* exercer
elaborar 01 *vt* fabriquer - élaborer (plan, idée)
electrocutar 01 *vt* électrocuter
elegir 40 *vt/vi* choisir
elevar 01 *vt* monter - élever
eliminar 01 *vt* éliminer - supprimer
elogiar 08 *vt* louer
eludir 03 *vt* éluder - fuir
emancipar 01 *vt* émanciper
embalar 01 *vt* emballer - *RP* fam monter le bourrichon à
embalsamar 01 *vt* embaumer
embarcar 13 *vt/vi* embarquer
embargar 19 *vt* DR saisir - NAUT mettre l'embargo sur
embestir 39 *vt* charger (attaquer)
emborrachar 01 *vt* soûler - imbiber d'alcool
embotellar 01 *vt* embouteiller - acculer
embromar 01 *vt* se moquer de - berner
embrujar 01 *vt* ensorceler
emigrar 01 *vi* émigrer - migrer
emitir 03 *vt/vi* émettre
emocionar 01 *vt* émouvoir - exciter
empañar 01 *vt* embuer - ternir
empapar 01 *vt* tremper - imbiber
empapelar 01 *vt* tapisser (de papier peint) - envelopper
empaquetar 01 *vt* empaqueter - entasser (personnes)
empastar 01 *vt* plomber (dent) - cartonner (livre)
empatar 01 *vi* égaliser
empeñar 01 *vt* engager - mettre en gage
empeorar 01 *vi* se dégrader - *vt* aggraver
empezar 23 *vt/vi* commencer
emplear 01 *vt* employer - consacrer
emplomar 01 *vt* plomber
emprender 02 *vt* entreprendre - engager
empujar 01 *vt/vi* pousser
enamorar 01 *vt* rendre amoureux - *vi* inviter à l'amour

encabezar 16 *vt* mener – être le premier
encadenar 01 *vt* enchaîner
encajar 01 *vt* encastrer – *vi* s'encastrer
encalar 01 *vt* chauler – badigeonner
encamotarse 01 *vp AmC, Andes* fam s'amouracher
encantar 01 *vi/vt* ensorceler
encarar 01 *vt* affronter – faire face à
encarcelar 01 *vt* DR incarcérer – écrouer
encarecer 45 *vt* faire monter le prix de – recommander
encargar 19 *vt* charger de – commander
encausar 01 *vt* DR inculper
encender 26 *vt* allumer – enflammer
encerrar 22 *vt* enfermer – contenir
encestar 01 *vi* SPORT marquer un panier – *vt* SPORT marquer
enchilar 01 *vt/vi AmC, Mex* accommoder au piment – pimenter
enchinar 01 *vt* caillouter – *Mex* friser
enchufar 01 *vt* brancher – raccorder
encoger 17 *vt/vi* rétrécir
encolar 01 *vt* coller – encoller
encolerizar 16 *vt* irriter – mettre en colère
encontrar 28 *vt* retrouver – trouver
encuadernar 01 *vt* relier
encubrir 03 *vt* receler – dissimuler
encularse 01 *vp Arg* tfam prendre la mouche
enderezar 16 *vtvi* redresser
enfadar 01 *vt* mettre en colère
enfermar 01 *vi* tomber malade ; *vt* rendre malade
enfocar 13 *vt* faire ou effectuer la mise au point ; *vi* faire la mise au point
enfrentar 01 *vt* opposer – affronter
enfriar 07 *vt/vi* refroidir
enganchar 01 *vt* accrocher ; *vi* fam rendre accro
engañar 01 *vt* tromper
engendrar 01 *vt* engendrer – être à l'origine de
englobar 01 *vt* englober
engordar 01 *vt* engraisser ; *vi* grossir
engrasar 01 *vt* graisser – graisser la patte à
enjabonar 01 *vt* savonner – passer de la pommade à
enjuagar 19 *vt* rincer
enlazar 16 *vt* enchaîner (idées, mots) – enlacer
enlosar 01 *vt* daller – carreler
enmendar 22 *vt* réparer (erreur, faute) – corriger
enmudecer 45 *vi* rester muet ; *vt* faire taire

enojar 01 *vt esp Am* mettre en colère - agacer
enredar 01 *vt* emmêler ; *vi* farfouiller
enriquecer 45 *vt* enrichir
enrojecer 45 *vt/vi* rougir
enrollar 01 *vt* enrouler - embobiner
ensanchar 01 *vt* élargir - agrandir
ensayar 01 *vt* essayer ; *vi* répéter [spectacle]
enseñar 01 *vt* apprendre - enseigner
ensopar 01 *vt Andes, RP, Ven* tremper
ensuciar 08 *vt/vi* salir
entender 26 *vt* comprendre ; *vi* en être
enterar 01 *vt* informer - *AmC, Chili, Col* verser [argent]
enterrar 22 *vt* enterrer - enfoncer
entrar 01 *vi* entrer ; *vt* rentrer
entregar 19 *vt* remettre - livrer
entrelazar 16 *vt* entrelacer - entremêler
entrenar 01 *vt* entraîner ; *vi* s'entraîner
entretener 72 *vt* distraire - retenir
entrever 75 *vt* entrevoir - percevoir
entreverar 01 *vt CSud* entremêler
entrevistar 01 *vp* interviewer - faire passer un entretien
entristecer 45 *vt* attrister
entrometerse 02 *vt* se mêler de
entusiasmar 01 *vt/vi* enthousiasmer
envasar 01 *vt* conditionner - descendre [boisson]
envejecer 45 *vi/vt* vieillir
envenenar 01 *vt* empoisonner
enviar 07 *vt* envoyer
envidiar 08 *vt* admirer - envier
enviudar 01 *vi* devenir veuf
envolver 35 *vt* envelopper - enrouler
enyesar 01 *vt* plâtrer
equilibrar 01 *vt* équilibrer
equipar 01 *vt* équiper
equivocar 13 *vt* se tromper dans - embrouiller
erguir 56 *vt* lever
errar 25 *vt* manquer, se tromper ; *vi* errer
eructar 01 *vi* éructer
escalar 01 *vt* escalader ; *vi* faire de l'escalade
escampar 01 *v impers* cesser de pleuvoir
escandalizar 16 *vt* scandaliser ; *vi* faire du tapage
escanear 01 *vt* scanner - faire un scanner
escapar 01 *vi* échapper ; *vt* faire courir ventre à terre [cheval]
escarbar 01 *vt/vi* gratter
escarmentar 22 *vt* corriger ; *vi* avoir ou tirer une leçon
escasear 01 *vi* manquer ; *vt* lésiner sur
escayolar 01 *vt* plâtrer

escocer 36 *vi* brûler – fig blesser
escoger 17 *vt/vi* choisir
esconder 02 *vt* cacher
escribir 03 *vt/vi* écrire
escuchar 01 *vt* écouter
esculpir 03 *vt* sculpter – graver
escupir 03 *vi/vt* cracher
escurrir 03 *vt/vi* égoutter
esforzar 33 *vt* forcer
esfumar 01 *vt* estomper
esmerarse 01 *vp* s'appliquer – faire de son mieux
esparcir 15 *vt* éparpiller – répandre
especificar 13 *vt* préciser
esperar 01 *vt/vi* attendre
espiar 07 *vt/vi* épier
espirar 01 *vt/vi* expirer
esquematizar 16 *vt* schématiser
esquiar 07 *vi* skier – faire du ski
esquilar 01 *vt* tondre
esquivar 01 *vt* esquiver – éviter
establecer 45 *vt* établir – stipuler
estacionar 01 *vt* garer ; *vi* stationner
estafar 01 *vt* escroquer – *fam* arnaquer
estallar 01 *vi* exploser – éclater
estancar 13 *vt* retenir (eaux) – suspendre (processus)
estar 64 *vi* être – rester
esterilizar 16 *vt* stériliser
estimular 01 *vt* stimuler – exciter
estirar 01 *vt* étirer ; *vi* s'étirer
estorbar 01 *vt/vi* gêner
estornudar 01 *vi* éternuer
estrangular 01 *vt* étrangler – resserrer
estrechar 01 *vt* rétrécir – resserrer
estrenar 01 *vt* étrenner – essuyer les plâtres de
estropear 01 *vt* abîmer – gâcher
estudiar 08 *vt* apprendre ; *vi* travailler
evacuar 10 *vt* évacuer ; *vi* déféquer
evadir 03 *vt* fuir – éviter
evaluar 09 *vt* évaluer – estimer
evaporar 01 *vt* évaporer
evitar 01 *vt* éviter
evocar 13 *vt* évoquer – invoquer
evolucionar 01 *vi* évoluer
exagerar 01 *vt/vi* exagérer
exaltar 01 *vt* exalter
examinar 01 *vt* examiner – faire passer un examen à
excavar 01 *vt* excaver – faire des fouilles
exceder 02 *vt* excéder – dépasser
excitar 01 *vt* exciter
excluir 52 *vt* exclure
excusar 01 *vt* excuser
exhibir 03 *vt* exhiber – démontrer (force, enthousiasme, agilité)
exigir 18 *vt* exiger – demander
exiliar 08 *vt* exiler
existir 03 *vi* exister
expedir 39 *vt* expédier – délivrer (document)

experimentar 01 *vt* éprouver - subir
expirar 01 *vi* expirer
explicar 13 *vt* expliquer - enseigner
explorar 01 *vt* explorer - prospecter
explotar 01 *vt* exploiter ; *vi* exploser
exponer 69 *vt/vi* exposer
exportar 01 *vt* exporter
expresar 01 *vt* exprimer
exprimir 03 *vt* presser - pressurer
expulsar 01 *vt* expulser - expirer
extender 26 *vt* dérouler - étendre
exterminar 01 *vt* exterminer - éradiquer
extinguir 20 *vt* éteindre - faire disparaître
extirpar 01 *vt* faire disparaître - extirper
extraer 60 *vt* extraire - soutirer
extrañar 01 *vt* regretter ; *vi* étonner
extraviar 07 *vt* égarer - détourner (regard, yeux)
extremar 01 *vt* renforcer jusqu'à l'extrême - pousser à l'extrême

F

fabricar 13 *vt* fabriquer - construire
facilitar 01 *vt* faciliter - fournir
facturar 01 *vt* facturer - enregistrer un chiffre d'affaires
fallar 01 *vt* rater ; *vi* faillir
fallecer 45 *vi* décéder - mourir
falsificar 13 *vt* falsifier - contrefaire
faltar 01 *vi* manquer - rester
fastidiar 08 *Esp vt* bousiller ; *vi* déranger
fatigar 19 *vt* fatiguer
favorecer 45 *vt* favoriser - avantager
fechar 01 *vt* dater - utiliser (billets)
felicitar 01 *vt* féliciter - souhaiter
fiar 07 *vt* faire crédit à ; *vi* faire crédit
fichar 01 *vt* ficher ; *vi* pointer
figurar 01 *vi/vt* figurer
fijar 01 *vt* fixer - afficher
filmar 01 *vt* filmer
filosofar 01 *vi* philosopher - *fam* délirer
filtrar 01 *vt* filtrer - divulguer
finalizar 16 *vt* terminer ; *vi* prendre fin
financiar 08 *vt* financer
fingir 18 *vt* feindre ; *vi* faire semblant
firmar 01 *vt/vi* signer
florecer 45 *vi* fleurir - être florissant
flotar 01 *vi* flotter
fluir 52 *vi* couler - s'écouler
fomentar 01 *vt* encourager - susciter (haine, guerre)

forjar 01 *vt* forger
formar 01 *vt* former ; *vi* figurer
formular 01 *vt* formuler
forrar 01 *vt* couvrir – recouvrir
forzar 33 *vt* forcer – violer
fotocopiar 08 *vt* photocopier
fotografiar 07 *vt* photographier
fracasar 01 *vi* échouer
fregar 24 *vt* laver ; *vi Andes, Mex, Ven* fam casser les pieds
freír 42 *vt* faire frire – fam buter
frenar 01 *vt/vi* freiner
frotar 01 *vt/vi* frotter
fruncir 15 *vt* froncer
frustrar 01 *vt* frustrer – décevoir
fugarse 19 *vp* s'enfuir – fuir (gaz, liquide)
fumar 01 *vi/vt* fumer
funcionar 01 *vi* fonctionner – marcher
fundar 01 *vt* fonder
fundir 03 *vt* fondre – couler (statue)
fusilar 01 *vt* fusiller – fam pomper

G

galopar 01 *vi* galoper
ganar 01 *vt/vi* gagner
gastar 01 *vt/vi* dépenser
gatear 01 *vi* marcher à quatre pattes ; *vt* griffer
gemir 39 *vi* gémir – geindre
generalizar 16 *vt* généraliser ; *vi* faire des généralisations
generar 01 *vt* produire – générer
gestionar 01 *vt* gérer – faire des démarches
girar 01 *vi/vt* tourner
gobernar 22 *vt/vi* gouverner
golpear 01 *vt* frapper à ou sur ; *vi* frapper
gozar 16 *vi* en profiter ; *vt* profiter de
grabar 01 *vt* graver – enregistrer
graduar 09 *vt* graduer – corriger (vue)
granizar 16 *v impers* grêler
grapar 01 *vt* agrafer
gratificar 13 *vt* gratifier – satisfaire
gratinar 01 *vt* gratiner
gritar 01 *vi* crier ; *vt* gronder
gruñir 03 *vi* grogner – grincer (porte)
guardar 01 *vt* garder – ranger
guiar 07 *vt* guider – mener
guiñar 01 *vt* cligner de l'œil ; *vi* faire des embardées
guisar 01 *vt/vi* cuisiner
gustar 01 *vi* plaire ; *vt* goûter

H

haber 76 *v aux/vt* avoir
habitar 01 *vi* vivre ; *vt* habiter
hablar 01 *vi/vt* parler
hacer 68 *vt/vi* faire
hallar 01 *vt* trouver
hartar 01 *vt* ennuyer – gaver

hechizar 16 *vt* jeter un sort ou un charme sur - ensorceler
helar 22 *vt/v impers* geler
heredar 01 *vt* hériter (de) ; *vi* faire ou toucher un héritage
herir 55 *vt* blesser - fig heurter
hervir 55 *vt* faire bouillir ; *vi* bouillir
hidratar 01 *vt* hydrater
hilvanar 01 *vt* bâtir (tissu, vêtement) - relier (idées, phrases)
hinchar 01 *vt* fam gonfler
hipnotizar 16 *vt* hypnotiser - fasciner
honrar 01 *vt* honorer - faire honneur
hornear 01 *vt* mettre au four ; *vi* exercer la profession de fournier
horrorizar 16 *vt* terrifier - faire horreur
hospedar 01 *vt* loger - héberger
hospitalizar 16 *vt* hospitaliser
huevear 01 *vi Andes* fam faire le con
huir 52 *vi* s'enfuir ; *vt* fuir
humedecer 45 *vt* humidifier - humecter
humillar 01 *vt* humilier - incliner (partie du corps)
hundir 03 *vt* plonger - faire tomber

I

identificar 13 *vt* identifier
ignorar 01 *vt* ignorer - négliger
ilegalizar 16 *vt* illégaliser
iluminar 01 *vt* illuminer ; *vi* éclairer
ilusionar 01 *vt* remplir de joie - donner des illusions
ilustrar 01 *vt* illustrer - instruire
imaginar 01 *vt* imaginer - concevoir
imitar 01 *vt* imiter - reproduire
impedir 39 *vt* empêcher
implicar 13 *vt* impliquer - exiger
imponer 69 *vt* imposer ; *vi* en imposer
importar 01 *vt/vi* importer
impregnar 01 *vt* imprégner - empreindre
impresionar 01 *vt* impressionner ; *vi* être impressionnant
imprimir 03 *vt* imprimer - communiquer
improvisar 01 *vt/vi* improviser
impulsar 01 *vt* pousser - stimuler
inaugurar 01 *vt* inaugurer - SPORT ouvrir
incinerar 01 *vt* incinérer
incitar 01 *vt* inciter
inclinar 01 *vt* incliner - pencher
incluir 52 *vt* contenir - comprendre
incorporar 01 *vt* intégrer - redresser (corps, personne)
incubar 01 *vi/vt* couver
incumbir 03 *vi* incomber
indemnizar 16 *vt* indemniser - dédommager
indicar 13 *vt* indiquer - prescrire

infectar 01 *vt* infecter
inflar 01 *vt* gonfler ; *vi RP* fam gonfler qqn
influenciar 08 *vt* influencer
informar 01 *vt* informer ; *vi* donner des informations
infundir 03 *vt* inspirer (respect, terreur) - donner (courage)
ingresar 01 *vt Esp* déposer (à la banque) - encaisser
inhalar 01 *vt* inhaler
inicializar 16 *vt* initialiser
iniciar 08 *vt* commencer - initier
inmigrar 01 *vi* immigrer
inmovilizar 16 *vt* immobiliser
inquietar 01 *vt* inquiéter
nsertar 01 *vt* insérer
nsinuar 09 *vt* insinuer
nsistir 03 *vi* insister
nspeccionar 01 *vt* inspecter
nspirar 01 *vt/vi* inspirer
nstalar 01 *vt* monter - installer
nstituir 52 *vt* instituer
nstruir 52 *vt* informer ; *vi* instruire
nsultar 01 *vt* insulter
ntentar 01 *vt* essayer - tenter
ntercalar 01 *vt* intercaler - nsérer
nterceptar 01 *vt* intercepter - arrer
nteresar 01 *vi/vt* intéresser
nterponer 69 *vt* interposer - nterjeter
nterpretar 01 *vt* interpréter
interrogar 19 *vt* interroger - questionner
interrumpir 03 *vt* interrompre ; *vi* déranger
intervenir 73 *vi* intervenir ; *vt* mettre sur écoute
intoxicarse 13 *vp* s'intoxiquer
intrigar 19 *vi/vt* intriguer
introducir 59 *vt* introduire - amener
inundar 01 *vt* inonder
invadir 03 *vt* envahir - empiéter sur
inventar 01 *vt* inventer
invertir 55 *vt* inverser ; *vi* investir
investigar 19 *vt* rechercher ; *vi* faire de la recherche
invitar 01 *vt, vi* inviter
involucrar 01 *vt* impliquer (compromettre) - *Am* impliquer (engendrer)
ir 77 *vi* aller ; *vt Mex* être supporter de
irrigar 19 *vt* irriguer
irritar 01 *vt* irriter - exciter

J

jadear 01 *vi* haleter
jalar 01 *vt/vi Esp* fam bouffer
joderse 02 *vp* vulg foirer
jubilarse 01 *vp* prendre sa retraite - se réjouir
jugar 34 *vi/vt* jouer
juntar 01 *vt* joindre - réunir
jurar 01 *vt/vi* jurer
justificar 13 *vt* justifier
juzgar 19 *vt* juger - estimer

L

labrar 01 *vt* cultiver - labourer
ladrar 01 *vi* aboyer ; *vt* aboyer après
lamentar 01 *vt* regretter - déplorer
lamer 02 *vt* lécher
lanzar 16 *vt* lancer - tirer (flèche)
latir 03 *vi* battre (cœur, pouls) - élancer (plaie, tumeur)
lavar 01 *vt/vi* laver
leer 12 *vt/vi* lire
levantar 01 *vt* lever ; *vi* se lever
liar 07 *vt* lier - ficeler
liberar 01 *vt* libérer - affranchir
librar 01 *vt* livrer ; *vi* accoucher
licenciar 08 *vt* licencier - libérer
ligar 19 *vt* attacher ; *vi Esp fam* draguer
lijar 01 *vt* polir au papier de verre
limpiar 08 *vt/vi* nettoyer
liquidar 01 *vt* régler - liquider
llamar 01 *vt* appeler ; *vi* frapper
llegar 19 *vi* arriver - toucher
llenar 01 *vt* remplir ; *vi* rassasier
llevar 01 *vt* apporter ; *vi* emporter
llorar 01 *vi/vt* pleurer
llover 35 *v impers/vi* pleuvoir
lloviznar 01 *v impers* bruiner
localizar 16 *vt* situer - trouver
lograr 01 *vt* atteindre - obtenir
luchar 01 *vi* lutter - se battre
lucir 47 *vi* briller ; *vt* porter (vêtements, bijoux, moustache)

M

machacar 13 *vt* écraser ; *vi* rabâcher
madrugar 19 *Am* ; *vi* se lever de bonne heure ; *vt* devancer
madurar 01 *vt/vi* mûrir
malcriar 07 *vt* mal élever - gâter
malgastar 01 *vt* gaspiller - user
malograr 01 *vt* rater - laisser passer
maltratar 01 *vt* maltraiter - abîmer
mamar 01 *vt/vi* téter
manchar 01 *vt/vi* tacher
mandar 01 *vt* ordonner ; *vi* commander
manejar 01 *vt* manier ; *vi Am* conduire
manifestar 22 *vt* manifester - déclarer
manipular 01 *vt* manipuler - manutentionner
manosear 01 *vt* tripoter
mantener 72 *vt* maintenir - avoir
maquillar 01 *vt* maquiller
marcar 13 *vt/vi* marquer
marchar 01 *vi* aller - être (à telle position)
marchitar 01 *vt* flétrir - faner
marear 01 *vt* donner mal au cœur ; *vi* monter à la tête
mascar 13 *vt* mâcher - chiquer
masticar 13 *vt* mâcher - ruminer
matar 01 *vt* tuer - abattre

matizar 16 *vt* nuancer - préciser
matricular 01 *vt* immatriculer - inscrire
maullar 05 *vi* miauler
mear 01 *vi* tfam pisser
mecer 14 *vt* bercer - remuer (liquide)
mediar 08 *vi* être à moitié ou à mi- - passer (temps)
medir 39 *vt* mesurer - scander
meditar 01 *v* méditer
mejorar 01 *vt* améliorer ; *vi* aller mieux
memorizar 16 *vt* mémoriser
mencionar 01 *vt* mentionner - signaler
menospreciar 08 *vt* mépriser - sous-estimer
mentir 55 *vi* mentir - tromper
merecer 45 *vt* mériter ; *vi* faire reconnaître ses mérites
merendar 22 *vi* goûter ; *vt* prendre au goûter
meter 02 *vt* mettre - investir
mezclar 01 *vt* mélanger - confondre
mimar 01 *vt* dorloter - gâter
minimizar 16 *vt* minimiser
mirar 01 *vt/vi* regarder
modificar 13 *vt* modifier
mojar 01 *vt* mouiller ; *vi* avoir son mot à dire
moldear 01 *vt* mouler - permanenter
molestar 01 *vt/vi* déranger
montar 01 *vt/vi* monter
morder 35 *vt* mordre dans ; *vi* mordre
morir 57 *vi* mourir - s'interrompre
mostrar 28 *vt* montrer
motivar 01 *vt* entraîner - motiver
mover 35 *vt* bouger ; *vi* jouer
mudar 01 *vt/vi* changer
mugir 18 *vi* mugir - beugler
multar 01 *vt* mettre une amende à
multiplicar 13 *vt* multiplier

N

nacer 44 *vi* naître - éclore
nadar 01 *vi/vt* nager
narrar 01 *vt* raconter - narrer
naufragar 19 *vi* faire naufrage - échouer (projet, affaire)
navegar 19 *vi* naviguer ; *vt* NAUT filer
necesitar 01 *vt* avoir besoin de - devoir
negar 24 *vt* nier ; *vi* dire non
negociar 08 *vt* négocier ; *vi* commercer
nevar 22 *v impers* neiger ; *vt* couvrir de neige
nombrar 01 *vt* mentionner - nommer
notar 01 *vt* remarquer - sentir
nublar 01 *vt* obscurcir - brouiller

O

obedecer 45 *vt* obéir à ; *vi* obéir

obligar 19 *vt* obliger – forcer sur
obsequiar 08 *vt* offrir – honorer de/par
observar 01 *vt* observer
obsesionar 01 *vt* obséder
obstruir 52 *vt* obstruer – entraver
obtener 72 *vt* obtenir
ocultar 01 *vt* cacher – occulter
ocupar 01 *vt* occuper – employer
ocurrir 03 *vi* arriver – *Mex* aller
odiar 08 *vt* détester – haïr
ofrecer 45 *vt* offrir – présenter
oír 58 *vt/vi* entendre
oler 37 *vt/vi* sentir
olvidar 01 *vt* oublier
omitir 03 *vt* omettre
operar 01 *vt/vi* opérer
opinar 01 *vt* penser ; *vi* donner son avis
oponer 69 *vt* opposer
oprimir 03 *vt* appuyer sur – opprimer
ordenar 01 *vt* ranger ; *vi* commander
ordeñar 01 *vt* traire – cueillir à la main
organizar 16 *vt* organiser
orientar 01 *vt* orienter – indiquer la direction
orillar 01 *vt* éviter ; *vi* se rapprocher du bord
orinar 01 *vi/vt* uriner
orquestar 01 *vt* orchestrer
oscilar 01 *vi* osciller – varier

P

pacer 44 *vt/vi* paître
padecer 45 *vt/vi* souffrir
pagar 19 *vt* payer ; *vi Am* valoir la peine
paladear 01 *vt* déguster ; *vi* remuer les lèvres (nouveau-né)
palpitar 01 *vi* battre ; *v impers RP* avoir l'impression que
papachar 01 *vt Mex* câliner
paralizar 16 *vt* paralyser
parar 01 *vi/vt* arrêter
parecer 45 *vi* ressembler ; *v attr* avoir l'air
parpadear 01 *vi* ciller – clignoter
parquear 01 *vt Bol, Car, Col* garer – ranger
participar 01 *vi* participer ; *vt* faire part de
partir 03 *vt* diviser ; *vi* partir
pasar 01 *vt/vi* passer
pasear 01 *vi* se promener ; *vt* promener
patinar 01 *vi/vt* patiner
pecar 13 *vi* pécher
pedalear 01 *vi* pédaler
pedir 39 *vt* demander ; *vi* mendier
pegar 19 *vt/vi* coller
peinar 01 *vt* peigner – coiffer
pelar 01 *vt* tondre – peler
pelear 01 *vi* se battre – se disputer
pellizcar 13 *vt* pincer – prendre un peu de

pensar 22 *vt/vi* penser
percibir 03 *vt* percevoir - toucher
perder 26 *vt/vi* perdre
perdonar 01 *vt/vi* pardonner
perforar 01 *vt* perforer - percer
perfumar 01 *vt* parfumer
perjudicar 13 *vt* léser - nuire à
permanecer 45 *vi* rester - demeurer
permitir 03 *vt* permettre
pernoctar 01 *vi* passer la nuit
perseguir 41 *vt* poursuivre - persécuter
personalizar 16 *vt* personnaliser ; *vi* donner des noms
persuadir 03 *vt* persuader
pertenecer 46 *vi* appartenir
pesar 01 *vt/vi* peser
pescar 13 *vt/vi* pêcher
piar 07 *vi* piailler - glousser
picar 13 *vt* mordre ; *vi* démanger
pillar 01 *vt* attraper ; *vi* être (se trouver)
pilotar 01 *vt* piloter
pinchar 01 *vt* piquer ; *vi* crever
pintar 01 *vt* peindre ; *vi* écrire
piratear 01 *vi* se livrer à la piraterie ; *vt* pirater
pisar 01 *vt* marcher sur ; *vi* marcher
pitar 01 *vi* siffler (dans un sifflet) ; *vt* siffler
placer 61 *vi* plaire
planchar 01 *vt* repasser ; *vi RP* s'étaler de tout son long
plantar 01 *vt* planter - flanquer (coup)
plantear 01 *vt* poser (problème, question) - envisager
plastificar 13 *vt* plastifier
platicar 13 *vi AmC, Mex* parler ; *vt AmC, Mex* dire
poblar 28 *vt* peupler
podar 01 *vt* élaguer - tailler
poder 71 *vt/vi* pouvoir
ponchar 01 *vt AmC, Car, Mex* crever (pneu)
poner 69 *vt* mettre ; *vi* pondre
portar 01 *vi* porter
posar 01 *vi* poser
poseer 12 *vt* posséder - détenir
potenciar 08 *vt* accroître les possibilités de - donner de la puissance à
practicar 13 *vt* pratiquer - s'entraîner
precipitar 01 *vt/vi* précipiter
precisar 01 *vt* indiquer - avoir besoin de
predicar 13 *vt* prêcher - sermonner
predominar 01 *vi* prédominer
preferir 55 *vt* préférer
pregonar 01 *vt* claironner - annoncer publiquement
preguntar 01 *vt* demander - interroger
premiar 08 *vt* récompenser - décerner un prix à
preocupar 01 *vt* inquiéter - intéresser

preparar 01 *vt* préparer
presenciar 08 *vt* assister à - être témoin de
presentar 01 *vt* présenter - déposer
preservar 01 *vt* préserver - *Am* conserver
presidir 03 *vt* présider - dominer
prestar 01 *vt* prêter
presumir 03 *vt* présumer ; *vi* se donner de grands airs
pretender 02 *vt* chercher à - faire semblant de
prever 75 *vt* prévoir
privar 01 *vt* interdire ; *vi* adorer
probar 28 *vt* prouver ; *vi* essayer
proceder 02 *vi* agir - convenir
procesar 01 *vt* transformer - inculper
proclamar 01 *vt* proclamer
procurar 01 *vt* essayer de - fournir
prodigar 19 *vt* prodiguer
producir 59 *vt* produire - engendrer
programar 01 *vt/vi* programmer
progresar 01 *vi* progresser - faire des progrès
prohibir 03 *vt* interdire
prolongar 19 *vt* prolonger
prometer 02 *vt/vi* promettre
promocionar 01 *vt* promouvoir ; *vi* monter dans la hiérarchie
pronunciar 08 *vt/vi* prononcer
proponer 69 *vt* proposer
proporcionar 01 *vt* fournir - proportionner
prorrogar 19 *vt* proroger
proteger 17 *vt* protéger
protestar 01 *vi/vt* protester
provocar 13 *vt* provoquer ; *vi Car, Col, Mex* avoir envie de
proyectar 01 *vt* projeter - envoyer
publicar 13 *vt* publier - faire paraître
pudrir 43 *vt* pourrir - putréfier
pulir 03 *vt* polir - parfaire
pulsar 01 *vt* appuyer sur ; *vi* battre (cœur, pouls)
puntualizar 16 *vt* préciser - détailler
puntuar 09 *vt* évaluer ; *vi* noter

Q

quebrar 22 *vt/vi* casser
quedar 01 *vi* rester
quejarse 01 *vp* se plaindre - gémir
quemar 01 *vt* brûler ; *vi* être brûlant
querer 70 *vt* aimer ; *vi* vouloir
quitar 01 *vt* ôter ; *vi* se pousser

R

raer 49 *vt* racler - râper
rallar 01 *vt* râper - raser
raptar 01 *vt* enlever
rascar 13 *vt/vi* gratter
rasgar 19 *vt* déchirer

razonar 01 *vt* justifier ; *vi* raisonner
reaccionar 01 *vi* réagir
realizar 16 *vt* réaliser – faire
realquilar 01 *vt* sous-louer
rebajar 01 *vt* baisser – faire une réduction ou un rabais de
rebanar 01 *vt* couper en tranches – couper
rebelar 01 *vt* soulever (rebelles)
recaer 49 *vi* retomber – rechuter
recalcar 13 *vt* souligner ; *vi* donner de la bande
recalentar 22 *vt* surchauffer – réchauffer
recargar 19 *vt* surcharger – recharger
recetar 01 *vt* prescrire – ordonner
rechazar 16 *vt* repousser – rejeter
recibir 03 *vt* recevoir – accueillir
reciclar 01 *vt* recycler
recitar 01 *vt* réciter – dire
reclamar 01 *vt* réclamer – appeler
recluir 52 *vt* incarcérer – enfermer
recobrar 01 *vt* recouvrer – reprendre
recoger 17 *vt* ranger – ramasser
recomendar 22 *vt* recommander – confier
recompensar 01 *vt* récompenser
reconocer 46 *vt* reconnaître – examiner
recordar 28 *vt* se rappeler de ; *vi Mex* s'éveiller
recorrer 02 *vt* parcourir – traverser
recortar 01 *vt* découper – réduire
recostar 28 *vt* appuyer
recuperar 01 *vt* retrouver – récupérer
recurrir 03 *vi* appeler – faire appel
redactar 01 *vt* rédiger – établir
reducir 59 *vt* réduire ; *vi* rétrograder
reembolsar 01 *vt* rembourser
reemplazar 16 *vt* remplacer
reestrenar 01 *vt* reprendre
reestructurar 01 *vt* restructurer – réorganiser
refaccionar 01 *vt AmC, Andes, Ven* réaménager – réparer
referir 55 *vt* rapporter – raconter
reflejar 01 *vt* réfléchir – refléter
reflexionar 01 *vi* réfléchir
reformar 01 *vt* réformer – rénover
reforzar 33 *vt* renforcer
refugiar 08 *vt* réfugier
regalar 01 *vt* offrir – faire cadeau de
regañar 01 *vt* gronder ; *vi* se disputer
regar 24 *vt* arroser – parsemer
regatear 01 *vt/vi* marchander
regenerar 01 *vt* régénérer
regir 40 *vt* régir ; *vi* être en vigueur
registrar 01 *vt/vi* fouiller
regresar 01 *vi* revenir – rentrer

regular 01 *vt* contrôler (trafic, prix) - régler (mécanisme, température)
rehabilitar 01 *vt* rénover – rééduquer
rehogar 19 *vt* faire revenir
reinar 01 *vi* régner
reincorporar 01 *vt* réincorporer
reiniciar 08 *vt* reprendre – réinitialiser
reír 42 *vi* rire
reivindicar 13 *vt* revendiquer
rejuvenecer 45 *vt/vi* rajeunir
relacionar 01 *vt* établir ou faire un rapport
relajar 01 *vt* relaxer ; *vi* détendre
relampaguear 01 *vi* lancer des éclairs ; *v impers* y avoir des éclairs
relatar 01 *vt* raconter – rapporter
relinchar 01 *vi* hennir
rellenar 01 *vt* remplir – farcir
remar 01 *vi* ramer
remediar 08 *vt* remédier à
remendar 22 *vt* raccommoder – rapiécer
remitir 03 *vt* remettre (lettre, dossier) ; *vi* faiblir (désir, attaque)
remojar 01 *vt* faire tremper – tremper
remolcar 13 *vt* remorquer
remontar 01 *vt* remonter ; *vi* NAUT remonter au vent ou dans le vent
remover 35 *vt* remuer (salade, café) – retourner (terre)
rendir 39 *vt* soumettre ; *vi* rapporter (investissement, affaire)
renovar 28 *vt* rénover ; *vi* renouveler un contrat
rentar 01 *vt/vi* rapporter
reñir 39 *vt* gronder ; *vi* se disputer
reparar 01 *vt/vi* réparer
repartir 03 *vt* répartir ; *vi* distribuer
repasar 01 *vt* revoir – réviser
repetir 39 *vt* refaire ; *vi* en reprendre
replicar 13 *vt* répliquer ; *vi* broncher
repoblar 28 *vt* repeupler – reboiser
reponer 69 *vt* remettre – remplacer
reportar 01 *vt* apporter – réfréner
representar 01 *vt* représenter – faire (son âge)
reprimir 03 *vt* réprimer – refouler
reprochar 01 *vt* reprocher
reproducir 59 *vt* reproduire
reptar 01 *vi* ramper
repugnar 01 *vi* répugner
requerir 55 *vt* requérir – exiger
resbalar 01 *vi* glisser
rescatar 01 *vt* sauver – libérer
reservar 01 *vt* réserver
resfriarse 07 *vp* s'enrhumer
resignar 01 *vt* céder
resistir 03 *vt* supporter ; *vi* résister

resolver 35 *vt* résoudre – régler
respetar 01 *vt* respecter
respirar 01 *vt/vi* respirer
responder 02 *vt/vi* répondre
restar 01 *vt* enlever (importance, mérites) ; *vi* faire une soustraction
restaurar 01 *vt* restaurer
resucitar 01 *vt/vi* ressusciter
resultar 01 *vi* résulter
resumir 03 *vt* résumer
retirar 01 *vt* retirer – récupérer
retocar 13 *vt* retoucher
retorcer 36 *vt* tordre – déformer (argument, sens)
retransmitir 03 *vt* retransmettre
etrasar 01 *vt* retarder ; *i* retarder de
etratar 01 *vt* photographier – aire le portrait de
etroceder 02 *vi* reculer – emonter
eunir 09 *vt* réunir – rassembler
evelar 01 *vt* révéler – témoigner e
eventar 22 *vt* faire éclater ; *i* éclater
evisar 01 *vt* réviser – vérifier
evolcar 29 *vt* renverser
evolver 35 *vt* remuer – mettre ens dessus dessous
ezar 16 *vt* dire ; *vi* prier
far 01 *vt* tirer au sort – *RP* laquer (argent)
obar 01 *vt/vi* voler
ociar 07 *vt* asperger
rodar 28 *vi* rouler ; *vt* CINÉ tourner
rodear 01 *vt* entourer – cerner (troupes, police)
roer 50 *vt* ronger
rogar 30 *vt* supplier – prier
romper 02 *vt* casser ; *vi* déferler (vague)
roncar 13 *vi* ronfler – mugir
ronronear 01 *vi* ronronner
rozar 16 *vt* frôler – raser
ruborizar 16 *vt* faire rougir
rugir 18 *vi* rugir – hurler
rumiar 08 *vt* ruminer – remâcher
rumorear 01 *vi* murmurer

S

saber 67 *vt* savoir ; *vi* avoir du goût
saborear 01 *vt* savourer – goûter
sacar 13 *vt* sortir ; *vi* servir (au tennis)
saciar 08 *vt* rassasier – assouvir
sacrificar 13 *vt* sacrifier – abattre
sacudir 03 *vt* secouer ; *vi RP* se secouer
salar 01 *vt* saler – *AmC, Car, Mex* gâter
salir 65 *vi* sortir – partir
salpicar 13 *vt/vi* éclabousser
salpimentar 22 *vt* , saupoudrer de sel de poivre – agrémenter
saltar 01 *vi/vt* sauter
saltear 01 *vt* attaquer – espacer
saludar 01 *vt* saluer – dire bonjour

salvar 01 *vt* sauver - surmonter
sancochar 01 *vt* cuisiner peu épicé
sangrar 01 *vt/vi* saigner
santiguar 11 *vt* faire le signe de croix sur
saquear 01 *vt* piller - faire une razzia sur
satisfacer 68 *vt* satisfaire - remplir (exigences)
sazonar 01 *vt* assaisonner ; *vi* mûrir
secar 13 *vt/vi* sécher
secuestrar 01 *vt* enlever - détourner
segar 24 *vt* couper - faucher
seguir 41 *vt* suivre ; *vi* continuer
seleccionar 01 *vt* sélectionner - choisir
sembrar 22 *vt* semer - parsemer
sentar 22 *vt* asseoir ; *vi* aller (vêtement, coiffure, couleur)
sentenciar 08 *vt* condamner - dire d'un ton sentencieux
sentir 55 *vt* ressentir ; *vi* se faire sentir
señalar 01 *vt* indiquer - montrer
separar 01 *vt* séparer - écarter
ser 78 *v attr/vi* être
serenar 01 *vt* rasséréner - calmer
serrar 22 *vt* scier
servir 39 *vt/vi* servir
significar 13 *vt* signifier ; *vi* représenter
silbar 01 *vt/vi* siffler
simular 01 *vt* simuler ; *vi* faire semblant
sincronizar 16 *vt* synchroniser
sintonizar 16 *vt* syntoniser ; *vi* se connecter
sitiar 08 *vt* assiéger - cerner
situar 09 *vt* situer
sobrar 01 *vi* rester - être de trop
sobrepasar 01 *vt* dépasser - surpasser
sobreponer 69 *vt* superposer
sobresalir 65 *vi* dépasser - se distinguer
sobrevivir 03 *vi* survivre
sobrevolar 28 *vt* survoler
socorrer 02 *vt* secourir
soldar 28 *vt/vi* souder
soler 82 *vt* avoir l'habitude de - avoir coutume de
solicitar 01 *vt* demander - solliciter
sollozar 16 *vi* sangloter
soltar 28 *vt* lâcher - libérer
solucionar 01 *vt* résoudre
someter 02 *vt* soumettre
sonar 28 *vi* sonner ; *vt* moucher
sonreír 42 *vi* sourire
sonrojar 01 *vt* faire rougir
soñar 28 *vt/vi* rêver
soplar 01 *vt* souffler sur ; *vi* souffler
soportar 01 *vt* soutenir - supporter

sorber 02 *vt* boire en aspirant - renifler
sorprender 02 *vt* surprendre
sortear 01 *vt* tirer au sort - éviter
sospechar 01 *vt* soupçonner
sostener 72 *vt* entretenir - soutenir
subir 03 *vt/vi* monter
sublevar 01 *vt* soulever - révolter
subrayar 01 *vt* souligner
suceder 02 *v impers* arriver ; *vt* succéder à
sucumbir 03 *vi* se rendre - succomber
sudar 01 *vi* suer ; *vt* tremper de sueur
sufrir 03 *vt* souffrir de ; *vi* souffrir
sugerir 55 *vt* suggérer
sujetar 01 *vt* fixer - attacher
sumar 01 *vt* additionner - ajouter
sumergir 18 *vt* submerger - plonger
suministrar 01 *vt* approvisionner - fournir
superar 01 *vt* surpasser - dépasser
superponer 69 *vt* superposer
suplir 03 *vt* remplacer - suppléer à
suponer 69 *vt* supposer - impliquer
suprimir 03 *vt* supprimer
surfear 01 *vi* surfer ; *vt* surfer sur
surgir 18 *vi* jaillir - surgir
suscribir 03 *vt* souscrire - abonner
suspender 02 *vt* suspendre ; *vi* échouer aux examens
suspirar 01 *vi* soupirer
sustituir 52 *vt* remplacer
sustraer 60 *vt* voler - soustraire
susurrar 01 *vt/vi* chuchoter

T

tachar 01 *vt* rayer - *fam* taxer
taladrar 01 *vt* percer - perforer
tapar 01 *vt* boucher - fermer
tapizar 16 *vt* couvrir - tapisser
tardar 01 *vi* mettre (du temps) - mettre longtemps
teclear 01 *vi* appuyer sur ; *vt* sonder
tejer 02 *vt* tisser - tresser
telefonear 01 *vt/vi* téléphoner
temblar 22 *vi* trembler
temer 02 *vt* craindre ; *vi* avoir peur
tender 26 *vt* étendre - tendre
tener 72 *vt* avoir
teñir 39 *vt* teindre - teinter
terminar 01 *vt* terminer ; *vi* se terminer
tirar 01 *vt* lancer ; *vi* tirer
tiritar 01 *vi* grelotter
titular 01 *vt* intituler - titrer
tocar 13 *vt* toucher ; *vi* frapper
tolerar 01 *vt* tolérer - supporter
tomar 01 *vt/vi* prendre
torcer 36 *vt* tordre ; *vi* tourner
torear 01 *vt/vi* toréer

torturar 01 *vt* torturer – tourmenter
toser 02 *vi* tousser
tostar 28 *vt* faire griller – torréfier
trabajar 01 *vi/vt* travailler
traducir 59 *vt* traduire
traer 60 *vt* apporter – amener
traficar 13 *vi* trafiquer – faire du trafic
tragar 19 *vt/vi* avaler
tramar 01 *vt* tramer ; *vi* fleurir
tramitar 01 *vt* faire des démarches pour obtenir – s'occuper de
transbordar 01 *vt* transborder ; *vi* changer
transcurrir 03 *vi* s'écouler – se passer
transferir 55 *vt* transférer – virer
transformar 01 *vt* transformer
transigir 18 *vi* transiger
translucir 47 *vp* manifester
transmitir 03 *vt* transmettre – retransmettre
transportar 01 *vt* transporter – transposer
trapear 01 *vt AmC, Andes, Mex* laver
trasladar 01 *vt* déplacer – transporter
traspasar 01 *vt* transpercer – traverser
trasplantar 01 *vt* transplanter – implanter
tratar 01 *vt* traiter – fréquenter
trazar 16 *vt* tracer – dresser
trepar 01 *vi* grimper ; *vt* percer
trillar 01 *vt* battre – rebattre
triturar 01 *vt* broyer – triturer
triunfar 01 *vi* triompher – réussir
trocar 29 *vt* échanger
tronar 28 *v impers/vi* tonner
tropezar 23 *vi* trébucher – broncher
trotar 01 *vi* trotter
tumbar 01 *vt* renverser ; *vi* étourdir
turistear 01 *vi Am* faire du tourisme
tutear 01 *vt* tutoyer

U

ultimar 01 *vt* conclure – *Am* achever
unir 03 *vt* joindre – rattacher
untar 01 *vt* graisser – enduire
usar 01 *vt* utiliser ; *vi* user de

V

vaciar 07 *vt* vider ; *vi* se jeter
vacilar 01 *vt* charrier ; *vi* vaciller
vacunar 01 *vt* vacciner
valer 62 *vt* valoir ; *vi* avoir de la valeur
valorar 01 *vt* estimer – apprécier
variar 07 *vt* varier ; *vi* changer
vencer 14 *vt/vi* vaincre
vendar 01 *vt* bander

vender 02 *vt/vi* vendre
vendimiar 08 *vt* vendanger
vengar 19 *vt* venger
venir 73 *vi* venir ; *v aux* avoir
ver 75 *vt/vi* voir
veranear 01 *vi* passer ses vacances d'été
verificar 13 *vt* vérifier - réaliser
verter 26 *vt* verser ; *vi* se jeter
vestir 39 *vt* habiller ; *vi* s'habiller
viajar 01 *vi* voyager
vibrar 01 *vi* vibrer
viciar 08 *vt* pervertir ; *vi* rendre dépendant
vigilar 01 *vt* surveiller ; *vi* veiller
vincular 01 *vt* lier - attacher
violar 01 *vt* violer
visitar 01 *vt* visiter ; *vi* faire des visites
vislumbrar 01 *vt* apercevoir - pressentir
visualizar 16 *vt* visualiser - imaginer
vivir 03 *vi/vt* vivre
volar 28 *vi* voler ; *vt* faire sauter
volcar 29 *vt* renverser ; *vi* capoter
voltear 01 *vt* faire tourner ou voltiger ; *vi* culbuter
volver 35 *vt* retourner ; *vi* revenir
vomitar 01 *vt/vi* vomir
votar 01 *vt/vi* voter

Y

yacer 48 *vi* être étendu

Z

zambullir 03 *vt* plonger
zarandear 01 *vt* secouer - cribler
zarpar 01 *vi* lever l'ancre
zumbar 01 *vt* fam flanquer ; *vi* bourdonner
zurcir 15 *vt* raccommoder - repriser
zurrar 01 fam *vt* tabasser - malmener

INDEX

INDEX

A

a 96, 102
abajo 91
abolir 264
acá 90
accent grammatical 105
accent tonique 104
accord des adjectifs 12
acertar 150
actuar 124
adecuar 126
adelante 91
adentro 91
adjectif
 (place de l') 25
adjectif qualificatif 22
adjectifs démonstratifs 44
adjectifs possessifs 37
adonde 37
adónde 83
adquirir 182
adverbes 88
adverbes de lieu 90
adverbes de manière 89
adverbes de quantité 94
adverbes de temps 91
adverbes en *-mente* 89
afuera 91
agorar 168
ahí 90
ahincar 118
aislar 114
algo 47, 95
alguien 47
alguno 47
al + infinitif 71
allá 90
allí 90
a lo mejor 73
alphabet 103
amar 108
andar 69, 214
anoche 93
anteayer 93
antes 93
apenas 95

apocope 26
aquí 90
argüir 212
arriba 91
article masculin avec un nom féminin 11
article neutre :
lo 10, 12
articles contractés 12
articles définis 10
articles indéfinis 10
así 89
asir 208
atrás 91
augmentatifs 22
aullar 116
aun 92
aún 92
avergonzar 170
averiguar 128
ayer 93

B

balbucir 266
bastante 48, 94
bien 89

C

caber 238
cada 48
cambiar 122
cardinaux 50
casi 95
cazar 138
cerca 90
cocer 178
colgar 166
cómo 83
comparatifs 26
con 100, 102
concordance des temps 64
conditionnel passé 60
conjonctions 87
comenzar 152
conducir 224
conocer 198
conmigo 33, 100

continuar 71
cual 37
cuál 83
cualquiera 48
cuándo 83
cuánto 83, 84
cuyo 37

D

dar 232
de 98, 102
debajo 91
deber 73
decir 254
delante 91
delinquir 148
demasiado 49, 94
de que 102
desde 101
desde hace 101
desolar 268
despacio 89
detrás 91
discernir 160
diminutifs 19
dirigir 142
distinguir 146
donde 37
dónde 83
dormir 220

E

e 88
emphase 79
en 97, 102
encima 91
enfrente 91
erguir 218
errar 156
es menester 73
es necesario 73
es posible que 74
es preciso 73
estar 69, 77, 234

F

forzar 172

futur antérieur 59
futur du passé 58
futur proche 57
futur simple 56

G

genre 16, 22
gérondif 66
guiar 120
gustar 67

H

hace falta 73
haber 258
hacer 242
hacia 101
hasta 101
hay que 73
hoy 93
huir 210
hypothèse 58, 64, 73

I

imparfait de l'indicatif 55
imparfait du subjonctif 63, 65
impératif 65
indéfinis 46
ir 57, 70, 260

J

jamás 91
jugar 174

L

leer 130
lejos 90
llegar 144
llevar 70
lucir 200

M

mal 89

mañana 93
más 94
mejor 89
menos 94
movar 176
mucho 49, 94
muy 94

N

nacer 194
nada 47
nadie 47
negar 154
ni 87
ninguno 47
no 81
no... más que... 81
nombre 18, 25
no... sino... 81
numéraux 50
nunca 91

O

o 87
oír 222
oler 180
on 75
ordinaux 53
otro 49

P

para 99
parecer 196
participe passé 66
participe présent 66
partir 112
pasar(se) 70
pasársela 70
passé composé 58
passé du subjonctif 64
passé simple 56
pedir 184
péjoratifs 22
peor 89
pero 87
phrase affirmative 81
phrase exclamative 84
phrase impérative 86
phrase interrogative 82
phrase négative 81

placer 228
pluriel 25
plus-que-parfait de l'indicatif 59
plus-que-parfait du subjonctif 64
poder 248
podrir/pudrir 192
poco 50, 94
poner 244
por 99, 102
prépositions 96
présent de l'indicatif 55
présent du subjonctif 61, 64
pronoms (place des) 34
pronoms démonstratifs 44
pronoms personnels compléments 33, 34
pronoms personnels sujets 32
pronoms possessifs 42
pronoms relatifs 35
proteger 140

Q

que 35
qué 83, 84
querer 246
quien 36
quién 83, 84
quizá 74

R

raer 204
regir 186
reir 190
roer 206

S

saber 240
sacar 132
salir 236
se 75
sentir 216
seguir 71, 188
según 101
ser 76, 262
si 74

siempre 92
sin 101
sino 81, 87
soler 270
sólo 95
sonar 162
subjonctif 60
subjonctif passé 64
suffixes 19
superlatifs 28

T

tan 95
tanto 94
temer 110
tender 158
tener 250
tener que 72
todavía 92
todo 50
traer 226
trocar 164

U

u 87

V

valer 230
vencer 134
venir 70, 252
ver 256
volver a 72

Y

y 88
ya 92
yacer 202
ya no... 81

Z

zurcir 136

NOTES

NOTES

NOTES

NOTES

NOTES

NOTES

Achevé d'imprimer en mai 2016
par La Tipografica Varese Srl - Italie
Dépôt légal : mai 2008 - 305708/04
N° de projet : 11032873